Roger Orlik

Lennart Bernadotte - »Der König vom Bodensee«

Biografie

SP Verlag

GELEITWORT

des Bundespräsidenten a. D.
Prof. Dr. Roman Herzog

Der Worte sind genug gewechselt, lasst mich auch endlich Taten sehen - so heißt es schon bei Goethe im »Faust«. Es ist, als ob sich Graf Lennart Bernadotte gerade daran gehalten hätte.

Als er vor nunmehr 70 Jahren seine Insel im Bodensee übernahm, waren dort Wege und Sicht noch durch einen unüberwindbar scheinenden ›Urwald‹ verstellt. Graf Lennart ließ sich davon nicht beeindrucken. Und er hatte Erfolg: Heute ist die Insel für ihre einzigartige Naturschau, ihre farbenfrohe Blütenpracht und ihre exotische Pflanzenwelt berühmt und beliebt. Für viele Hunderttausende von Menschen aus aller Welt ist sie ein Quell der Erholung.

Damit erschöpfen sich die Verdienste dieses Mannes aber keineswegs. In einer Zeit, in der traditionelle Werte bereits im Verfall begriffen waren und in eine leistungsorientierte Gesellschaft übergingen, hat gerade er sich auf vorbildliche Weise für das Gemeinwohl engagiert: Auch wenn ich dem Autor dieser Kompilation nicht vorgreifen möchte, seien hier zwei Gebiete genannt, die auch mir selbst besonders am Herzen liegen: Aktionen wie beispielsweise »Unser Dorf soll schöner werden« haben dazu beigetragen, dass aus Ortschaften, die nach dem Weltkrieg lediglich zweckdienlich und trist restauriert worden waren, prächtige und grüne Zentren der Lebensfreude wurden. Und: Alljährlich kommen in Lindau junge Wissenschaftler mit Nobelpreisträgern aus aller Welt zusammen, um sich in angenehmer, zwangloser Atmosphäre auszutauschen und gegenseitig zu inspirieren. Ohne das Engagement des Grafen Lennart Bernadotte wäre beides in dieser Form wohl nicht möglich gewesen.

Ein Freund vieler Worte und Gesten ist er gewiss nicht. Dass er aber ein Freund der Taten ist, hat er durch sein Lebenswerk bewiesen. Ich wünsche ihm für die kommenden Jahre gute Gesundheit und persönliches Wohlergehen.

Prof. Dr. Roman Herzog

Prof. Dr. Roman Herzog war von 1987 bis 1994 Präsident des deutschen Bundesverfassungsgerichts und bekleidete von 1994 bis 1999 das Amt des Bundespräsidenten.

Er und Graf Lennart Bernadotte lernten sich sich 1998 anlässlich einer Ausstellung auf der Insel Mainau kennen und schätzen.

›LIEBER PAPI‹

Ein Geleitwort von Comtesse Bettina, der Tochter des Grafen Lennart Bernadotte.

Comtesse Bettina Bernadotte (28) erwarb an der Berufsakademie in Ravensburg den Titel Diplom-Tourismusbetriebswirtin.

Seit einiger Zeit ist sie als selbständige Beraterin mit Sitz in Lindau am Bodensee tätig und entwickelt so unter anderem auch für das elterliche Unternehmen manches Konzept.

Rechts: Comtesse Bettina mit ihrem Vater Lennart Bernadotte (April 1998).

Du spielst in deinem Leben viele Rollen und die Gesamtheit macht deine Persönlichkeit aus. Wer dich in vielen Rollen kennt, versteht dich vollkommen. Für mich bist du zuallererst mein Vater. Daneben habe ich das Glück, dich in der Rolle des Partners meiner Mutter zu erleben; als Geschäftsführer der Mainau, Makrofotograf, Onkel des schwedischen Königs und jetzt auch als Seniorchef der Mainau. Allein diese wenigen, wohl aber bedeutenden Teile deiner Persönlichkeit sind mir als Kind zum Vorbild geworden und werden es zunehmend. Zutiefst beeindruckt mich die Ruhe und Sicherheit, mit der du dem Leben und seinen Klippen und Tiefen begegnest. Gelassenheit und Ehrlichkeit sind es, die es möglich machen, die wesentlichen Dinge im Leben zu unterscheiden von den sich aufdrängenden, oberflächlichen oder nur dringlichen. Die wesentlichen Dinge schließlich werden mit einer Kraft vorangetrieben und bewegt, die durch das richtige Maß an Diplomatie, Fingerspitzengefühl und Beharrlichkeit die beteiligten Menschen überzeugt und die angepackten Inhalte gelingen lässt. Viel Anstrengung erfordert es, sich die Selbstdisziplin anzutrainieren, die du von dir und anderen erwartest. Stetig ist die Mahnung an dich selbst und uns, deine Familie, auf dem Boden zu bleiben und nicht abzuheben. Motivierend ist die Selbstsicherheit und Konsequenz, mit der du deine Prinzipien verfolgst.

Beruhigend hat auf mich immer die Erkenntnis gewirkt, dass auch ein so starker Vater ein Zuhause braucht, in dem er sich geborgen fühlt; ein Ort, an dem er Kräfte tanken kann. Dieses Zuhause hast du auf der Mainau gefunden, die für dich immer eine konstante, ja sogar wachsende Herausforderung ist. Mir hast du beigebracht, dass sie ein Lebewesen ist, eine »edle Dame, die mit großen Ansprüchen dem entgegentritt, der glaubt, ihr vollkommen Herr geworden zu sein und die jeden vernichtet, der im Höhenflug an ihren Interessen vorbeifliegt«. Du bist mit der Mainau eine Symbiose eingegangen, hast ihr deine Energie, Lebensfreude und Visionen geschenkt und sie hat es dir gedankt: indem sie dein zu Hause geworden ist. Ihr braucht und liebt euch gegenseitig. Es ist, als spürte ich ein Lebewesen, das Freude empfindet, wenn wir nach einem langen Aufenthalt in Schweden wieder auf die

Mainau zurückkommen. Schon auf der Brücke spüre ich die Vorfreude, die sich ausbreitet, die sich verstärkt, je mehr wir uns dem Schloss nähern. In dem Moment, in dem das Schloss hinter der Kurve auftaucht, bleiben wir kurz stehen und ich fühle, wie mein Papi, fast mit Tränen in den Augen, sein Zuhause begrüßt, wie es ihn auf seine Weise mit offenen Armen empfängt. Sicherlich hat dieses überwältigende Gefühl, ein richtiges zu Hause gefunden zu haben, dir die besondere Kraft und Fähigkeit geschenkt, uns, dem Rest deiner Familie, ein Zuhause zu schaffen, überall wo du mit uns warst.

Sogar und ganz besonders auf unserer geliebten ›Stella Nova‹. Unserem lieben Schiff, auf dem wir jedes Jahr sechs herrliche Wochen puren schwedischen Sommer genossen haben. Ich habe einmal ein Gedicht für die Stella geschrieben:

Sterne im Wasser
Lachen im Wind
Das Schiff
Königin des Sommers.

Du hast sie zu meiner Heldin gemacht! Aber du hast auch uns zu deinen Helden gemacht. Du konntest Geschichten erzählen, in denen wir Kinder als tapferes und bestes Ärzte- und Katastrophen-Einsatz-Team die haarsträubendsten Abenteuer überstanden haben. Uns wurde hier ganz schnell klar, dass man viel lernen muss, um so gut zu werden. Dabei war nicht das wichtigste, dass man auf der renommiertesten, besten Schule lernt, sondern dass man sich immer neuen Herausforderungen stellt, ständig an sich arbeitet. Jede anspruchsvolle Erfahrung ist wertvoll. Manchmal vergreift man sich, irrt sich in der Zweckmäßigkeit eines Praktikums, eines Studiums, der Freundschaft einer Freundin oder eines Freundes, aber von dir habe ich gelernt, dass solche Erfahrungen oft die lehrreichsten sind. Man wächst an ihnen. Und wenn man mit sich selbst im Einklang ist, wirft einen auch ein zuweilen unangenehmes Leben nicht so leicht aus der Bahn.

Von dir habe ich gelernt, wie wichtig es ist, auf die Dinge zu achten, die einem wichtig sind und sie zu verfolgen, sich nicht von diesem Weg abbringen zu lassen. Oft flattert dabei die »Standarte im Gegenwind«. Man passt nicht immer ins Bild aller anderen. Das muss man auch nicht. Du lehnst es ab, eine oberflächliche »Alibi-Fassade« zu pflegen. Es wäre sicherlich zuweilen weniger anstrengend, aber es gehört für dich dazu, dass der Inhalt eines Projektes auch Unannehmlichkeiten mit sich bringen kann, auf die man nicht stößt, wenn man nur an der Oberfläche bleibt und nicht in die Tiefe gräbt. Es gehört genauso dazu, Meinungsverschiedenheiten zu haben, aber wer seinen Weg stetig geht, wird mit einem erfüllten Leben belohnt! Es geht um den Kern der Dinge, das wirklich Wichtige. Dazu hinterfragst du die Dinge, um nicht am wirklich Bedeutenden vorbeizustreben. Du fragst immer wieder neu nach dem Ziel, um es nicht zu verkennen, dass neue Umstände es erfordern, dass der Weg eine andere Gestalt annehmen muss.

Und Gott sei Dank, lieber Papi, gibt es in deinem und unserem Leben viel und den richtigen Humor!

Roger Orlik (28) studierte an der Universität Konstanz Deutsche Literatur, Kunst- und Medienwissenschaft und Philosophie.

Seitdem ist er als Autor und Lektor für den SP-Verlag tätig. Zur Insel Mainau pflegt er seit Jahren einen regen journalistischen Kontakt.

HOFBERICHT VOM LEBEN

Ein Vorwort des Autors

Als ich mich im Sommer 2001 zu Recherchezwecken in Stockholm aufhielt, lud mich Graf Bernadotte ein, ihn in seinem am Mälarensee gelegenen Landhaus zu besuchen. Ein wunderschön am Seeufer gelegenes kleines Anwesen mit einem ansehnlichen Häuschen. Ein gerade einmal hüfthoher Zaun umgibt dieses Grundstück. Nirgendwo deuten in Stein gemeißelte Löwen oder peinlich überproportionierte Familienwappen darauf hin, dass hier jemand ›Besseres‹ wohnen könnte als in der Nachbarschaft. Und schon gar nichts lässt darauf schließen, dass hier ein leibhaftiger Enkel des legendären schwedischen Königs Gustav V. wohnt. Etwas später sitze ich drinnen mit einem Mann, der beinahe das gesamte 20. Jahrhundert selbst durchlebt und erlebt hat - mit all seinen lebenserleichternden Segnungen, aber auch all seinem Schrecken. »Minus neun Prozent!«, korrigiert mich dieser Graf schlagfertig. »Minus neun Prozent! Das Jahrhundert war ja schon neun, als ich ihm in den Schoß fiel«. Einträchtiges Grinsen. Ein hellwacher Geist in einem schon etwas müden Körper. Weit gehen mag er nicht mehr, der Graf, und so sitzt er am liebsten in seinem großen, gemütlichen Sessel am Fenster. Umlagert von einem beträchtlichen Konvolut an Zeitungen und Büchern lässt er Blick und Gedanken schweifen. Weit in Richtung Süden zu seiner geliebten Frau, Gräfin Sonja, seinen Kindern und zu seiner badischen Heimat, dem Bodensee. Zurück zu aufregenden Erlebnissen in längst vergangenen Jahrzehnten. Hinaus auf die kleine Brandung, die der anreinende See ruhig, aber kontinuierlich an sein idyllisches Grundstück heranspült. Von einer gegenüber liegenden kleinen Insel erhebt sich stolz Schloss Gripsholm. »Ein wunderschönes Schlösschen«, huldigt ihm Bernadotte, »aber ein Museum. Und Museen mochte ich noch nie besonders!«

Die latente Abneigung gegen alles traditionell Erhabene rührt nicht von ungefähr. Bernadotte weiß sehr gut, wovon er spricht. Schließlich ist er einst im Stockholmer Stadtschloss ›Fyrkanten‹ in einem echten Museum aufgewachsen. In einer monarchischen Welt, die zu dieser Zeit noch gänzlich in den Anachronismen vergangener Jahrhunderte verhaftet war. Eine Welt, in der die persönlichen Wünsche des Individuums nicht im Geringsten zählten, sondern lediglich die Pflichten, die es gegenüber der Krone zu erfüllen hatte. »Gehorsam - es gab kaum etwas, was man wichtiger genommen hätte« - erinnert sich Bernadotte, und dabei wachsen ihm Fältchen des Ernstes auf der Stirn. »Blinder Gehorsam gegen Gott und Religion, gegen die Erziehung und die Vorgesetzten, gegen Konventionen und sittliche Regeln«. Für den neugierig heranwachsenden jungen Prinzen muss es ein schrecklich beklemmender Zustand gewesen sein. Als sich Bernadotte dann als siebzehnjähriger junger Mann in die - bürgerliche - Karin Nissvandt verliebt, beginnt sein Handeln allmählich mit dem tradierten Standesdünkel des Königshofes zu kollidieren - ein Skandal! Die nicht ›standesgemäße‹ Heirat wird vom König persönlich strengstens untersagt. Als sein Enkel Lennart seine Karin dann dennoch heiratet, wird er enterbt und entadelt, verliert er mit einem Schlag all seine königlichen Rechte und Privilegien: Aus dem Erbfürsten von Schweden wird von einer Minute zur anderen der Bürger ›Herr Bernadotte‹. Aber immerhin ein glücklicher Bürger. Anschließend durchlebt er annähernd alle Höhen und Tiefen, mit denen das Leben aufwarten kann: von existentieller Ungewissheit, Krankheit und finanziellen Miseren über das große Glück in der Liebe bis hin zum verdienten ›beruflichen‹ Erfolg und einer ganzen Reihe von ansehnlichen Auszeichnungen und Ehrungen. »Ich habe meine damalige Entscheidung in meinem ganzen Leben nicht einmal bereut«, resümiert Bernadotte heute. »Es war eine Entscheidung aus Liebe. Und es hat mir selten geschadet, auf die Stimme meines Herzens zu hören!«

Dass er heute europaweit - und sogar in einer Tageszeitung wie der Frankfurter Allgemeinen Zeitung - mit dem klangvollen Titel ›König vom Bodensee‹ versehen wird, verdankt er mithin weniger seiner königlichen Herkunft als vielmehr seinem großartigen Lebenswerk auf der Insel Mainau. Es war nämlich der ›Bürger‹ Bernadotte, der sich nach seinem Bruch mit dem Königshaus nicht zu schade dafür war, auf dem verwahrlosten Eiland mit anzupacken und die Mainau von Grund auf umzugestalten. Es war der ›Bürger‹ Bernadotte, der die einst verwilderte Insel für Millionen von Besuchern zu einem Ort der Inspiration und der Erholung gemacht hat. Und es war der ›Bürger‹ Bernadotte, der sich im Deutschland der Nachkriegszeit weitblickend für die Förderung von Gartenbau, Landschaftspflege und Kultur eingesetzt hat.

Ein Hofknicks vor einem Geburtsnamen ist es also kaum, was der vorliegende Band sein möchte. Sehr wohl aber eine Respektbekundung vor einem großartigen Lebenswerk, das eine Menge an Leidenschaft und Durchhaltevermögen erfordert haben muss. Eine Respektbekundung gegenüber einem Mann, der das turbulente vergangene Jahrhundert (minus neun Prozent) mit all seinen Höhen und Tiefen durchlebt hat und schon dadurch zu einem wertvollen Zeitzeugen für die Nachwelt wurde. Das ›Objekt‹ meiner Beschäftigung zeigte sich zu alledem von unserer ersten Unterredung an als ein beeindruckender Gesprächspartner, der zwar in der Erinnerung jüngster Ereignisse gelegentlich seine Probleme hatte, jedoch von längst vergangenen Ereignissen mit höchster Präzisiön und mit einer großen Liebe zum Detail zu erzählen vermochte: »Sie sollten wissen, dass ich in meiner Erinnerung eher weitsichtig bin« - warnte mich der Graf schon während unseres ersten Gesprächs. Für einen Band wie den vorliegenden, in dem Kapitel für Kapitel versucht wurde, die Eigenheiten längst vergangener Dekaden lebendig werden zu lassen, erwies sich jedoch gerade diese ›Weitsichtigkeit‹ als echter Glücksfall.

Wenn Graf Bernadotte nun wieder seinen Geburtstag feiert, bedeutet dieses Fest nicht nur ein persönliches Jubiläum, sondern gleichzeitig auch eine Anerkennung des Lebenswerkes eines Mannes, der sein Leben voll und ganz in den Dienst der Natur und der Gesellschaft gestellt hat. Eine Anerkennung für einen Mann, der sich den Titel ›König vom Bodensee‹ durchaus verdient hat.

INHALT

Gefangen in Gold 14

Bröckelnde Mauern 64

Der verstoßene Prinz 100

Der König vom Bodensee 126

Sternendämmerung 154

Anhang: ›Flower-Power‹ (F. Siegfried) 190

Übersichten und Stammbäume 193

Im südöstlichen Flügel des Stockholmer Stadtschlosses »Fyrkanten« beginnt die verschlungene Geschichte des Lennart Erbfürst von Schweden...

GEFANGEN IN GOLD

Die Kindheit als Gustaf Lennart Erbfürst von Schweden

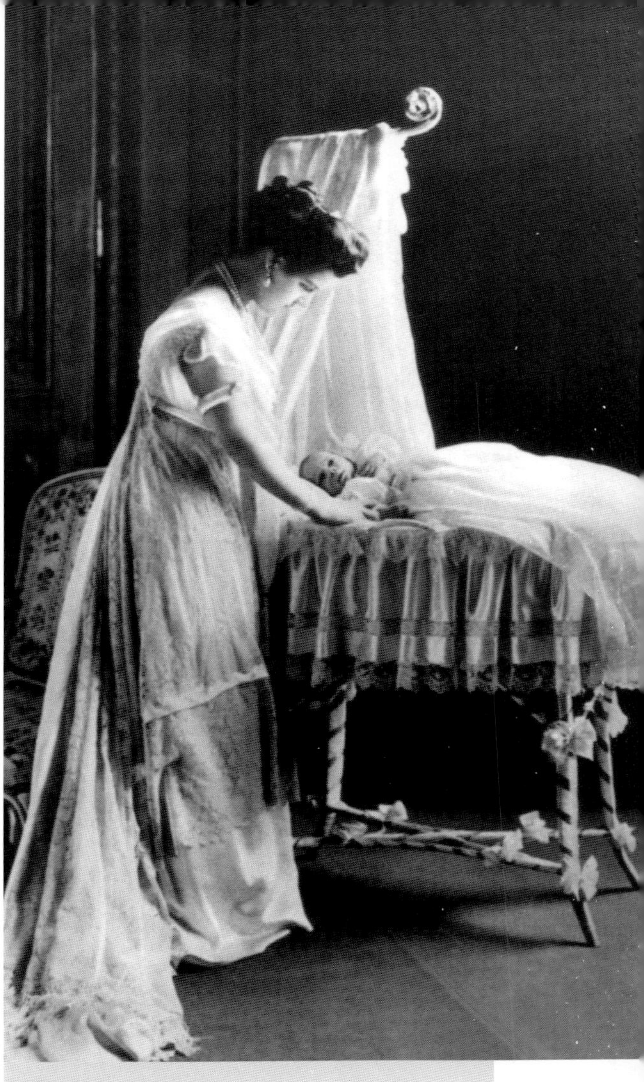

Prinz zu sein ist überwältigend. Es muss berauschend sein, in luxuriösem Überfluss zu schwelgen, mit den interessantesten Personen der Weltprominenz auf du und du zu sein, und scheinbar endlose Machtpotentiale in sich zu bergen. Ein Prinz zu sein muss dich in steter Ekstase leben lassen und ein derart unerschütterliches Selbstvertrauen erzeugen, dass die üblichen profanen Problemchen dir nicht einen einzigen zweifelnden Gedanken abverlangen können - so oder ähnlich zumindest ein altes Klischee. Wie einsam und beklemmend hingegen die Realität eines Prinzendaseins aussehen kann, das musste dieser schwedische Prinz Lennart bereits in frühester Kindheit am eigenen Leib erfahren. Und es sollte ihn für's Leben prägen.

Am 8. Mai des Jahres 1909 war das exquisit ausgestattete Schlafzimmer von Ihrer Majestät der Königin von Schweden nach langem Ringen und großer Aufregung plötzlich vom lauten Geschrei eines neugeborenen Jünglings erfüllt. Bei näherer Betrachtung erscheint es jedoch beinahe so, dass dieses Geschrei auch schon das einzige verbindende Moment mit anderen Neugeborenen bedeutete: Kein ›gewöhnlicher‹ Jüngling war hier zur Welt gekommen, sondern der Enkel des regierenden Königs - einem ›Herrscher von Gottes Gnaden‹. Anders als die meisten anderen Säuglinge war dieser Eine auch weder ein Produkt von aufrichtiger Liebe noch von hemmungsloser Leidenschaft, sondern schlicht ein Resultat von politischem Räsonnement. Diejenigen, die seine Geburt sorgfältig geplant hatten, waren in erster Linie der Königlich Schwedische und der Kaiserlich Russische Hof, denen eine freundschaftliche Annäherung politisch gesehen sehr gelegen kam. Den Eltern selbst war hingegen kaum Mitspracherecht eingeräumt worden, schließlich hatten die Nachkömmlinge von Königen und Kaisern gefälligst zu lieben, was auf den Tisch kam. »Meine Eltern hatten dazu nichts zu sagen« - schrieb Graf Lennart Jahrzehnte später in seiner Autobiographie - »Weiß

Links: Ein Produkt sorgfältiger politischer Überlegungen: Seine Königliche Hoheit Erbfürst Gustaf Lennart Nicolaus Paul, Erbfürst von Schweden, Herzog von Småland mit seinen Eltern.

Oben: Maria Pawlowna mit ihrem neugeborenen Sohn Prinz Lennart (1909).

der Himmel, wie viel sie vom Kinderzeugen wussten, als sie sich vermählten. Sie konzipierten mich ›auf gnädigstes Geheiß‹«. Man war damals der Ansicht, das Paar werde in persönlicher Hinsicht mit der Zeit schon zueinander finden, jedoch sollte sich diese Hoffnung schon bald als Trugschluss erweisen, wie später noch näher ausgeführt werden wird. Ein unmissverständliches Kennzeichen des Andersseins dieses Neugeborenen sollte auch sein Name darstellen, der auswendig zu lernen sicher nicht ganz einfach war: Seine Königliche Hoheit Prinz Gustaf Lennart Nicolaus Paul, Erbfürst von Schweden, Herzog von Småland. Biologisch gesehen hatte er seine Existenz seinem Vater, Seiner Königlichen Hoheit Prinz Wilhelm von Schweden, sowie seiner Mutter, Ihrer Kaiserlichen Hoheit Maria Pawlowna Großfürstin von Russland, zu verdanken: Jener war der zweite Sohn von König Gustav V. und Königin

Oben: Das offizielle Hochzeitsbild von Großfürstin Maria Pawlowna von Russland und Prinz Wilhelm von Schweden. Die prunkvolle Vermählung fand im Mai 1908 im Schloss von Zarskoje Selo nahe St. Petersburg statt.

Victoria von Schweden, und somit der jüngere Bruder des späteren Königs Gustav VI. Adolf. Prinz Lennarts Mutter Maria Pawlowna war die Tochter der Griechischen Prinzessin Alexandra Georgiewna und des Großfürsten Paul von Russland. Somit war auch sie - als Enkelin des Zaren Alexanders II. - immerhin eine waschechte Großfürstin von Russland. Wie Graf Lennart in seinen Memoiren erzählt, dürfte ihr Gemahl - der ja ›nur‹ eine Königliche Hoheit war - des öfteren an Minderwertigkeitskomplexen gelitten haben, weil seine Frau auch am schwedischen Hofe mit dem erhabenen Titel »kaiserliche Hoheit« angeredet wurde; was übrigens auf Anordnung der Schwedischen Königin Victoria geschah.

Der kleine ›Schwedenprinz‹ Lennart, der da in diese staatspolitisch erwünschte Ehe hineingeboren wurde, war also wie kaum jemand anders das Produkt der Verschränkung jahrhundertealter monarchischer Dynastien. Auch heute noch klingen die Namen seiner Vorfahren wie Donnerhall - und das nicht nur bei Geschichtsexperten. In Anbetracht dessen aber, dass zu Beginn des 20. Jahrhunderts noch fast alle europäischen Staaten Monarchien waren, kann man sich lebhaft vorstellen, wie sehr sich die Öffentlichkeit für die Geburt von Prinz Lennart interessierte. Immerhin handelte es sich bei ihm um einen Urenkel eines russischen Zaren, um den Ur-Urenkel des deutschen Kaisers Wilhelm I. und um einen potentiellen Thronfolger des schwedischen Königs - wenn auch seine Chancen darauf eher gering standen. Um die Existenz dieses Sprösslings besser begreifen zu können, ist es also notwendig und auch hochinteressant, zunächst seine verwandschaftlichen Beziehungen etwas genauer zu betrachten...

Das Haus Bernadotte

Eine unmittelbare Verbindung dieses kleinen Prinzen bestand zunächst wie gesagt zum schwedischen Königshaus - also zum Haus Bernadotte, dessen Angehörige seit 1818 im Besitz der Krone sind. Die Wurzeln dieser Dynastie findet man jedoch keineswegs in Schweden selbst, sondern in den gesellschaftlichen Umwälzungen der französischen Revolution: Der aus dem südwestfranzösischen Pau stammende, 1763 geborene Jean Baptiste Bernadotte diente ursprünglich als Berufssoldat in der königlichen Armee seines Vaterlandes. Nach den Wirren der Revolution fühlte er sich jedoch den neuen politischen Kräften verpflichtet, machte hier - nun in der Armee des jungen Generals Napoleon Bonaparte kämpfend - durch seine siegreichen Feldzüge von sich reden

und wurde durch großzügige Beförderungen prompt dafür belohnt. Nachdem sich dann Napoleon Bonaparte 1804 selbst zum Kaiser der Franzosen gekrönt hatte, stieg Bernadotte zum Marschall von Frankreich und zum Herzog von Ponte Corvo auf. Eine Ironie der Geschichte sozusagen, waren doch erst 1792 noch die meisten Angehörigen des Adelsstandes auf der Guillotine hingerichtet worden, als das revolutionäre Frankreich von einer Terrorwelle in Angst und Schrecken versetzt worden war. Kaiser Napoleon I. belebte den Adelsstand nun jedoch aufs Neue, indem er diejenigen Männer nobilitierte, die sich um Staat und Kaiser besonders verdient gemacht hatten; und zu ihnen zählte er selbstverständlich auch den damals 41-jährigen Jean Baptiste Bernadotte. Im Übrigen blieb dies nicht die einzige Verbindung, die zwischen Napoleon I. und dem siegreichen Soldaten Jean-Baptiste Bernadotte bestand: Dieser heiratete nämlich im Jahr 1798 mit der Seidenhändlertochter Desirée Clary ausgerechnet die ehemalige Verlobte jenes neuen Kaisers der Franzosen. Ob dies zur Zufriedenheit aller geschah oder ob es sich dabei um eine Art Feldzug des ›Brauträubers‹ Bernadotte handelte, ist nicht bekannt. In einigen Quellen ist jedoch zu lesen, dass das Verhältnis zwischen Bernadotte und Napoleon seit der Hochzeit eher leicht unterkühlt gewesen sein soll.

Während Bernadotte also in jeglicher Hinsicht als strahlender Sieger dastand, hatten in dieser Zeit Volk und Königshaus in Schweden weniger Grund zur Freude: Nachdem Schweden unter den Herrschergeschlechtern Wasa und Pfalz-Zweibrücken seit 1523 zu einer europäischen Großmacht aufgestiegen war, begann seine Macht im späten 18. Jahrhundert - insbesondere unter König Karl XII. - allmählich wieder zu bröckeln. Mit Finnland wurde beispielsweise ein stolzes Drittel des Reichsgebietes an den damaligen russischen Zaren Alexander I. verloren. Als die negativen Botschaften auch unter seinem Nachfolger Karl XIII. nicht enden wollten, verlangten die schwedischen Stände schließlich nach einem geeigneten Nachfolger - einem Tatmenschen, der Schwedens Ansehen in der Welt wieder herstellen würde. Nachdem ein schwedischer Kurier von den Heldentaten Jean Baptiste Bernadottes gehört und seine Vorgesetzten in der Heimat informiert hatte, ereignete sich dann eine echte Sensation der Staatspolitik: Der schwedische Reichstag wählte im August 1810 den ehemaligen Berufssoldaten Jean Baptiste Bernadotte zum Kronprinzen von Schweden. Er wurde umgehend von König Karl XIII. unter dem Namen Karl Johan »an Kindes statt« adoptiert, trat bereits 1811 seine Regentenzeit an und folgte Karl XIII. nach dessen Tod im Jahr 1818 als König Karl XIV. auf den Thron: Damit war die schwedische Herrscherdynastie Bernadotte begründet, die sich ja bekanntermaßen bis in die Gegenwart größter Achtung und internationaler Sympathien erfreut. Mit dem kleinen Prinzen Lennart sollte zu Beginn des vergangenen Jahrhunderts übrigens sein ›Ur-Ur-Ur-Enkel‹ geboren werden - wenn die Aussprache dieser Bezeichnung auch leicht zu Verletzungen führen kann.

In den Jahrzehnten seiner Herrschaft vollbrachte jener legendäre Begründer der Dynastie Bernadotte, woran seine beiden Vorgänger gescheitert waren: Er hielt den stetigen Machtverfall seines neuen Heimatlandes auf und führte es wieder zu einer europäischen Großmachtstellung, wobei er zumeist aber äußere Konflikte mied. So veranlasste er etwa 1812 den Anschluss Schwedens an die Gegner Napoleons. Denn diesen ehemaligen Vorgesetzten musste er nun wegen seines Expansionsdranges zweifelsohne als eine große Gefahr ansehen. Als einer seiner größten Erfolge gilt jedoch, dass es ihm gelang, Dänemark 1814 im Frieden von Kiel zur Abtretung Norwegens zu zwingen. Doch

Links: Jean Baptiste Jules Bernadotte, der legendäre Begründer der königlich-schwedischen Dynastie Bernadotte. Ein Zeitgenosse beschrieb ihn folgendermaßen: »Seine Haltung, sein Blick, seine Bewegungen, seine wohllautende Stimme - alles war imponierend, eher furchterweckend, königlich«.

Rechts: Das Familienwappen der Dynastie Bernadotte in Schweden.

auch abgesehen von diesen territorialen Leistungen gelang ihm Nennenswertes - etwa die Wegbereitung der schwedischen Neutralitätspolitik oder die Stärkung der Staatsverwaltung, aber auch die parlamentarische Beschränkung königlicher Macht. Als mit Karl XIV. einer der imposantesten Herrscher Schwedens starb, trat sein Sohn Oskar I. (1844-1859) die Thronfolge an. Er führte die Politik seines Vaters konsequent fort, hielt auch im Krimkrieg (1853-56) an der Neutralität seines Landes fest und setzte sich darüber hinaus als Anhänger des ›Skandinavismus‹ für eine Herstellung kultureller, wirtschaftlicher und politischer Einheit der skandinavischen Länder ein. Sein Sohn Karl XV. (1859-1872) wiederum brachte nach seinem Herrschaftsantritt die Politik seines legendären Großvaters zur Vollendung, indem er den Übergang zu einem parlamentarischen Staatssystem vorantrieb und in Schweden eine parlamentarisch-demokratische Monarchie begründete. Nach seinem frühen Tod im Alter von nur 46 Jahren folgte ihm sein jüngerer Bruder Oskar II. (1872-1907) auf den Thron. Seine Regierungszeit war jedoch weniger von Erfolg gekrönt als die seiner Vorgänger: 1905 beschloss die linksorientierte norwegische Regierung in einem Volksentscheid mit einer überwältigenden Mehrheit die Lösung der bestehenden Personalunion mit Schweden. Der schwedische König aber musste tatenlos dabei zusehen und folglich seine Regentschaft über diesen westlichen Nachbarstaat niederlegen. Angesichts dieses schmerzlichen Machtverlustes muss sich in der Stockholmer Residenz ein tiefes Gefühl der Unzulänglichkeit breit gemacht haben; eine Tatsache, die möglicherweise auch auf die Erziehung des Prinzen Lennart ausgewirkt haben dürfte, der wenige Jahre später geboren wurde. Als Gustav V. 1907 nach dem Tod seines Vaters den Thron bestieg, ahnte noch niemand, dass er ganze 43 Jahre lang der Regent dieses Landes bleiben sollte. Viel zu zerbrechlich und unbelastbar wirkte er auf den ersten Blick: »Er war ein physisches Wunder, hauptsächlich bestehend aus Haut, Sehnen und Knochen«. Wie sich Graf Lennart in seiner zweiten Autobiografie erinnert, brachte er dennoch Tag für Tag ein enormes Programm hinter sich, ging stets eifrigst irgendeiner Beschäftigung nach und war auch leiblichen Genüssen gegenüber alles andere als verschlossen. In seine Regentschaft, in der die Welt viele denkwürdige und schreckliche Ereignisse zu sehen bekam, fallen zahlreiche soziale Reformen und die konsequente Entwicklung eines vorbildlichen Wohlfahrtsstaates, der zusammen mit der sozialdemokratischen Regierung auf den Weg gebracht wurde.

Schon 1881 hatte dieser Gustav V. - damals noch als Kronprinz - die Badische Prinzessin Victoria geheiratet, mit der sich der Dynastie Bernadotte ganz neue verwandschaftliche Beziehungen in Deutschland erschlossen - dazu im Anschluss mehr. Noch im selben Jahrzehnt wurden dem designierten Königspaar mit den Prinzen Gustav Adolf, Wilhelm und Erich drei Söhne geboren; geradezu ein Idealfall, wurden doch in damaliger Zeit bis auf wenige Ausnahmen ausschließlich Söhne - keine Töchter - zu Thronfolgern bestimmt. Nach dem Tod des langjährigen Monarchen Gustav V. im Jahre 1950 trat wie vorgesehen sein ältester Sohn als Gustav VI. Adolf die Thronfolge an. Der ebenso wie Vater und Brüder hochaufgeschossene Mann war bereits 1905 mit Margareta von Großbritannien verheiratet worden und hatte schon in den Jahren vor seiner Thronfolge des öfteren als ›Statthalter‹ seines Vaters fungiert. Er war bis zu seinem Tod 1973 im Besitz der Krone. Weil sein Sohn und designierter Nachfolger Kronprinz Gustav Adolf 1947 im Alter von nur 41 Jahren tödlich verunglückt war, folgte dem König also sein Enkel auf den Thron: König Carl XVI. Gustav, der ja bekanntermaßen bis zum heuti-

*Links: Die königliche Familie von Schweden um 1895. Von links: Victoria Prinzessin von Schweden, Prinz Wilhelm (*1884), Gustav Kronprinz von Schweden mit Prinz Erich (*1889), Prinz Gustav Adolf (*1882).*

Rechts: König Carl XVI. Gustav und Königin Silvia von Schweden. Links dahinter ihre erstgeboreneTochter Kronprinzessin Victoria, die ihrem Vater einst auf den Thron folgen wird.

50
Zur Erinnerung an die goldene Hochzeit
des Grossherzoglichen
Paares

gen Tage über die Geschicke seines Landes wacht. Nach seiner Vermählung mit der deutschen Dolmetscherin Silvia Sommerlath und mit der Geburt seines ersten Kindes - Prinzessin Victoria - brach im Jahr 1977 eine landesweite Diskussion um die Thronfolge des Königs an, ob es nicht an der Zeit sei, das hierbei herrschende Privileg der Söhne zu beseitigen. Die Diskussion blieb nicht ohne Folgen: Am 1. Januar 1980 trat ein neues schwedisches Nachfolgegesetz in Kraft, nach dem künftig das erstgeborene Kind - ohne Rücksicht auf sein Geschlecht, die Thronfolge antreten wird. Mit einigen Jahren Rückstand auf die gesellschaftliche Entwicklung war nun auch im monarchischen Milieu, das ja von jeher stark patriarchalische Züge getragen hatte, eine neue Zeitrechnung angebrochen. Und vielleicht erfreut sich das schwedische Königshaus und mit ihm das Haus Bernadotte bis heute gerade deswegen größter Beliebtheit, weil es von Menschen beseelt wird, die sich Neuem gegenüber nicht krampfhaft verschließen.

Das Haus Baden

Durch seine oben bereits erwähnte Vermählung mit der Badischen Prinzessin Victoria hatte sich König Gustav V. im Jahre 1881 - damals noch als Kronprinz - nun verwandschaftliche Beziehungen zu einer überaus einflussreichen Familie im Südwesten Deutschlands erworben. Die Eltern seiner Gemahlin waren nämlich Großherzog Friedrich I. und Großherzogin Luise von Baden, die die Geschicke ihres traditionsreichen Hauses in ihren Händen hielten. Bereits 1112 waren ihre Vorfahren aus dem Hause der Zähringer autorisiert worden, als Markgrafen und später als Großherzöge von Baden über die Ländereien am Oberrhein zu herrschen. Seinen Namen erhielt dieses Geschlecht nach seiner Burg in der Nähe von Freiburg im Breisgau. Die zu Beginn weitzerstreuten Gebiete etablierten sich im Laufe der Jahrhunderte durch regelmäßige Gebietszuwächse und eine zunehmend gestraffte innere Organisation als ein wichtiger politischer Faktor in der Region. Während einer zeitweiligen Unterteilung in eine katholische Linie Baden-Baden und eine evangelische Linie Baden-Durlach wurden auch die bekannten Residenzen Rastatt und Karlsruhe gebaut bzw. ausgebaut.

Als dann Karl Friedrich von Baden-Durlach die Markgrafschaft 1771 wieder vereinigte, mauserte sich Baden durch weitere, beträchtliche Gebietszuwächse in napoleonischer Zeit zu einem echten »Muschderländle«: Durch die Gebietserweiterungen waren große Ländereien in der rechtsrheinischen Kurpfalz (mit Mannheim und Heidelberg) und im österreichischen Breisgau hinzugekommen, außerdem wurde das Land 1803 zum Kurfürstentum, und drei Jahre später zum Großherzogtum Baden erhoben. Als solches hatte es dann Großherzog Friedrich I. im Jahr 1856 von seinem Vater, Großherzog Carl Leopold Friedrich, übernommen. Der neue Herrscher hatte allerdings zunächst noch mit den Nachwirkungen der revolutionären Aufstände von 1848/49 zu kämpfen, deren letzter und schwerster damals nur mit Hilfe preußischer Truppen niedergeworfen werden konnte. Das Ende der Reparationszeit fiel schließlich noch in die Regierungszeit Friedrichs I., der aber schon bald darauf, im Jahr 1860, mit Badens »Neuer Ära« den Versuch eines liberal-parlamentarischen Regimes wagte. 1866 kehrte man jedoch wieder zu einer konstitutionellen Regierungsweise zurück, wobei sich Friedrich I. auf die Nationalliberale Partei stützen konnte. Das Großherzogtum Baden erlebte jedoch bis zum Tod dieses liberalen Herrschers im

Links: Gedenkkarte zur goldenen Hochzeit im Jahre 1906: Friedrich I. Großherzog und Luise Großherzogin von Baden.

Rechts: Großherzog Friedrich I. von Baden.

Jahr 1907 eine lange Phase der Stabilität. 1871 spielte das Haus Baden zudem eine wichtige Rolle im Prozess der deutschen Reichsgründung - schließlich gipfelnd in der weltbekannten Szenerie, bei welcher der Preußische König Wilhelm I. im Spiegelsaal von Versailles zum Kaiser der Deutschen ausgerufen wurde. Die Badischen Truppen waren zuvor an der Seite Preußens in den Krieg gegen Napoleon III. gezogen, und gerade auch dieses Bündnis mit den süddeutschen Staaten hatte an der geglückten Reichsgründung erheblichen Anteil. Im Übrigen darf an dieser Stelle nun eifrigst spekuliert werden: Großherzog Friedrich war nämlich bereits seit 1856 mit der Preußischen Prinzessin Luise verheiratet, keiner Geringeren als der Tochter dieses Königs von Preußen, der später als Wilhelm I. zum Kaiser proklamiert werden sollte. Inwieweit jedoch die Großherzogin Luise damals Einfluss auf ihren Gemahl Großherzog Friedrich I. ausgeübt haben könnte, ist leider - und selbstverständlich - in keinem Gotha nachzulesen. Graf Lennart erinnert sich in seinen Memoiren noch gerne an seine badische Urgroßmutter Luise zurück, hatte sie aber natürlich erst im April 1915 kennengelernt: »Die Großherzogin Luise war eine kleine, zierliche Erscheinung [...]. In einem von markanten Runzeln durchfurchten Gesicht - sie wurde 1838 geboren - leuchtete ein freundliches und intelligentes graues Augenpaar und sah mich stets mit einem Ausdruck von Güte und Wohlwollen an, gleichzeitig lächelte sie mit einer leicht reservierten Wärme. [...] Trotz ihres hohen Alters hatte sie einen elastischen und aufrechten Gang, und sie erfüllte mit allen ihr zu Gebote stehenden Kräften die Pflichten, die ihrer Meinung nach einer Großherzoglichen Witwe von Baden oblagen«. Nach dem Tod des Großherzogs Friedrich I. lenkte sein Sohn Friedrich II. die Geschicke des Landes. Dessen Schwester Victoria hingegen - bereits seit 1881 mit dem schwedischen Kronprinzen Gustav verheiratet - wurde Königin von Schweden. Ihr in Baden regierender Bruder musste jedoch - wie so viele seiner Standesgenossen - im Jahr 1918 auf den Thron verzichten und seine Standesprivilegien aufgeben, weil mit der Weimarer Republik ein erster deutscher Versuch in Sachen Demokratie unternommen werden sollte. Die Nachgeborenen führen den Namen Prinz und Prinzessin bzw. Markgraf und Markgräfin von Baden. Friedrich II. starb 1928 in Badenweiler.

Die Insel Mainau

Das Haus Baden sollte Jahrzehnte später im Leben unseres Prinzen Lennart eine schicksalhafte Rolle übernehmen. Das lag zum einen an der Person seiner Urgroßmut-

Links: Luise Großherzogin von Baden, Prinzessin von Preußen, anlässlich der Hochzeit ihrer Tochter Victoria Prinzessin von Baden, 1881.

Ganz Oben: Die Kaiserproklamation im Spiegelsaal von Versailles am 18. Januar 1871 (Gemälde von Anton Alexander von Werner, 1885).

Oben: Prinz Wilhelm von Preußen mit seiner Tochter Prinzessin Luise, um 1854.

ter Luise, die gerade nach dem Tod ihres Mannes des öfteren in Schweden zu Besuch war und dabei stets einige Zeit mit ihrem Urenkel Lennart verbrachte; zum anderen aber an der Tatsache, dass sich unter anderem auch eine idyllische, 44 ha große Bodensee-Insel im Besitz des Großherzogs von Baden befand. Das im nördlichen Bodenseearm nahe Konstanz liegende Eiland war damals jedoch längst nicht so bekannt wie heute. Es konnte jedoch schon damals auf eine lange, beachtenswerte Geschichte zurückblicken: Obgleich dies nicht durch archäologische Funde belegt ist, ist anzunehmen, dass schon in prähistorischer Zeit Menschen auf der Mainau siedelten. Dafür sprechen einige rings um den See aufgefundene Reste bronzezeitlicher Pfahlbauten. Die Archäologen vermuten in römischer Zeit ein Castell auf der Mainau, was jedoch bis dato nicht bewiesen werden konnte. In römischen Geschichtsbüchern ist jedoch belegt, dass Kaiser Augustus während kriegerischer Auseinandersetzungen am Oberrhein auf einer großen Bodenseeinsel eine gefechtsbereite Flotte bauen ließ. Es wird vermutet, dass mit dieser Insel die Mainau gemeint war. Nach dem Untergang des

Römischen Reiches ergaben sich mit der Verbreitung des Christentums neue Machtverhältnisse im Bodenseeraum: Irische Mönche verbreiteten zunächst »mit Feuer und Schwert« die christliche Religion, und im Hochmittelalter gehörte die Insel zum Kloster Reichenau, das sich auf der nur wenige Kilometer entfernten gleichnamigen Insel befindet. Eine auf der Mainau befindliche Burg wird erstmals im Jahr 1272 erwähnt. Unklar ist jedoch, wann sie errichtet wurde, da in älteren Überlieferungen des Klosters Reichenau zwei Mal lediglich von einem gewissen ›Berhold von Mainowe‹ die Rede ist, weitere Informationen jedoch fehlen. Eine kontinuierliche schriftliche Überlieferung beginnt im Jahr 1272, als Arnold von Langenstein, Ministerialer des Klosters Reichenau, die Mainau dem Deutschen Orden vermachte, der 1190 als Hospitalorden in Palästina gegründet worden war. Die Mitglieder dieses Ordens versuchten damals mit Kreuz und Schwert - sprich mit Waffengewalt -, ihre Anhängerschaft im Lande zu vergrößern. Auch wurde gezielt eine Ausdehnungspolitik betrieben - teils durch Ankauf von Ländereien, teils wiederum durch Gewaltanwendung. Verwaltet wurden die Güter durch zwei Ämter, denen jeweils ein Vogt vorstand. Auf der Mainau befand sich damals das Oberamt, inklusive der Gerichtsbarkeit. Obwohl die ›Deutschherren‹ des Ordens keineswegs vor offener Gewalt zurückschreckten, zählte für sie durchaus eine achtenswerte Maxime: »Leben und leben lassen«. So betonten die zeitgenössischen Geschichtsschreiber stets das gute Verhältnis zu den Untertanen: Einige Mainau-Komturen sollen laut Überlieferung wie Fürsten gelebt, aber die Armen dabei nicht vergessen haben.

Abgesehen von der zwei Jahre währenden Episode einer Schweden-Herrschaft während des Dreißigjährigen Krieges, verblieb die Insel Mainau von 1272 bis 1806 im Besitz des Deutschen Ordens. 1853 wurde sie dann von dem

Oben: Hoher Besuch auf der Insel Mainau: Kaiser Wilhelm I. mit seiner Tochter Luise Großherzogin von Baden und seiner Enkelin Victoria Prinzessin von Schweden im Schlosshof der Mainau (um 1885). Vierte Person: unbekannt, wahrscheinlich aber Friedrich Großherzog I. von Baden oder Gustav Kronprinz von Schweden).

Rechts: Ein Postkartenmotiv aus dem Jahr 1910.

oben genannten Friedrich I. Großherzog von Baden aufgekauft. Er nutzte die Insel fortan als Sommerresidenz - zur Abwechslung vom Karlsruher Schloss, in dem er gemeinhin residierte. Diesem begeisterten Naturliebhaber und Baumkundler Friedrich I. ist es auch zu verdanken, dass damals große Teile der Insel in einen botanischen Park mit einem berühmten Rosengarten verwandelt wurden. Das barocke Schloss hingegen wurde bereits in den Jahren von 1739 bis 1746 von Baumeister Johann Caspar Bagnato errichtet. Die ingesamt architektonisch höchst harmonische Schlossarchitektur ist als Langbau mit zwei Flügeln angelegt, die einen großzügigen Innenhof bilden. In einem Bogen fuhren ankommende Kutschen in Richtung des dreibogigen Hauptportals. Das metergroße Wappenrelief, das bis in die Gegenwart oben an der Hauptfassade prangt, besteht genau genommen aus mehreren Wappen und Regimentsfahnen, die sich auf den Deutschen Orden und seine hohen Mitglieder beziehen. Die Schlossanlage vermittelt en gros einen Eindruck des großen Repräsentationsgeistes der damaligen Zeit,

der höchstwahrscheinlich auch den Badischen Großherzögen nicht ungelegen kam. Befand man sich doch zu dieser Zeit in der Hochphase des deutschen Imperialismus. Graf Lennart beschrieb seine Eindrücke während seiner frühesten Besuche auf der Mainau jedoch recht idyllisch: »Die vielen Bäume aus fremden Ländern faszinierten mich schon als Kind. Es war ein Ort, an dem man sich zu Hause fühlen konnte, der aber zu jener Zeit im scheußlich überladenen Stil der 70er Jahre des vorigen [des 19.] Jahrhunderts eingerichtet war. Eine schöne Lage und viele Möglichkeiten für Ausflüge«. Dass diese Insel und dieses Schloss einst sein Schicksal bedeuten würde, das konnte der kleine Prinz Lennart während seiner ersten Insel-Besuche natürlich noch nicht erahnen.

Damals kursierten bezüglich der Insel, seines herzoglichen Besitzers und der badischen Bevölkerung einige teils skurrile, teils komische Geschichten. Beispielsweise soll der alte Großherzog Friedrich I. einmal, um seine Insel von allen Seiten zu inspizieren, eine Rundfahrt im Ruderboot unternommen haben und dafür eiligst einen Fischer samt Boot angeheuert haben. Als die beiden Insassen dann zur Landungsbrücke kamen, soll der Fischer den Großherzog in ehrfürchtigem Tonfall wie folgt gewarnt haben: »Nun muss *Er* aber am besten den Grind einziehen, damit *Er* sich ihn nicht kaputtschlägt!« Graf Lennart setzt in seinen Memoiren noch eine Burleske oben drauf: »Vielleicht war es derselbe Fischer, der später Großherzogin Luise ruderte und ihr ein Kompliment machen wollte, als er sagte: »*Es* isch it fett!« Die ›Vollstrecker‹ solcher lustigen Missgeschicke hatten jedoch keine Konsequenzen zu fürchten. Auf der Mainau war die strenge Etikette stets etwas gelockert, weil man dort - anders als in der Karlsruher Residenz - keine Zuschauer hatte.

Oben: Sie genoss die Aufenthalte auf der exotisch bewachsenen Insel ebenso wie ihr Gemahl: Großherzogin Luise im Schlosshof der Insel Mainau, um 1880.

Rechts: Auch Prinz Lennarts Vater Prinz Wilhelm (li.) liebte als Junge schon die Besuche auf der Insel (hier im Jahr 1890 im seinem Bruder Kronprinz Gustav Adolf).

Die Romanows

Europa im späten 19. Jahrhundert: Die europäischen Industriestaaten - allen voran Großbritannien und Frankreich, Deutschland und Italien - versuchten dem wachsenden außenwirtschaftlichen Konkurrenzdruck durch eine aggressive Kolonialisierung ferner Kontinente Herr zu werden. Schließlich musste in allen genannten Staaten ein seit der industriellen Revolution förmlich explodierter Rohstoffbedarf gedeckt werden. Die kontinuierlich beschleunigte Produktion verlangte außerdem nach immer neuen Absatzmärkten: Das Zeitalter der Industrialisierung brachte auch ungeahnte Probleme mit sich und brachte schließlich die europäischen Staaten in eine stabile außenpolitische Rivalität. Auch Russland war das ganze 19. Jahrhundert über mit immer neuen Gebietsansprüchen regelmäßig in Konflikte mit anderen Staaten geraten, die damals im Krimkrieg (1853 bis 56) und im Russisch-Türkischen Krieg (1877/78) gipfelten. 1878 musste sich das Zarenreich jedoch einem Schiedsspruch der europäischen Mächte beugen und seine Gebietsansprüche zurückschrauben. Herrscher über das Russische Reich waren seit dem 16. Jahrhundert die Mitglieder der Zarendynastie Romanow. Der Aufstieg der Familie begann mit der Heirat Iwans IV. ›des Schrecklichen‹ mit der aus dem russischen Hochadel stammenden Anastasia Romanow. 1547 ließ er sich als erster russischer Herrscher zum Zaren von Russland krönen und lehrte sein Volk wie auch die umliegenden Staaten durch brutale Willkür und seine imperiale »Machtpolitik« das Fürchten. Er starb 1584. Im Jahr 1613 wurde dann nach einer »Zeit der Wirren« mit Michail Fjodorowitsch Romanow der Großneffe Anastasias zum Zaren erkoren. Damit begann die mehr als 300-jährige Herrschaft der Dynastie Romanow, in welche im April 1890 auch die Mutter unseres Prinzen Lennart hineingeboren wurde.

Von den Nachfolgern des Zaren Michail Fjodorowitsch sind vor allem noch Peter I. Fjodorowitsch (1682-1725) und Katahrina II. zu nennen. Jener - besser bekannt als Peter der Große - war für die weitere Entwicklung Russlands von entscheidender Bedeutung, denn seine Politik zielte vor allem auf eine tiefgreifende ›Europäisierung‹ seines Reiches ab, das bis damals eher im barbarischen Stil asiatischer Despotien regiert worden war. Das Paradoxe daran war, dass er dieses per se edle Ziel äußerst rücksichtslos und mit einer auf Expansion angelegten Waffengewalt verfolgte und damit auch großen Erfolg hatte. Ein imposantes Monument seiner Politik setzte er sich mit der Gründung der neuen Stadt St. Petersburg an der sumpfigen Newa-Mündung. Diese imposante Stadt der Paläste und Parkanlagen wurde 1712 zur Residenz- und Hauptstadt des Russischen Reiches erhoben und erfuhr bald einen raschen wirtschaftlichen Aufschwung. Als Ausdruck des nun herrschenden modernen Zeitgeistes wurde die Stadt nicht wie bisher üblich in kyrillischen, sondern in lateinischen Buchstaben geschrieben. Als eine furchtbare Ironie des Schicksals ist es wohl aufzufassen, dass die Zarenfamilie im Jahr 1918 ausgerechnet in dieser Stadt des Fortschritts ihr unzivilisiert-grausames Ende finden musste. Unter der Herrschaft der berühmten Zarin Katharina II.

Links: Zar Nikolaus II., der letzte Kaiser des Russischen Reiches, mit seiner Gemahlin Alix, eine geborene Prinzessin von Hessen-Rhein. Das Zarenpaar wurde 1918 mitsamt seinen Kindern von den revolutionären Bolschewiki ermordet.

Rechts: Peter I. »der Große« Fjodorowitsch, der 1703 als Gründer von St. Petersburg und als Modernisierer des Zarenreiches in die Geschichte einging (Gemälde von Alexander von Kotzebue)

›die Große‹ (1762-96) stieg Russland dann endgültig zur geachteten und gefürchteten Großmacht auf. Der Weg ihrer Machtergreifung dürfte jedoch keinem Ehemann besonders sympathisch erscheinen. Diese geborene Sophie Friederike Auguste von Anhalt-Zerbst war nämlich seit 1745 mit dem späteren Zaren Peter III. Fjodorowitsch liiert, ließ diesen aber 1762 durch Gardeoffiziere stürzen und gab vermutlich auch den Befehl zu seiner Ermordung. Danach ließ sie sich zur Kaiserin ausrufen. Dass sie trotzdem nicht wie einst Iwan den Beinamen »die Schreckliche« erhielt, dürfte wohl an ihrer gänzlich dem Wohle Russlands verschriebenen Regierungsweise gelegen haben. Dennoch bleibt ein ambivalenter Eindruck. Positiv anzurechnen wären ihr ihre außenpolitischen Erfolge wie die Expansion im Westen und am Schwarzen Meer, ihr kulturelles Engagement im Geiste der Aufklärung und ihre gewaltigen innenpolitischen Modernisierungen. Andererseits stärkte sie aber die übernommene absolutistische Sozialordnung, indem sie die Leibeigenschaft sogar noch ausdehnte und einen daraus resultierenden Bauern- und Kosakenaufstand im Jahre 1774 blutig niederschlug. Legendär sind übrigens auch die kursierenden Erzählungen ihrer zahlreichen Liebhaber.

Zu Beginn des 19. Jahrhunderts wurde das Russische Reich zunächst von Zar Alexander I. (1801-25) beherrscht, der nach der endgültigen Niederlage Napoleons I. auf dem Wiener Kongress 1815 maßgeblich die neue Ornung unseres Kontinents mitgestaltete. Trotz vereinzelter liberaler Reformbeteuerungen war er nie wirklich zu einer Beschränkung seiner kaiserlichen Macht bereit, betrieb eine repressive Innenpolitik und schlug eine Offiziersrevolte im Jahr 1825 sehr blutig nieder. Durch seine Mitbegründung der reaktionären ›Heiligen Allianz‹ wirkte er zudem engagiert als ein Bewahrer des monarchischen Prinzips in Europa. In die Regierungszeit seiners Sohnes Zar Nikolaus I. (1825-55) und seines Enkels Zar Alexander II. (1855-81) fiel die eingangs erwähnte außenpolitische Expansionspolitik. Im Innern wurden nun mit der Aufhebung der bäuerlichen Leibeigenschaft 1861 und einigen weiteren Reformen zwar gutgemeinte Versuche unternommen, jedoch hinkte man in Russland den liberalen Entwicklungen Westeuropas stets weit hinterher. Die Ermordung Alexanders II. seitens der radikalen Opposition stellte die Weichen schließlich wieder in Richtung einer scharfen Unterdrückungspolitik unter seinem Sohn Zar Alexander III. (1881-94), die sich auch in einer rücksichtslosen Russifizierung der nicht russischen Völker des Reiches äußerte. In die Regierungszeit dieses Zaren Alexander III. fiel 1890 auch die Geburt der Maria Romanow. Sie kam als eine Tochter des jüngsten Zarenbruders Großfürst Paul Alexandrowitsch zur Welt, war also eine Nichte des regierenden Zaren beziehungsweise die Enkelin des verstorbenen Zaren Alexander II. Somit war ihre Geburt ein wichtiges Ereignis nationalen Ranges. Im ›Regierungsboten‹ war damals zu lesen: »Ihre Kaiserliche Hoheit Großfürstin Alexandra Georgiewna kam heute um 7 Uhr wohlbehalten mit einer Tochter nieder, die im heiligen Gebete Maria genannt wurde. Die hohe Wöchnerin und das hochwohlgeborene Kind befinden sich bei [...] Gesundheit«. Diese Information verbreitete sich bald nach der Geburt der kleinen Maria in alle heimischen Lande. Fast zwei Wochen lang war im ›Regierungsboten‹ zu lesen, wie es um die Gesundheit der Mutter und der Neugeborenen bestellt war. Täglich informierte der großfürstliche Hofarzt akribisch und samt Pulsschlag und Temperatur über deren Befindlichkeit. Erste Ansätze einer Boulevardpresse zeichneten sich also durchaus schon damals ab. Großfürst Paul Alexandrowitsch hatte ein Jahr vor Marias Geburt die griechische Prinzessin Alexandra Georgiewna geheiratet - die Tochter des griechischen Königs und die Nichte seines regierenden Bruders. Mit ihr lebte er in einem eigenen Palast in St. Petersburg. Ihre Ehe sollte jedoch bereits 1892 ein trauriges Ende finden, denn Prinzessin Alexandra Georgiewna starb bereits 1891 kurz nach der Geburt ihres zweiten Kindes Großfürst Dimitrij. Maria war damals gerade eineinhalb Jahre alt.

Weil Marias Vater als Kommandant des Zaren in den folgenden Jahren viel Zeit außer Haus und im Ausland verbrachte und seine Kinder nurmehr selten zu Gesicht bekam, wurden Maria und Dimitrij nach dem Tod ihrer Mutter von verschiedenen Kindermädchen erzogen. Da die meisten davon aus England stammten, sprachen die Kinder in ihren jungen Jahren fast ausschließlich Englisch und kaum ein Wort Russisch. Damit fiel es ihnen natürlich keineswegs leichter, sich in der russischen Umgebung wirklich heimisch zu fühlen. Als im Alter von sechs Jahren - wie im Hause Romanow üblich - Marias kaiserliche Erziehung begann, nahm sich Evdokija Dzunkovskaja, die Hofdame der Zarin, ihrer an und blieb bis zu Marias Heirat im Jahre 1908 ihre Pädagogin. Einige Zeit des Jahres verbrachten Maria und ihr jüngerer Bruder jedoch auch in Moskau bei ihrem Onkel Sergej, dem anderen Bruder ihres Vaters. Seitdem dieser von Zar Alexander III. 1891 zum Gouverneur von Moskau ernannt wurde, lebte er kinderlos mit seiner Frau Elisaveta Feodorovna im Moskauer Kreml.

Obwohl die beiden Zöglinge ihren Vater schon damals nicht mehr oft persönlich trafen, empfand Maria - so ist in ihrer späteren Autobiografie immer wieder zu lesen - eine tiefe Zuneigung für ihn. Um so schwerer wog jedoch auch ihr Schmerz, als sie im Herbst des Jahres 1902 einen in Paris aufgegeben Brief Pavels erhielt, in dem er sie vor die Tatsache seiner Heirat mit einer gewissen Olga Valerianovna Pistolkors stellte, die ihr absolut unbekannt war. »Dieses Erlebnis war mein erster wirklicher Schmerz, war die erste Wunde, die mir das Leben schlug«, beurteilt sie rückblickend in ihren Memoiren. Als um so schlimmer musste sie diese Eheschließung damals empfinden, da sie unumgänglich mit einer endgültigen Trennung von ihrem Vater verbunden war. Seine neue Frau war nämlich laut Familiengesetz der Romanows als geschiedene Gemahlin eines Offiziers nicht standesgemäß, außerdem war die Ehe auch noch gegen den Willen des Zaren geschlossen worden, was als ein schwerer Fauxpas und einer der größten Skandale der Familiengeschichte aufgefasst wurde. Deswegen musste dieses ›Vergehen‹ gegen das eigene Familienrecht auch einschneidende Konsequenzen nach sich ziehen: die Verbannung aus Russland, die Einstellung der kaiserlichen Apanagezahlungen, die jeder kaiserlichen Hoheit per Dekret zustand, den Verlust des militärischen Ranges und die Übergabe der Kinder an einen Vormund. Ohnehin mutterlos aufwachsend, mussten Dimitrij und Maria nun auch noch im Bewusstsein weiterleben, dauerhaft und unabänderlich von ihrem geliebten Vater getrennt zu sein. Lediglich zu wichtigen familiären Anlässen wurde ihm noch die Einreise genehmigt. Diese Sanktionen wurden jedoch nicht mehr von Pavels Bruder, Zar Alexander III., verhängt, sondern von seinem Sohn und Nachfolger Zar Nikolaus II. Er hatte im Jahr 1894 den Thron eingenommen, nachdem sein stets repressiv herrschender Vater im Alter von nur 49 Jahren verstorben war.

Die beiden delinquenten Eheleute Pavel und Olga hingegen wählten nun Paris als ständigen Wohnsitz. Nachdem bereits 1897 in Russland der gemeinsame Sohn Volodja geboren worden war, kamen nun mit Irina (*1903) und Natalja (*1905)

Oben: Zar Alexander II., der Großvater Marias.

Unten: Großfürst Paul Alexandrowitsch mit seinen Kindern Maria und Dimitrij, um 1894.

zwei weitere Kinder zur Welt. Erst als der Zar die Verbannung im Jahr 1912 wieder aufgehoben hatte kehrten sie zusammen mit ihren Kindern wieder nach Russland zurück. Pavel begann anschließend mit dem Bau eines neuen Palastes für sich und seine neue Familie in Zarskoje Selo, ganz in der Nähe des Zarenpalastes. Maria und Dimitrij waren zu dieser Zeit jedoch bereits endgültig zu ihrem Onkel Sergej und ihrer »Tante Ella« nach Moskau gezogen. Sergeij war nach der nicht standesgemäßen Hochzeit seines Bruders zum Vormund der Kinder ernannt worden und kümmerte sich nun intensiv um deren Erziehung und Ausbildung. Pavels Verstoß gegen das Familiengesetz verurteilte er als ein unentschuldbares Vergehen, seine Frau hatte indessen eine tiefe Abneigung gegen Pavels neue Ehefrau entwickelt. Kein Wunder also, dass die beiden mit aller Macht versuchten, den Kontakt ihrer Zöglinge zu ihrem leiblichen Vater tunlichst gering zu halten. Die Leerstelle, die nach dem Tod der Mutter und nach der Trennung vom Vater in den Herzen der beiden Kinder entstanden war, konnten jedoch auch sie nicht ausfüllen - obwohl sich gerade Sergej sehr um die Liebe der beiden Kinder bemühte. Im Februar 1905 fiel er jedoch in Moskau einem Bombenattentat zum Opfer. Die Odyssee Marias und Dimitrijs war noch keineswegs zu Ende. Ihr neuer offizieller Vormund wurde nun ihr älterer Cousin Zar Nikolaus II. persönlich, die tatsächliche Erziehung blieb jedoch der nunmehr verwitweten ›Tante Ella‹ überlassen. In einem Brief an den neuen Vormund beschreibt sie explizit ihre vorgesehene Erziehungsmethode: Sie werde nun nämlich versuchen müssen, »diese zarten kleinen Herzen als wahre Christen und wahre Russen zu erwärmen, indem ich alles auf Glaube und Pflicht begründe«. Vielleicht konnte es in den folgenden Jahren auch wegen dieser Zielsetzung zu keiner emotionalen Annäherung kommen. Diese Tatsache und der Umstand, dass die Kinder abgeschirmt von Gleichaltrigen aufwachsen mussten, führte - abgesehen von der intensiven Beziehung der beiden Geschwister zueinander - in dieser Zeit zu einer extremen Form von Vereinsamung.

Eine Hochzeit auf staatliches Geheiß

›Tante Ella‹, die ihr Leben nun stark auf Religiosität, Armen- und Krankenpflege ausgerichtet und 1908 ein eigenes Kloster in Moskau gegründet hatte, war es kurz zuvor noch gelungen, pünktlich zum Heiratsalter ihrer Nichte einen scheinbar geeigneten Ehepartner für sie ausfindig zu machen. Mit Prinz Wilhelm von Schweden hatte sie einen Partner auserkoren, der - wie man dies damals beim Namen nannte - hinsichtlich seines Standes ›dem Familiengesetz entsprach‹ und zudem noch außenpolitisch überaus vernünftig erschien. Die junge Großfürstin sollte im Gegensatz zu ihrem Vater dem Hause Romanow keine Schande machen. Marias Memoiren ist ex post zu entnehmen, dass der Kontakt zwischen den beiden zukünftigen Ehepartnern offenbar durch Irene von Hessen-Darmstadt, die Schweser Ellas, zustande gekommen war. Die Meinung des Brautvaters als einer russischen Persona ingrata war dabei überhaupt nicht gehört worden. Dass der jedoch starke Bedenken hinsichtlich der geplanten Hochzeit hatte, stellte sich später anhand eines an Zar Nikolaus II. adressierten Briefes heraus: »Stehen Kinder erst einmal unter Vormundschaft, darf der Vater weder den Bräutigam begutachten, noch sich für oder gegen ihn aussprechen oder gar seine Meinung darüber äußern, dass es zu früh ist, ein Mädchen von 17 Jahren zu verheiraten«. Unbegründet war dieser Einwand mit Sicherheit nicht, denn die beiden Jugendlichen - er 24, sie gerade 18 Jahre alt - wurden in aller Strenge innerhalb einer hermetisch abgeriegelten Hofetikette erzogen und hatten dementsprechend keinen Schimmer von einem Leben außerhalb ihrer beschützten Lebenswelt. Die Proteste des Brautvaters sollten jedoch keine Wirkung zeigen. Am 20. April 1908 fand in Zarskoje Selo - wie eingangs bereits erwähnt - die Hochzeit seiner Tochter Maria mit dem Schwedenprinzen Wilhelm aus dem Hause Bernadotte statt. Zusammen mit Angehörigen des Hochadels aus ganz Europa feierte man das Paar mit allem erdenklichen Pomp und Prunk, »mit reichlich entfaltetem Diamantenschimmer, Säbelgerassel und prächtigen Uniformen«. Alleine der Schmuck und das Kleid der Braut sollen zusammen mehr als 50 Kilo gewogen haben. Obwohl es sich um eine Liaison zum Nutzen und Vorteil zweier Länder handelte, schienen die beiden Verlobten wegen ihrer fremdbestimmten ›Zusammenführung‹ zunächst nicht unglücklich gewesen zu sein: Vor allem Maria hoffte durch die bevorstehende Hochzeit ihrer existentiellen Einsamkeit entrinnen und endlich ein Leben in Freiheit und

Unabhängigkeit führen zu können. Über Monate hinweg schrieb sie zuversichtliche Briefe an ihren schwedischen Prinzen Wilhelm: »Dann werden wir zusammen reisen und genau so leben, wie wir es uns wünschen und wie es uns gefällt. Ich freue mich auf ein wunderbares Leben - ein Leben voll von Liebe und Glück, genau, wie du es in deinen letzten Briefen geschrieben hast«. Doch es sollte alles ganz anders kommen.

Schloss Oakhill

Weil das junge Paar in Stockholm natürlich nicht in einem der typischen roten Holzhäuschen mit weißen Eckpfeilern hausen konnte, beauftragte man einen schwedischen Modearchitekten, einen Kompromiss zwischen einem Schloss und einer Großvilla zu realisieren. Bezahlt wurde das Bauprojekt mit der großzügigen Mitgift Marias. Das ›Oakhill‹ genannte Anwesen wurde auf einem Bauplatz in einem Park errichtet und wuchs schleunig zu einer bezugsfertigen, schick und vornehm wirkenden Immobilie heran. Im März 1910 wurde es bezogen. Anstatt jedoch zusammen mit seiner jungen Gemahlin das neue Heim zu beseelen oder wie geplant mit ihr die Erde zu erkunden, war Prinz Wilhelm als schwedischer Seeoffizier oft und lange auf allen Meeren der Welt unterwegs - und das schon bald nach der Hochzeit. Maria saß währenddessen meist alleine in ihrer neuen Umgebung Stockholm. Dass sie sich hier bald ebenso einsam fühlen würde wie in ihrer russischen Heimat, war somit schon damals abzusehen. Schon bald setzte sich in ihrem Herzen eine unglückliche Grundstimmung fest, an der nicht einmal die Geburt des gemeinsamen Sohnes Prinz Lennart im Mai 1909 dauerhaft etwas ändern konnte: Ein Leben in einem Land fern der Heimat; das strenge schwedische Hofzeremoniell und die extremen Beschränkungen; dazu die wachsende Entfremdung von ihrem Ehemann, mit dem sie emotional noch nie wirklich verbunden gewesen war - das alles bereitete der gerade erst 19jährigen Russin bald schon ein kaum mehr zu ertragendes Gefühl der Isolation. Doch um die Gefühle der beiden war es bei dieser Hochzeit ja noch nie gegangen, zudem war man im familiären Umfeld zuversichtlich, dass der Allmächtige den Rest schon ordnen würde. Er hatte aber anscheinend Wichtigeres zu tun. Die beiden Eheleute wurden einander zusehends fremder und fremder, die Situation immer unerträglicher. Während Prinz Wilhelm es als unabänderlich ansah und langmütig ertrug, versuchte Prinzessin Maria durch »wilde Eskapaden« den Zwängen des höfischen Lebens zumindest zeitweise zu entrinnen. So liebte sie es beispielsweise, auf einem Silbertablett die Treppen des Schlosses hinunter zu rutschen oder dem Gärtnerjungen die Sisyphusarbeit am

Oben: Die kleine Großfürstin Maria Pawlowna mit Mutter Alexandra Georgiewna Prinzessin von Griechenland und Dänemark, und ihrer Großmutter Olga Konstantinowa Prinzessin von Griechenland Großfürstin von Russland (1891).

Unten: Als kaiserliche Hoheit wuchs Großfürstin Maria Pawlowna in einem Umfeld von Reichtum und Glanz heran.

Rasenmäher abzunehmen, was einer kaiserlichen Hoheit selbstverständlich unwürdig war. Ihr »merkwürdiges«, aber im Grunde völlig harmloses Verhalten wurde vielerorts verächtlich belächelt und nicht zuletzt deswegen von ihrer Schwiegermutter, Königin Victoria, aufs Schärfste missbilligt. Beinahe jede ihrer Bewegungen wurde mit strengem Blick beobachtet, und in der täglichen Routine war kaum Platz für Eigeninitiative. Prinzessin Maria muss unter alledem sehr gelitten haben. Um ihre Stimmung zu bessern und die beiden entfremdeten Ehepartner einander wieder näher zu bringen, arrangierte Prinz Wilhelms Vater 1911 eine sechsmonatige Siamreise für die beiden. Sie zeigte jedoch keinerlei Wirkung, im Gegenteil: Wie in Marias Tagebuch ersichtlich wird, reifte in Siam, dem heutigen Thailand, ihr Entschluss, dass eine Trennung der einzige Ausweg aus ihrer unglücklichen Lage war. Doch es sollte noch einige Zeit dauern, bis sie sich endgültig zu diesem Schritt durchrang. Der kleine Prinz Lennart war während dieser Reise der Eltern zum ersten mal für längere Zeit alleine. Seine frühesten Kindheitserinnerungen reichen etwa bis in die Zeit, als seine Eltern im Mai 1912 wieder in ihrem neuen Stockholmer Schloss Oakhill angekommen waren. Keiner konnte seine damalige Situation besser beschreiben als er selbst: »Ich hatte ein herrlich großes, nach Süden gelegenes Kinderzimmer, in dem ich so viel herumtoben konnte, wie ich wollte. Manchmal kam Papa nachmittags zu Besuch, und dann geschah immer etwas Tolles, am lustigsten war das Wigwam-Spiel. [...] Am Abend kam Mama, um das Nachtgebet mit mir zu sprechen und mir Gute Nacht zu sagen.« Die übrige Zeit verbrachte der kleine Prinz unter der Obhut seines Kindermädchens Olga Sjöberg, die aus der südschwedischen Provinz Småland stammte und von ihrem Zögling liebevoll »Nenne« gerufen wurde. Ihm zufolge hatte die damals 45-jährige alle Charakteristika einer echten Småländerin, die da etwa wären: Fleiß, Genügsamkeit, Pflichtbewusstsein, Sparsamkeit, Gottvertrauen, Ehrlichkeit, Selbstlosigkeit und Eigensinn. Trotz dieser kleinen liebevoll gemeinten Spitze mochte der kleine Prinz seine Nenne sehr. Er beschreibt sie in seinen Erinnerungen als ruhig, souverän und gütig wirkende Persönlichkeit. Bei der Auswahl ihrer Vorgängerin hatten seine Eltern hingegen weniger Menschenkenntnis bewiesen: Nachdem diese damals ihren Dienst angetreten hatte, hatte sie nämlich offenbar die nicht allzu brillante Idee, ihren Schützling vor dem Schlafengehen ausgerechnet mit Opium ruhig zu stellen, damit ihre Nachtruhe nicht unangenehm unterbrochen wurde. Überflüssig zu erwähnen, dass man sie eilends hinausgeworfen hatte.

Links: Ihre Verbindung sollte nur Episode bleiben: Prinzessin Maria Pawlowna und Prinz Wilhelm von Schweden (das Foto entstand während einer Schlittenfahrt im Jahr 1912).

Unten: Prinz Lennart wurde 1913 Zeuge solch einer sagenhaft pompösen Selbstinszenierung der Zarenfamilie (das kl. Foto zeigt den Krönungszug um Zar Nikolaus II. im Jahre 1896).

Unten: Im Jahr 1909 schien ihr Leben noch in bester Ordnung zu sein: Prinzessin Maria Pawlowna mit ihrem Sohn Prinz Lennart.

Foto: Die fünf Kinder des russischen Zaren Nikolaus II. Dass die lebhaften Kinder bereits wenige Jahre später von den brutalen Kräften der Revolution dahingerafft würden, ahnte damals noch niemand (Foto v.l.: Die Großfürstinnen Tatjana, Olga, Maria, Anastasia mit ›Zarewitsch‹ Großfürst Alexej).

Thronjubiläum in Moskau

Nachdem Prinz Lennart von seiner Mutter bereits kurz nach seiner Geburt 1909 nach Russland und 1912 nach Paris mitgenommen worden war, führte sein dritter Auslandsaufenthalt den Vierjährigen wiederum in die Heimat seiner Mutter: In St. Petersburg wurde 1913 das 300-jährige Thronjubiläum der Dynastie Romanow gefeiert, das bei dem kleinen Reisenden bleibende Eindrücke hinterließ. Mit dem Schiff überquerten Mutter und Sohn die Ostsee bis nach St. Petersburg, von dort ging es weiter nach Moskau, wo die beiden Königlichen Hoheiten selbstverständlich im Kreml gastierten. Die Festakte müssen damals bombastisch ausgefallen sein, offenbar haben sie noch einmal den Prunk einer bereits sterbenden monarchischen Welt ins Extrem gesteigert. Graf Lennart erinnert sich: »Von meinem Aussichtsplatz aus konnte ich die unendlich lange und prachtvolle Prozession vom Palast zur Kathedrale bewundern. Interessiert beobachtete ich insbesondere den riesigen Matrosen, der den Zarewitsch, den Thronfolger mit der Bluterkrankheit, auf seinen starken Armen trug«. Wenige Jahre später sollten die russische Februar- und die Oktoberrevolution der

russischen Monarchie ein blutiges Ende setzen, doch an etwas derartiges wagte damals noch niemand zu denken. Von seiner ersten Begegnung mit den Kindern des Zaren vermag Graf Lennart nur noch Bruchstücke zu erinnern. Eines davon ist die ›gläserne Gesundheit‹ des kleinen ›Zarewitsch‹ Alexej: »Er saß auf einem Kissen und schaute uns beim Spielen zu. Er war, seiner Krankheit wegen, dazu gezwungen, auch in seinen Späßen äußerst vorsichtig zu sein, damit er sich nur ja nicht verletzte und womöglich verblutete«. Der kleine Thronfolger litt nämlich an der heimtückischen Bluterkrankheit, die auch beim harmlosen Spiel ständig sein Leben gefährdete. Schon 1907 hatte eine kleine innere Verletzung eine lebensbedrohliche Entwicklung angenommen: Alexej war damals von seinen Leibärzten aufgegeben worden und rang bereits um sein Leben. Ein umstrittener Wunderheiler namens Rasputin - so erzählt man sich bis heute - rettete dem Thronfolger jedoch durch seine Gebete das Leben. Aber das Damoklesschwert schwebte weiterhin über ihm. Auf ihrem Heimweg nach Stockholm gastierten Prinzessin Maria und ihr Sohn eine Zeit lang in St. Petersburg. Dort wohnten sie im kaiserlichen ›Winterpalast‹, der zu Beginn des 18. Jahrhunderts unter

Peter dem Großen errichtet worden war. Auf zahlreichen Stadtrundfahrten mit der Hofequipage lernte der kleine Prinz damals die Stadt seiner großen Vorfahren kennen, in die er erst nach dem Untergang der Sowjetunion als in Würde gealterter Mann zurückkehren sollte.

Ende einer diplomatischen Ehe

Nachdem Prinz Lennart die anschließenden Sommermonate zusammen mit seinen Eltern auf Schloss Stenhammar - dem schwedischen Landsitz der Königsfamilie - verbracht hatte, näherte sich deren Ehe allmählich ihrem Ende. Als Prinz Wilhelm im Oktober 1913 als Vertreter seines Landes bei der Einweihung des Völkerschlachtendenkmals in Leipzig teilnehmen sollte, begleitete ihn seine Frau nur bis Berlin. Dort verkündete sie ihren unwiderruflichen Entschluss, die Verbindung zu ihrem Gemahl zu beenden und nicht wieder nach Schweden zurückzukehren. Gleichzeitig reichte sie die Scheidung ein. Die Umstände der Trennung erregten damals ein reges öffentliches Interesse und machten in der internationalen Presse ihre Runde: Das renommierte schwedische Königshaus hatte seinen handfesten Skandal, und das in einer Zeit, in der man gemeinhin noch davon ausging, dass ein ›Herrscher von Gottes Gnaden‹ als absolut integre Persönlichkeit seine Geschicke fest in der Hand halte. Von Berlin aus reiste Prinzessin Maria zusammen mit ihrem Bruder Dimitrij weiter nach Paris, wo damals noch ihr Vater mit seiner neuen Familie lebte. Die öffentlichen Wogen, die der Fall geschlagen hatte, beruhigten sich währenddessen jedoch keineswegs. Vielmehr kolportierten die Boulevard-Journalisten weltweit wilde Spekulationen über eine angebliche Verwicklung Marias in eine Spionageaffäre um den russischen Militärattaché. Verständlich, dass dieses Gerücht einen weiteren Skandal am schwedischen Hofe hervorrief. Faktisch entbehrten die Spekulationen jedoch jeglicher Grundlage.

Prinz Wilhelm begab sich im Anschluss an die Affäre auf eine längere Afrikareise, um das Land ein wenig zu erkunden, zu jagen und wohl vor allem ein wenig Abstand zu den nervenaufreibenden Geschehnissen zu bekommen. Prinz Lennart war zwar im Großen und Ganzen aus dem Skandal um die Trennung herausgehalten worden. Er sollte aber in Zukunft insofern unter ihr leiden, als sein Alleinesein nun beinahe zur Regel wurde. Sein Vater kehrte beispielsweise erst im folgenden Jahr zurück. Als er seinem Sohn jedoch sein Reisemitbringsel zeigte, traute der damals seinen Augen kaum: Ein echtes

Oben: Ein echtes kleines Löwenbaby sein Eigen nennen zu dürfen, diese Freude erleben nicht viele Kinder. Prinz Lennart mit seinem Vater und dem Löwenbaby ›Simba‹ 1914.

Links: Wenige Monate später verkomplizierte sich das Zusammenleben bereits ein wenig. Bevor ›Simba‹ den einen oder anderen Hofbeamten verschlingen konnte, wurde es dem Zoologischen Garten von Kopenhagen vermacht.

kleines Löwenbaby hatte er ihm mitgebracht. Es wurde ›Simba‹ genannt. »Simba war so weich und rund wie ein Spielzeugtier. Wir freundeten uns sofort miteinander an und tobten ebenso auf Oakhill wie in Stenhammar herum«. Als das niedliche kleine Raubtier mit den Wochen und Monaten allmählich zu einem Löwen heranwuchs, wurde das Zusammenleben natürlich etwas komplizierter, obwohl das Tier noch immer großen Respekt vor seinem kleinen Freund hatte. »Wenn er müde wurde, hatte er sich allmählich daran gewöhnt, mit Hilfe seiner Krallen auf irgendjemandes Rücken zu klettern, wer immer gerade in der Nähe war. Das war schmerzhaft und gefährlich. Ehe Simba so weit ging, seinen Hunger mit einem dafür geeigneten Hofbeamten zu stillen, schenkte Papa ihn dem

Nach der Scheidung seiner Eltern übernahm Königin Victoria von Schweden die Erziehung ihres Enkels Prinz Lennart. Sie war - entgegen dem progressiven Zeitgeist - noch einer Welt der Monarchen ›von Gottes Gnaden‹ verschrieben (Foto: Königin Victoria inspiziert ihr Regiment. Stettin 1913).

zoologischen Garten von Kopenhagen«. Abgesehen von dieser ›niedlichen‹ Begegnung war Prinz Lennarts damalige Situation jedoch weniger erfreulich. Nachdem nämlich im Juni 1914 in Sarajewo der österreichische Thronfolger Franz Ferdinand und seine Gemahlin von Angehörigen des serbischen Geheimbundes »Schwarze Hand« ermordet worden waren, bahnte sich allmählich eine internationale Krise an, die die Welt im August 1914 in den Ersten Weltkrieg stürzen sollte. In dieser Zeit wurde in aller Schnelle die Scheidung von Prinzessin Maria und Prinz Wilhelm arrangiert. Die Trennung, die in der Medienöffentlichkeit schon lange als beschlossene Sache galt, war juristisch gesehen gar keine einfache Angelegenheit, galt es doch nicht nur eine private Ehe, sondern auch eine diplomatische Verbindung zwischen Russland und Schweden zu lösen. Die Mutter hatte ihren Sohn Prinz Lennart ja bereits ein Jahr zuvor in Schweden zurückgelassen. Und nun war es aus militärischen Gründen auch Prinz Wilhelm nicht mehr möglich, sich um seinen Sohn zu kümmern. Er musste nämlich als Marineoffizier die Neutralität seines Landes auf See überwachen, für die sich übrigens auch sein Vater, König Gustav V., zeitlebens engagierte. Prinz Lennart blieb alleine in Schweden zurück, wo er fortan von seiner Großmutter, Königin Victoria, im Stockholmer Stadtschloss ›Fyrkanten‹ erzogen wurde. Seine kleine Familie hatte sich in ein klaffendes Nichts aufgelöst, was von Prinz Lennart rückblickend als eine gravierende Zäsur in seinem Leben empfunden wird: »Das bedeutete nicht nur, dass von jetzt an nichts mehr mit mir geschah, was Großmutter nicht mitgeplant und entschieden hätte, sondern auch, dass ich ein ziemlich bewegtes Nomadenleben führen sollte«. Seine Mutter sah er erst zu Beginn der zwanziger Jahre wieder.

Prinz Lennarts Reise ins 19. Jahrhundert

In seiner neuen Umgebung, dem imposant großen Stadtschloss von Stockholm, fühlte er sich weit weniger zu Hause als in Schloss Oakhill, das der enormen Unterhaltskosten wegen schon bald als Sitz der Familie aufgegeben wurde. Heute dient es übrigens als Sitz der italienischen Botschaft. Wie sich Graf Lennart später erinnerte, erschien ihm das Stadtschloss, in dem seine Großmutter mit ihrem Mann König Gustav V. residierte, »erschreckend groß und düster, eine urlangweilige Masse von Steinen mit einem sterilen Burghof und einer Verfärbung, die nicht einmal der hellste Sommertag verschönern kann«. Auch das Zusammenleben mit seiner ›Amama‹ genannten Großmutter machte die

HALBFLOTTILLE

Situation nicht einfacher, schon alleine wegen des Generationensprungs. »Da fehlten plötzlich 25 Jahre, fünfundzwanzig äußerst wichtige Jahre, in deren Verlauf sich die Welt im Großen und Ganzen auf durchgreifende Weise verändert hatte. Meine Großmutter war wahrhaftig nicht der Mensch, der bereit war, all das Neue, das Freiere, mehr Demokratische zu akzeptieren«. Königin Victoria hielt eisern am Königtum ›von Gottes Gnaden‹ fest und missbilligte die Bemühungen ihres Ehemannes, der demokratischen Entwicklung zu folgen. Mit der Erziehung durch die Großmutter änderte sich nun schlagartig auch die pädagogischen Methoden, die angewendet wurden. Es waren monarchische Erziehungsprinzipien aus dem 19. Jahrhundert, die in dieser Zeit angewendet einen echten Anachronismus bedeuteten. »Amama fühlte mit großer Verantwortlichkeit, welch eine Aufgabe sie übernommen hatte [...]. Und sie war fest entschlossen, einen tüchtigen, pflichttreuen, gut erzogenen und wahrhaft christlichen Prinzen aus mir zu machen. Dabei ging sie mit der ihr eigenen deutschen Gründlichkeit zu Werke. Sie besaß die allein seligmachende ›Weltanschauung‹, die Richtschnur, die von allen akzeptiert werden musste. An der Ehrlichkeit ihrer Absicht habe ich nie gezweifelt, aber die Ausführung war zuweilen für den Delinquenten recht schmerzhaft«. So war Königin Victoria in steter Sorge, dass ihr kleiner Enkel in ›schlechte Kreise‹ geraten und möglicherweise eine dieser häßlichen Redensarten aufschnappen könnte. Immer wieder ist in Graf Lennarts Memoiren von strengen Ermahnungen und repressiven Maßnahmen gegen ihn zu lesen: »Ich konnte mitten im schönsten Spiel mit anderen einen harten Rüffel oder eine Strafpredigt bekommen, wenn ihr mein Benehmen nicht gefiel. Die Spielkameraden erstarrten dann immer vor Schreck [...]. Oft bekam ich dann zum Abschied teilnahmsvolle Händedrücke, wenn es gar zu schlimm und ungerecht zugegangen war«. Die großmütterliche Strenge des 19. Jahrhunderts kollidierte offenbar mit einem allzu aufgeweckten kleinen Charakter. Was sich in seinen späteren Schilderungen stellenweise beinahe humoristisch liest, empfand der kleine Prinz ursprünglich jedoch sicherlich als äußerst beklemmend. Er selbst erinnert sich noch heute, dass er in dieser Zeit unter einer Art »Hochspannung der guten Erziehung« zu leiden hatte, die sich damals sehr nachteilig auf seine Gemütsruhe ausgewirkt hat.

Schon kurz nach der elterlichen Scheidung wurde 1914 im Stockholmer Schloss ›Fyrkanten‹ eine »Spielschule« für Prinz Lennart eingerichtet, in die - entsprechend der

Kl. Foto: Königin Victoria (1916). »Amama war oft unglaublich hart und streng. Familie und Hof zitterten in gleichem Maße vor ihr, wenn sie erhaben und kalt und unzugänglich war, und es war dann auch völlig unmöglich, ihren Eisenpanzer nur um einen Millimeter zu verrücken«.

Gr. Foto: Königin Victoria von Schweden mit ihrem Schützling Prinz Lennart (um 1916):

erwähnten Sorgen Königin Victorias - nur »handverlesene« Kinder aus besten Familien eingeladen wurden. Hier wurden regelmäßig Spiele für die Kinder organisiert, die man als pädagogisch wertvoll erachtete. Prinz Lennart entwickelte in dieser Zeit schnell eine starke Abneigung gegen äußerlichen Zwang, und insbesondere gegen das Stillsitzen. Die Mütter der auserkorenen Kinder saßen dabei mit seligem Lächeln daneben und empfanden angeblich größtes Wohlgefallen daran, dass ihre Sprösslinge mit einem waschechten Erbfürsten verkehrten. Bei einem der ›organisierten‹ Spiele liefen die Kinder im Kreis um ihre Mütter und mussten bei jeder neuen Umrundung eine neue Ehrenbezeugung oder Grußbewegung machen. Prinz Lennart fand das jedoch »saublöde«: »Nachdem ich einmal gegrüßt hatte, war damit Feierabend bei mir [...]. Das brachte mir Ermahnungen und Verweise ein, aber ich war störrischer als die Lehrerinnen«. Offenbar erwies sich Prinz Lennart schon damals als ein recht rebellischer Charakter. Um diese Zeit zog Prinz Lennart zusammen mit seinem Kindermädchen in Königin Victorias Stockwerk im südöstlichen Flügel des Stockholmer Schlosses. Dort verfügten sie über drei oder vier Zimmer mit großzügiger Aussicht, unter anderem auch auf den Schlosshof, wo die traditionelle Wachparade jeweils den Höhepunkt des Tages markierte. Prinz Lennart schlief in seiner neuen Umgebung Wand an Wand mit seiner Großmutter, die nebenan eine große Wohnung für Repräsentationszwecke hatte. »So konnte Großmutter mich ständig unter dem Schatten ihrer Flügel behalten, und wir sahen uns mehrmals am Tage«. Auch morgens stattete Prinz Lennart seiner Großmutter kleine Besuche ab. Oft frühstückte sie dann gerade mit ihrem Ehemann König Gustav V., der in seinen weit entfernten Wohnräumen des Schlosses hauste.

Mein Großvater, der König

Aus heutiger Sicht würde man die damaligen Umgangsformen des Königspaares sicherlich eher als steinzeitlich empfinden: So stand die Königin jedesmal ehrfürchtig auf, sobald ihr Gemahl das Zimmer betrat. Er selbst war hingegen nicht annähernd aufmerksam ihr gegenüber. Schließlich war man im 19. Jahrhundert in einem streng patriarchalischen Kulturkreis erzogen worden. Auch ihre Enkel versuchte Königin Victoria zu größtem Respekt gegenüber ihrem Ehemann zu erziehen: »Amama war ständig darauf bedacht, uns darauf hinzuweisen, dass Großvater König wäre und wir Kinder uns entsprechend benehmen sollten. [...] Wenn ich einmal anfing, mit ihm zu diskutieren, was ihm offenbar Spaß machte, schnitt sie mir das Wort ab. [...] Man durfte Großvater auch nicht stören, wenn er die Zeitung las oder Staatsgeschäfte studierte«. Möglicherweise war Königin Victoria eifriger dabei, ihren Gemahl ›zu beschützen‹ als es ihm lieb war. So beschreibt ihn Graf Lennart rückblickend immer wieder als ein liebenswert-souveränes Gegenüber, das zuweilen über einen köstlich-zynischen Humor verfügte. Zwar hatte Prinz Lennart zu ihm keine derart intensive Verbindung wie zu seiner Großmutter, er liebte ihn aber deswegen nicht weniger. Dass der König damals eine starke Wirkung auf seinen Enkel gehabt haben muss, wird schon daran ersichtlich, dass Graf Lennart ihm später in seinen Memoiren ganze Abschnitte gewidmet hat. Dort ist auch zu lesen, dass König Gustav V. eine äußerst aktive

Natur gewesen ist. In aller Frühe erwachten morgens seine Lebensgeister, die meistens erst spät in der Nacht wieder zur Ruhe gelangten. Den Tag über standen zunächst die eingehende Lektüre der Tagespresse auf dem Programm, später gesellschaftliche Verpflichtungen verschiedenster Art. Hatte er einmal etwas Zeit für sich, so verbrachte er diese häufig auf Ausflügen, Jagden oder auf dem Tennisplatz. Die Abende füllte er gerne mit Bridge oder in vornehmen Clubs, wo laut den Erinnerungen des Grafen Lennart »unermesslich reiche Schreckschrauben mit meterlangen Perlenketten und angeberisch dicken Brillantarmbändern, dickbäuchige Finanzmatadore mit Riesenzigarren und hochroter Gesichtsfarbe« an einem Tisch saßen und ihre sündhaft teuren Habseligkeiten zur Schau stellten. Dem Reiz der schönen Dinge konnte sich jedoch auch ›the King of Sweden‹ nicht verschließen, und wenn man ihn beeindrucken wollte, so bedeuteten Juwelen eine bombensicherer Wahl: »Seine Silbersammlung war weithin berühmt, und er interessierte sich ganz besonders für Schmuck, den er auch selber gerne trug. [...] An der Riviera schenkten ihm Freunde und Bekannte oft kostbaren Schmuck, den er gerne und mit fast kindlicher Begeisterung zeigte«. Auch die leiblichen Genüsse waren dem König keineswegs fremd: »Großvater hielt viel von gutem Essen und trank zum Lunch und zum Diner gerne ein paar Gläser roten Bordeaux. Zum Kaffee, in späteren Zeiten zum Kamillentee, genehmigte er sich gerne einen kleinen Cognac, und während er nach dem Diner die übliche Partie Bridge spielte, war der Adjutant angewiesen, ihm seinen Whisky-Soda zuzubereiten«. Doch allen ärztlichen Warnungen zum Trotze: Gustav V. war bis zu seinem Tode ein zuverlässiger König, der sich stets sorgsam für sein Land engagiert hat. Als er im Oktober 1950 verstarb, war er bereits 92.

1915 hatte für Prinz Lennart die Schulzeit begonnen. Wieder waren es ausschließlich ›erlesene‹ Gleichaltrige, die zusammen mit dem Erbfürsten die Schulbank im Schloss drücken durften. Auch die Auswahl der Lehrerin hatte oberste Priorität. Akribische Nachforschungen hinsichtlich Lebenslauf, Leumund und Qualifikation führten schließlich zu einem gewissen Fräulein Ingrid Bolin. Sie sollte den Prinzen und seine privilegierten Klassenkameraden für die folgenden vier Jahre unterrichten und dabei die in sie gesetzten Erwartungen nicht enttäuschen. Dennoch erwies sich das stundenlange Stillsitzen und Schweigen, aber auch das Rechnen wieder als äußerst anstrengend für den Prinzen. Mit dem Lesen, Schreiben und aufmerksam zuhören hatte Prinz Lennart hingegen wenig Schwierigkeiten. Und die englische Sprache hatte er schon in den Jahren zuvor durch den Umgang mit englischsprachigen Kindermädchen erlernt. Den schrecklichen Krieg, der als eine Folge des forcierten Imperialismus der führenden Industrienationen Europa ein Jahr zuvor heimgesucht hatte, hatte Prinz Lennart bis zu diesem Zeitpunkt lediglich insofern wahrgenommen, als er seinen Vater kaum mehr zu sehen bekam, weil der als Marineoffizier in diesen kriegerischen Zeiten fast ständig auf hoher See zu tun hatte. Bald sollte der Krieg jedoch deutlicher ins Bewusstsein des kleinen Prinzen Lennart treten.

Bomben auf Karlsruhe

Königin Victoria hatte zu Beginn des Jahres 1915 beschlossen, dass ihr Schützling sie nun erstmals

Links: König Gustav V. (1918) empfand Prinz Lennart als einen stets souveränen, aber angenehmen Großvater: »Trotz aller Distanz fühlte ich mich erheblich sicherer im Beisammensein mit Großvater als in dem mit meiner strengen Großmutter«.

Mitte: Drei nordische Könige (1914), v. l.: König Christian X. von Dänemark, König Gustav V. von Schweden und Haakon VII. König von Norwegen.

Rechts: Der kleine Prinz Lennart - hier um 1913 - konnte nur scheinbar kein Wässerchen trüben. Sein Bewegungsdrang und seine »Naseweisheit« machten Königin Victoria oft zu schaffen.

auf einer anstehenden Reise nach Karlsruhe, ihrer ursprünglichen Heimat begleiten solle. Trotz des bereits in ganz Europa wütenden Krieges wollte sie damals ihre Familie besuchen und damit gleichzeitig ihre Verbundenheit mit ihrem Vaterland demonstrieren. Dass dieser Entschluss in Schweden damals eher umstritten war, lässt sich unschwer nachvollziehen. Die Königin des neutralen Staates Schweden besucht mitten in einem beinahe flächendeckend entbrannten Krieg freundschaftlich eines der aktiv Krieg führenden Länder und lässt sich zudem noch von ihrem gerade erst eingeschulten sechsjährigen Enkel begleiten! Doch an ihrem Entschluss war nicht zu rütteln: Im April 1915 brach Prinz Lennart gemeinsam mit seiner »Amama« zu seiner ersten Deutschlandreise auf.

Einen »Platz an der Sonne« erhoffte man sich durch den Ersten Weltkrieg erkämpfen zu können. Salutierend: Königin Victorias Vetter Kaiser Wilhelm II. von Deutschland (Verdun 1916).

Hätte die Königin damals geahnt, dass dieser Besuch ihren Prinzen Lennart beinahe sein junges Leben gekostet hätte, hätte sie es sich wohl sicherlich anders überlegt. Die Anreise nach Deutschland beschreibt Graf Lennart überaus lebendig in seinen Memoiren. Während die Überwindung derartig langer Reisedistanzen in damaliger Zeit üblicherweise noch mit großen Strapazen verbunden war, reisten das königliche Duo und Prinz Lennarts ›Nenne‹ anscheinend mit allem erdenklichen Komfort: »Amama hatte einen privaten Eisenbahnwaggon zur Verfügung und außerdem noch einen Waggon, der zur Hälfte Schlafwagenabteile Erster Klasse, zur anderen Hälfte genügend Raum für das mitgeführte Gepäck enthielt«. In vornehm-bequemer Umgebung die Welt an sich vorbei ziehen zu sehen, muss den kleinen Prinzen damals sehr beeindruckt haben. Rückblickend beschreibt er die lange Fahrt als eine einzige Reihe abenteuerlicher Erfahrungen, und seine Begeisterung für die Eisenbahn hielt auch in den folgenden Jahrzehnten seines Lebens an. Selbstverständlich plante er damals bereits ungeduldig, Lokomotivführer zu werden.

Am Großherzoglichen Schloss zu Karlsruhe - der Residenz seiner badischen Verwandschaft - angekommen, musste Prinz Lennart nicht nur mit einer völlig fremden Umgebung, sondern auch mit den äußerst strengen Gepflogenheiten am badischen Hof zurechtkommen, der in seiner konservativen Starrheit dem schwedischen sogar noch überlegen war. Der kleine Reisende durfte nun aber endlich auch seine Urgroßmutter Luise von Baden kennenlernen. Trotz ihres vorgerückten Alters brachte die bereits verwitwete Großherzogin seit Kriegsbeginn eine enorme Energie auf, um humanitäre Dienste gegenüber Soldaten und Zivilbevölkerung zu leisten. Bemerkenswert ist übrigens, wie detailliert sich der Graf rückblickend nach Jahrzehnten an einzelne Situationen und Begebenheiten erinnert: »Die diensthabenden Herren gingen ständig im langen schwarzen Rock, der sogenannten Redingote, umher und trugen einen hohen Hut und schwarze Handschuhe. Die Damen mussten in Übereinstimmung mit der verwitweten Großherzogin meistens schwarze Kleider tragen. Man kann wirklich nicht behaupten, dass der badische Hof einen heiteren Eindruck machte«. In den folgenden Wochen aber lernte der Prinz dem erzkonservativen Hofleben auch schöne Seiten abzugewinnen, entdeckte mit dem herzoglichen Fasanengarten, einem idyllischen Teich und ein paar kleinen Häuschen einige Spielstätten und verbrachte hier trotz allem eine »herrliche Zeit«. Zum täglichen Lunch durfte Prinz Lennart sogar meistens an der großen

»Tafelrunde« mitessen - eine glückliche Schar von 10 bis 15 Personen, die um die bei Tisch präsidierende Urgroßmutter und »Amama« versammelt war. In diesen Genuss kamen damals angenehme Bedienstete vom Großherzoglichen Hof, aber immer wieder auch renommierte Wissenschaftler und Künstler. Graf Lennart erinnert sich noch gut, wie er diese erlauchten Kreise damals zu unterhalten pflegte: »Eine lange Reihe von Lakaien servierte, und wenn ich einfach nicht mehr still sitzen konnte, durfte ich der Bedienung helfen, so gut es eben ging. Amama fand das gewiss nicht besonders passend, aber Urgroßmama amüsierte sich enorm darüber. Da konnte es die Tochter schlecht verbieten. Dass ich hier und da mal ein Dessert auf den Fußboden fallen ließ oder über den Zipfel des Tischtuches in irgendeiner Ecke stolperte, machte die Vorstellung nur noch abwechslungsreicher, und die Diener befleißigten sich, den tüchtigen kleinen Prinzen zu bewundern, der der Augapfel von Urgroßmutter und Großmutter war«.

Von den todernsten Vorgängen in und um Deutschland merkte dieser zu Beginn seines Aufenthaltes nur wenig. Zwar begleitete er hin und wieder Urgroßmutter und ›Amama‹, wenn sie Kriegslazarette oder Ambulanzzüge besuchten, von den vielen wirklich erschreckenden Fällen wurde der königliche Besuch aber selbstverständlich ferngehalten. Auch die deutschen Kinderbücher über den Krieg, die man dem kleinen Jungen vorlegte, beschrieben lediglich dessen eher harmlose Oberfläche. Sie zeigten ihm »mehr oder weniger idyllische Bilder aus dem Kriegsgeschehen, und natürlich siegten die Deutschen immer und gaben den ›Franzmännern‹ kräftig eins aufs Haupt«. Kriegspropaganda also bereits am Kinde! Ohnehin war das ganze Land - das Badische Großherzogtum eingeschlossen - zu dieser Zeit noch von einem vaterländisch-kriegerischen Begeisterungstaumel erfüllt. Schließlich führte man ja einen gottgewollten Kreuzzug um einen verdienten Platz an der Sonne! Die verhängnisvolle Kriegseuphorie dieser Zeit konnte übrigens auch an dem kleinen nordischen Gast nicht spurlos vorübergehen: »Als Onkel Fritz [Königin Victorias Bruder] sich mit ›Adieu!‹ verabschiedete, berichtigte ich ihn: ›Nein, das darfst du nicht sagen! Das ist französisch!‹« Man bezweifelte damals in ganz Deutschland nicht, dass mit den »Franzmännern« ebenso kurzen Prozess gemacht werden würde wie gut 40 Jahre zuvor. Der österreichische Dichter Stefan Zweig schrieb einst über diesen Zeitgeist der Mittelmächte: »Wie nie fühlten die Tausende und Hunderttausende von Menschen, was sie besser im Frieden hätten fühlen sollen: dass sie zusammengehörten, [...] dass sie einen nie wiederkehrenden Augenblick miterlebten, und dass jeder aufgerufen war, sein winziges Ich in diese glühende Masse zu schleudern, um sich dort von aller Eigensucht zu läutern«. Die Euphorie wurde bald gedämpft: In diesem Jahr fielen bereits feindliche Bomben auf deutsche Städte, unter anderem auch auf die badische Residenzstadt. Die westlichen Fronten in Frankreich hatten sich nach der Schlacht an der Marne im September 1914 zwar festgefahren und den Krieg in einen menschenverachtenden »Abnutzungskrieg« verwandelt. Das Flugzeug spielte nun, gut zehn Jahre nach dem ersten Motorflug, bereits eine nicht zu leugnende Rolle im Krieg. Dadurch war man selbst in Gegenden fern der Front nie vor feindlichen Angriffen sicher - nicht einmal im Karlsruher Schloss. Da konnte die Wacht am Rhein noch so stark und mächtig stehen.

Graf Lennart erzählt in seinen Memoiren fesselnd von einem ersten Fliegerangriff, den er im Karlsruher Schloss erleben musste: »Mitten in die verlogene, friedliche Idylle hinein stießen plötzlich die kräftigen Sirenen auf dem Rathausturm ihr steigendes und fallendes Schrillen aus. Fliegeralarm! Sucht Schutz! Hinunter in den Keller! Ich lag gerade im Bett und hielt meinen Mittagsschlaf. Nenne zog mich energisch, wenn auch ohne Panik, aus dem Bett und kleidete mich rasch an. Zusammen mit anderen Schlossbewohnern liefen wir hinunter in die weitläufigen unterirdischen Gewölbe. Urgroßmama kam gleichzeitig mit mir dort unten an, und man beeilte sich, schnell einen bequemen Stuhl und eine wärmende Decke für sie herbeizuschaffen. [...] Schutzsuchende Menschen, die von der Straße hereinströmten, konnten berichten, dass eine Bombe in unmittelbarer Nähe des Schlosses eingeschlagen wäre. [...] Die Stimmung im Keller grenzte schon fast an Hysterie. Hier und da hörte man Schluchzer und bange Rufe, und allmählich fand ich es so richtig gruselig. Aber einen ruhenden Pol gab es doch: Urgroßmama. Sie saß ruhig und gelassen auf ihrem Stuhl und versuchte, die wachsende Beunruhigung zu dämpfen«. Seinem auch in dieser Situation ungebremsten Bewegungsdrang war es zuzuschreiben, dass der kleine Prinz damals beinahe umgekommen wäre. Weit weniger besorgt als seine Kellergenossen, spazierte er mit ›Amamas‹ Pudel Luck an der Leine hin und her, um sich zu beschäftigen. Als einer der Männer unvorsichtigerweise hinaufging, um Ausschau zu halten, konnte ihm der Sechsjährige unbemerkt folgen. Oben blieb er zunächst an der Ausgangstüre stehen, als die zweite Detonation zu hören war: »Der Luftdruck presste mich gegen die Mauer, und der Pudel heulte vor Schrecken auf. Danach sah ich draußen nur noch eine Staubwolke, nichts weiter, gar nichts«. Die Bombe war nur ein paar Meter vom Prinzen entfernt eingeschlagen, Bombensplitter waren überall um ihn verteilt. Wie er damals wieder in den Keller gekommen ist, ist ihm bis heute schleierhaft. Als schließlich Entwarnung gegeben wurde, befand er sich jedoch wieder unten bei seiner Urgroßmutter. Noch heute befinden sich ein paar der Bombensplitter von damals in Graf Lennarts Besitz.

Dass der kleine Prinz aus seinem ersten hautnahen Bomben-Erlebnis nicht allzu viel gelernt hatte, konnte er schon bald unter Beweis stellen. Beim zweiten Luftangriff war er gerade damit beschäftigt, die Blumenbeete am Schloss zu gießen, als die Sirenen aufheulten: »Ich erschrak dermaßen, dass ich alles fortwarf, was ich in den Händen hielt und durch die nächste Tür ins Schloss stürzte. Aber dann blieb ich doch mit einem Ruck stehen, drehte mich um und rettete in heroischer Selbstaufopferung meine rote Gießkanne«. Wenn es um eminent Wichtiges ging, fackelte der kleine Prinz eben nicht lange! Noch viele weitere Stunden des Fliegeralarms in Karlsruhe sollten folgen. Anschließend wurde jeweils wieder umgehend zur gewohnten Tagesordnung übergegangen, auch wenn - so erinnert sich der Graf heute noch - bei starkem Westwind der rumorende Kanonendonner von der Front in Frankreich bis ins Karlsruher Schloss zu hören war. Die Lage wurde für Deutschland allmählich immer ernster. Prinz Lennart bekam das dadurch zu spüren, dass die Gespräche der Erwachsenen immer häufiger ins Französische wechselten; mit dem Zweck, dass der kleine Zuhörer nichts von den besorgten Gesprächen verstand. Bald beschlossen seine Urgroßmutter und ›Amama‹, wegen der zu großen Gefahr vom Karlsruher Schloss in das Baden-Badener umzusiedeln, das aufgrund seiner Lage als sicherer galt. Die folgenden Wochen in Baden-Baden verliefen relativ ruhig. Fernab der Kriegsschrecken konnte der schwedische Besuch hier zusammen mit seiner Gastgeberin in aller Ruhe die facettenreiche süddeutsche Landschaft erkunden -

Oben: Prinz Lennart mit seiner Großmutter Victoria von Schweden und seiner Urgroßmutter Luise Großherzogin von Baden (Karlsruhe 1915). Nur wenige hundert Kilometer weiter westlich herrschte jedoch eine andere Realität vor (Bild unten: deutsche Soldaten im Schützengraben an der Westfront, 1915)

sofern er denn einmal gesund war. Prinz Lennart erwies sich nämlich schon als kleiner Junge als äußerst anfällig was Erkältungen anbelangt. Im Juli machte man sich dann nach drei Monaten Aufenthalt auf die Heimreise nach Schweden.

Ein erstes Beschnuppern der Mainau

Im April des folgenden Jahres 1916 reisten Königin, Enkel und Nenne erneut in den Süden Deutschlands. Wie sich Jahre danach herausstellte, sollte diese Reise dem Prinzen später ganz neue Perspektiven eröffnen, denn während dieses zweiten Aufenthaltes in Deutschland lernte er auch die Insel Mainau kennen. Karlsruhe wurde auch in diesem Jahr noch regelmäßig bombardiert, und auch in diesem Jahr war es vielleicht nur einem Zufall zu verdanken, dass der kleine schwedische Gast am Leben bleiben durfte. Wochenlang war ihm damals schon der Besuch eines in Karlsruhe gastierenden Zirkus' versprochen worden, und man hatte sich auch bereits auf einen Termin an einem bestimmten Sonntagmorgen geeinigt. Zur großen Enttäuschung des Prinzen fiel das Vorhaben aber ins

»Es war ein Ort, an dem man sich zu Hause fühlen konnte, der aber zu jener Zeit im scheußlich überladenen Stil der 70er Jahre des vorigen Jahrhunderts eingerichtet war« - so die Eindrücke des Prinzen Lennart, als er 1916 zum ersten Mal auf die Mainau kam. Das Gewöhnungsbedürftige hat ihn von aufregenden Spielen auf der Insel aber keineswegs abgehalten...

Wasser, weil er bereits am Freitag wieder einmal erkältet im Bett lag. Nachdem dann auch am besagten Sonntag wieder Bombenangriffe auf Karlsruhe geflogen worden waren, erreichte den Hof dann die schockierende Nachricht: Zwei Bomben waren im Zirkus eingeschlagen, man sprach damals von etwa einhundert Kindern, die ums Leben gekommen waren! Ganz Karlsruhe soll damals tagelang in Schrecken und tiefer Trauer verbracht haben. Nachvollziehbar also, dass man es nun vorzog, in das verhältnismäßig sichere Mainau-Schloss auszuweichen. Die Insel wurde seit dem Tod von Großherzog Friedrich I. 1907 von Großherzogin Luise geführt. Wie sich später herausstellte, hielt sie die Insel aber lediglich in einer Art Todesschlaf, indem sie befahl, es dürfte nach dem Tod ihres Mannes nicht das Geringste an der Insel verändert und nicht ein einziger Baum gefällt werden. Langfristig hätte diese Strategie jedoch mit Sicherheit zur unumkehrbaren Verwilderung der Insel geführt, denn so begann die heimische Vegetation allmählich, die exotischen Bäume und Zierpflanzen zu überwuchern. Prinz Lennart gefiel es dennoch von Anfang an bestens auf der Insel: Zum einen betrat er hier erstmals ein Schloss, das ihn eben nicht durch museale Sterilität und Düsternis zu erdrücken drohte, wie er es bisher in fast allen anderen Schlössern empfunden hatte. Zum anderen hauste er im Mainauer Barockschloss erstmals in einem Gebäude, »in dem man sich zu Hause fühlen konnte«. Dass er 85 Jahre später sagen würde, dass er niemals mehr dauerhaft in seinem Geburtland leben könnte, sondern nurmehr auf dieser Insel im Bodensee, das hätte sich der kleine Prinz damals aber bestimmt noch nicht einmal träumen lassen. Ein Junge von sieben Jahren denkt eben kurzfristiger, stets an das nächste Vergnügen: »Vor allem ließ sich im schattigen Park so gut Verstecken spielen [...]. Das Beste von allem aber war doch die Tatsache, dass sich kaum ein einziger Fremdling in diesen Dschungel von subtropischen Bäumen und Gedenkstätten für dahingeschiedene Familienmitglieder und tote Pudel verirrte« - vom heutigen Standpunkt aus, wo täglich Tausende von Besuchern die Insel beleben, kaum vorstellbar; für den Prinzen damals aber eine willkommene Fluchtgelegenheit vor den großmütterlichen Zwängen. Die strenge Etikette wurde hier erstmals ein klein wenig gelockert, da es ja keine Zuschauer gab. Seine schicken Matrosenanzüge, die der Prinz zu dieser Zeit tragen sollte, sorgten hingegen immer wieder für kleine Tumulte, denn sie »wiesen bald eine abwechslungsreiche Farbskala von größeren und kleineren grünlichen und bräunlichen Flecken auf«. Was für einen kleinen Racker dieses Alters eigentlich

fast schon Pflicht ist, hatte ein Prinz doch bitte tunlichst zu vermeiden!

Großherzoglicher Totenkult

Die Urgroßmutter, Großherzogin Luise, machte hingegen durch eine andere Eigenart von sich reden, pflegte sie doch das Andenken der Verstorbenen mit einer bereits unüblichen Gründlichkeit. Graf Lennart erinnert sich: »Ihr Schlafzimmer glich einer Leichenhalle. An einer Wand ihres Alkovens [eine Bettnische] hingen sechs Bilder ihres Gemahls, alle am Totenbett angefertigt, und der übrige Raum war mit Bildern von Verwandten auf dem Totenbett geschmückt«. Die makabren Fotos aus dem Jahr 1907 befinden sich übrigens noch heute im Archiv des Mainau-Schlosses [und sie erzeugen heute noch eine Gänsehaut beim Betrachter!]. Die Großherzogin hatte darüber hinaus sogar noch einen separaten Raum für den Totenkult eingerichtet. In Glaskästen wurden dort Habseligkeiten von Verstorbenen aufbewahrt, unter anderem auch ein denkwürdiges Lorbeerblatt, das mit einem Etikett versehen war: »Lorbeerblatt aus dem Kranz, welcher sich auf dem Haupte des höchstseligen Toten befand«. Prinz Lennart jagte dies immer wieder einen kalten Schauer über den Rücken. Hocherfreut zeigte er sich hingegen, als ihm die Großherzogin und ihre Tochter eines Tages feierlich ein faszinierendes Geschenk überreichten: eine schwarze Fotobox der Marke Brownie. Eine Hofdame hatte wohl sein Interesse für den »fotografischen Fimmel« bemerkt. Der Prinz begann sofort, eifrig drauflos zu knipsen. Mit diesem Tag begann also ein Hobby, das Prinz Lennart jahrzehntelang beschäftigen würde und ihn später sogar in professionelle Terrains der Fotografie und des Films führen sollte. In dieser Hinsicht schlug er übrigens keineswegs aus der Familie: Sowohl Großherzogin Luise als auch Königin Victoria pflegten leidenschaftlich ihr fotografisches Hobby, die Reisereportagen der Königin wurden sogar häufig in verschiedenen illustrierten Zeitschriften veröffentlicht.

Von den brutalen Ereignissen, die sich während dieses Jahres in den »Materialschlachten« um Verdun, in der Champagne und an der Somme ereigneten, erfuhr der kleine Urlauber damals natürlich nichts. Im Spätsommer machten sich ›Amama‹ und Enkel auf die Heimreise. Wie schon im letzten Jahr verbrachten sie im Anschluss noch einige Wochen in der schwedisch-königlichen Sommerresidenz Solliden, bevor sie im Herbst schließlich nach Stockholm zurückkamen. Dort angekommen, gab es eine

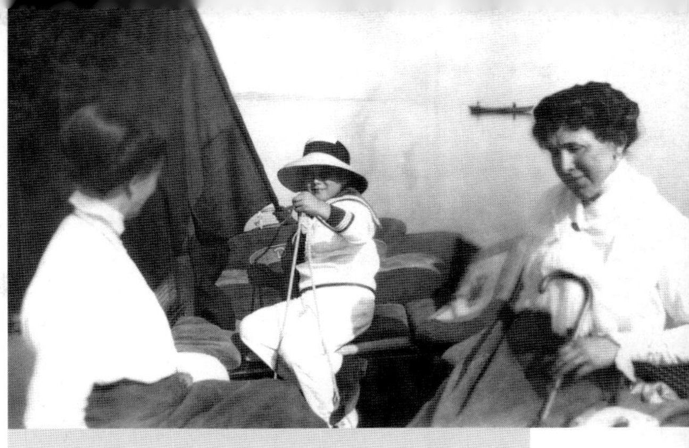

Gr. Foto: Ob er damals schon geahnt hat, dass er das Gros seines Lebens auf dieser Insel verbringen würde? Prinz Lennart schwingt stolz eine Flagge (Insel Mainau, 1917).

Kl. Foto oben: Zum Element Wasser hat der kleine Prinz seit jeher eine besonders intensive Beziehung. Einmal mehr zeigte sich das während seines ersten Mainau-Besuchs.

Kl. Foto unten: Großherzogin Luise im Mainau-Park vor der Skulptur ihres verstorbenen Gemahls, 1910.

erfreuliche Veränderung: Prinz Wilhelm hatte inzwischen eine Wohnung im Stockholmer Schloss bezogen, und nun zog auch Prinz Lennart mit seiner Nenne dorthin. Die Kontakte zwischen Vater und Sohn blieben dennoch eher spärlich gesät. Noch immer führte jener seine Torpedobootsabteilung und war somit mehr auf hoher See unterwegs als zu Hause. An den Schlossschul-Unterricht dieses Jahres erinnert sich Graf Lennart noch heute gerne: Mit seiner Lehrerin, ›Fräulein Bolin‹, wurden er und seine sechs erlesenen Klassenkameraden von einer humorvollen und geduldigen Dame unterrichtet. Man verbrachte eine recht idyllische Zeit fernab allen wütenden Kriegsgeschehens. Zu dem anschaulichen Unterricht, den Fräulein Bolin zu geben pflegte, gehörte unter anderem auch die Aufführung kleiner Theaterstücke, die bei Prinz Lennart sehr beliebt waren. Und fragt man sich, wenn man den älteren Grafen Lennart einmal bei seinen witzig-souveränen offiziellen Auftritten erlebt hat, warum er dabei nicht die geringsten Anzeichen von Lampenfieber oder Verlegenheit zeigt, so hängt dies mit Sicherheit noch mit den schauspielerischen Erfahrungen zusammen, die er in seinen jungen Schuljahren sammeln durfte. Die Sache mit dem Stillsitzen fiel ihm dort allerdings längst nicht so leicht: »Im Großen und Ganzen war ich wohl mit einer Naturkatastrophe zu vergleichen, die ausbrach, ohne sich auch nur einen Augenblick für die Folgen verantwortlich zu fühlen«. Dass dem Prinzen in anderer Hinsicht dennoch eine Menge Respekt entgegengebracht wurde, konnte er einmal mehr an seinem siebten Geburtstag bemerken: Der war unter Mitschülern, Erziehern und Lehrerin gewissermaßen so etwas wie »des Kaisers Geburtstag« und wurde selbstverständlich gebührend mit Blumen, eigens verfassten Gedichten und Klassenausflügen gefeiert.

Die beiden folgenden Sommer 1917 und 1918 verbrachte Prinz Lennart auf Sofiero bei der Familie seines Onkels »Gusty«, der 1950 als Gustav VI. zum König von Schweden gekrönt wurde. Dort genoss er das ruhige, aber intensive Familienleben in vollen Zügen, denn etwas Derartiges hatte er ja leider noch nie kennengelernt. »Onkel Gusty« und seine Frau »Tante Daisy« hatten zusammen immerhin fünf Kinder: Gustav Adolf - genannt Edmund, Sigvard, Ingrid - die spätere Königin von Dänemark, Bertil und Carl Johan. Vor allem mit Ingrid und dem humorvollen Sigvard verstand sich der Stockholmer Cousin besonders gut, und überhaupt muss die ganze Atmosphäre unbeschwert und kurzweilig gewesen sein, zumal Graf Lennart in seinen Memoiren gleich auf mehreren Seiten davon schwärmt. Eine kleine Pause von der ausgesprochen strengen großmütterlichen Erziehung war Prinz Lennart ja jederzeit hochwillkommen. Dass der in seiner Kindheit überhaupt eine Ahnung von einem Leben außerhalb der königlichen Gemäuer erhielt, ist ebenso den Aufenthalten bei jener Familie zu verdanken wie auch seinem ersten Mentor Ivar Åkerfeldt. Der ›Notan‹ genannte Referendar trat seinen ›Dienst‹ im Herbst 1918 an und unternahm von da an große Anstrengungen, um seinem königlichen Schützling all die wichtigen Erfahrungen zu vermitteln, die ein Junge in Prinz Lennarts Alter nicht unbedingt versäumen sollten: Sooft es nur ging, nahm er ihn mit hinaus in die Natur, vermittelte ihm eine

Gr. Foto: Prinz Wilhelm an Deck seines Torpedoboots, auf dem er viel Zeit verbrachte, obwohl er sich immer wieder schlimme Erkältungen zuzog (um 1915).

Kl. Foto: Prinz Lennart (sitzend) mit seinen Vettern, der Prinzen Gustaf Adolf und Sigvard (rechts), 1917.

Menge an Pfadfinderwissen, so dass ihm Bäume, Blumen und die heimische Fauna schon bald keine Bücher mit sieben Siegeln mehr bedeuteten. Allzu groß war der Spielraum des Mentors jedoch keineswegs, denn Königin Victoria und ›Nenne‹ wachten noch immer mit Argusaugen über die Aktivitäten. Mit Nenne kam es gelegentlich sogar zu teilweise heftigen Eifersuchtsszenen. Schützenhilfe bekam Notan hingegen von Lennarts Vater Prinz Wilhelm, der inzwischen - ebenfalls wegen vieler nicht enden wollender Erkältungsattacken - von seinem Marinekommando befreit war. In den letzten beiden Kriegsjahren hatte er sich seine Gesundheit gründlich ruiniert, denn durch die zunehmende Verlagerung des Kriegsgeschehens auf die See war eine erhöhte Wachsamkeit der schwedischen Marineoffiziere gefordert - und das natürlich auch bei arktischen Temperaturen und stürmischer See. Die Befreiung Prinz Wilhelms von seinem Kommando im Spätherbst 1918 bedeutete, dass er nun von ›zu Hause‹ im Stadtschloss ›Fyrkanten‹ am Schreibtisch arbeiten konnte. Für den freiheitsliebenden Königssohn war dies mit einem kontinuierlichen Fernweh verbunden, doch seiner Immunschwäche wegen blieb ihm keine andere Wahl. Für seinen Sohn hingegen bedeutete die plötzliche Anwesenheit Notans und seines Vaters einen großen Umbruch. Die bisherige Zeit der alleine tonangebenden Frauen hatte endlich ein Ende: »Die neue Losung lautete etwa so: Du sollst nicht immer nur am Gängelband gehen, das dir die Frauen gewebt haben, sondern du bist eine Persönlichkeit, und hast die Pflicht, deine Fähigkeiten zu entwickeln und deinen eigenen Überzeugungen entsprechend zu handeln. Aber du musst auch für deine Taten selber einstehen«. Für den kleinen Prinzen damals absolutes Neuland. Das Problem war nun jedoch, dass er von nun an zwischen zwei völlig unvereinbaren Polen hin- und hergerissen wurde: Hier der Vater und der gute Notan, dort jedoch die Großmutter mit der exekutiven Kraft Nennes, die es trotz oder gerade wegen besten Willens weiterhin schwer machten, ein einigermaßen ›normales‹ Leben zu führen. Und der Unterricht in der Schlossschule trug trotz des umsichtigen Fräulein Bolins seinen Teil zur Isolation des königlichen Jungen bei. Von allen Seiten stellte man größte Erwartungen an ihn; jedoch waren die kaum mit den natürlichen Neigungen des Lausejungen vereinbar.

Ein großer Teil des südlicheren Europas lag zu dieser Zeit bereits in Schutt und Asche: Die ›Mittelmächte‹ um Deutschland hatten sich durch den Überfall auf das neutrale Belgien zu Beginn des Krieges beinahe den gesamten Rest der Welt zum Feind gemacht, und der vor allem im Osten und Westen geführte Mehrfrontenkrieg hatte eine weitere Schwächung mit sich gebracht. Spätestens aber mit der Erklärung des uneingeschränkten U-Boot-Krieges durch Deutschland und dem damit verbundenen Kriegseintritt der USA im Jahr 1917 war der Untergang der Mittelmächte besiegelt: Ihre Truppen erlitten seitdem an fast allen Schauplätzen vernichtende Niederlagen, während sich in der bombardierten Heimat die Stimmen gegen den blutigen Krieg gemehrt hatten. Die Kapitulation war nur noch eine Frage der Zeit. Dennoch wurde sie durch die absolut unrealistische deutsche Führung völlig unsinnigerweise hinausgezögert, was viele tausend weitere Menschen das Leben kosten musste. Erst am 3./4. Oktober 1918 bat die deutsche Regierung endlich um Waffenstillstand. Die traurige Bilanz: Im Ersten Weltkrieg waren in den vier Jahren, in denen er gewütet hat, etwa 10 000 000 Menschen getötet worden. Dazu kommen ingesamt etwa 20 000 000 Verwundete und Invaliden.

Mit den für Deutschland niederschmetternden Friedensverträgen von Versailles im Jahr darauf wurde jedoch umgehend die Grundlage für kommendes Unheil geschaffen: Obwohl den ersten Weltkrieg ausnahmslos alle Kriegsparteien gewollt haben, wurde Deutschland zum alleinigen Aggressor erklärt und als solcher mit aller Härte bestraft. Für die Deutschen eine Situation, mit der sie unmöglich auf Dauer glücklich werden konnten. Prinz Lennarts ›Amama‹ - die schwedische Königin - machte in dieser Zeit aber hauptsächlich etwas anderes unruhig: die demokratischen Umwälzungen in einigen Ländern Europas. Der vergangene Weltkrieg führte nämlich in Deutschland, Russland, Österreich-Ungarn und im Osmanischen Reich jeweils zu einer Auflösung der bisherigen Monarchie. Deutschland, Österreich-Ungarn, Russland und das Osmanische Reich zerfielen in eine Reihe von teilweise demokratischen Nachfolgestaaten. Obwohl Königin Victorias Vetter, der deutsche Kaiser Wilhelm II., seinem selbst auferlegten Führungszwang niemals gerecht geworden war, kam der Sturz der bisherigen Monarchie in Deutschland eher unerwartet. Im November 1918 musste Kaiser Wilhelm II. abdanken und ins niederländische Exil übersiedeln - für Prinz Lennarts Großmutter eine schreckliche Vorstellung: War doch für sie die monarchische Verfassung die einzig gottgewollte Form eines Staates, und jede demokratische Bewegung ein Akt ketzerischer Natur. Anders ausgedrückt: Prinz Lennarts ›Amama‹ sorgte sich auch um ihre Position als schwedisches Staatsoberhaupt. Prinz Lennart bekam das in dieser Zeit dadurch zu spüren, dass sie den »Schraubstock« der Konventionen noch enger um ihn anlegte: »Allmählich gewöhnte ich mich daran, einfach Ja und Amen zu sagen, fortzugehen und dann im Großen und Ganzen das zu tun, was mir passte, aber das konnte ich nur, wenn gerade zu dem Zeitpunkt die Kontrolle daheim nicht allzu genau war«.

Schreckliches Ende einer Zarenfamilie

Bereits 1916, als der Krieg in Europa noch vernichtend loderte, bahnte sich in Russland eine blutige Tragödie an: Im russischen Volk gärte schon seit Jahren eine latente Unzufriedenheit angesichts der elenden Verhältnisse der Massen sowie die Volksferne des Zaren und seiner Gefolgschaft. Man sehnte sich nach bürgerlich-demokratischen Reformen. Den zahlreichen Vertretern der Familie Romanow ist dies keineswegs verborgen geblieben, und so schickte man im Herbst 1916 mit Prinz Lennarts Großvater, Großfürst Paul Alexandrowitsch, einen Familienvertreter zum Zaren, um ihn zur Verkündigung einer neuen Konstitution zu bewegen. Laut den Erinnerungen seiner Frau Olga hat Großfürst Paul damals so lange auf seinen Neffen Zar Nicolaus II. eingeredet, bis von seiner Stimme nur noch ein erbärmliches Krächzen zu hören war. Doch vergebens: »Der Zar hatte lange gedankenvoll geschwiegen, die Zarin schüttelte den Kopf. Mit einer müden Geste schnippte der Zar die Asche von seiner Zigarette und sagte: ›Was Du von mir begehrst, ist eine Unmöglichkeit. Am Tage meiner Krönung schwor ich den Eid auf die absolute Macht. Es ist meine Pflicht, diesen Eid unverändert auf meinen Sohn zu vererben‹«. Möglicherweise war dies die letzte Gelegenheit für den Kaiser, einzulenken. Kaum auszudenken wie die Fäden der Weltgeschichte weiter verlaufen wären, hätte der Zar damals auf seinen Onkel gehört.

In den darauf folgenden Wochen rissen die Verlustserien der russischen Truppen nicht ab, und das Elend im Volk verschlimmerte sich zusehends: Russland glich allmählich einem Pulverfass, man wollte nun nur noch den Sturz des Zaren. Im März 1917 (nach russischem Kalender im Februar) trat das Absehbare ein: Die Massen rebellierten,

Oben: Prinz Lennarts erster Mentor »Notan« machte seinem Schützling mit einer Welt außerhalb des Hofstaates bekannt. Das Foto entstand 1917.

Unten: Auf Schloss Stenhammar verbrachte Prinz Lennart idyllische Zeiten mit seinem Vater und seinem Mentor Notan.

die Soldaten verweigerten den Gehorsam, Arbeiter besetzten die Fabriken. Sankt Petersburg - zu diesem Zeitpunkt bereits ›Petrograd‹ genannt - war bald fest in der Hand der Aufständischen. Am 15. März hatte der Zar keine andere Wahl als nach dreiundzwanzig Jahren Regierungszeit abzudanken. Wenige Tage später wurde er zusammen mit seiner Familie in Haft genommen und nach einer Zeit der Internierung in Zarskoje Selo nach Sibirien verbannt. Die Macht fiel nach einigem Hin und Her schließlich in die Hände der Bauernpartei, die nun gemeinsam mit der bürgerlich-demokratischen Fraktion der ›Menschewiki‹ eine provisorische Regierung bildete. Auch diese neue Regierung machte jedoch in den folgenden Monaten den Fehler, die unbändige Sehnsucht des Volkes nach Frieden zu enttäuschen. Da schlug die Stunde des Revolutionärs Wladimir Iljitsch Lenin, der auch in radikaleren Kreisen eine große Autorität genoss und mit Parolen wie »Frieden und das Land den Bauern« die Sympathien der Masse erntete. Lenin ist es letztendlich zuzuschreiben, dass sich im November (nach russischer Zeitrechnung im Oktober) 1917 die wütenden Massen mit den Bolschewiki zusammenschlossen und die anscheinend unfähige provisorische Regierung hinwegfegten. Anschließend trat Lenin an die Spitze der radikalen Bewegung und etablierte im Folgenden die sogenannte ›Sowjetmacht‹, die ja bekanntlich bis in die 80er Jahre des 20. Jahrhunderts andauerte. Die ›Oktoberrevolution‹ war geglückt.

Für die gesamte Verwandtschaft der Zarenfamilie brachen mit dem Siegeszug der Bolschewisten furchtbare Zeiten an: Alle Mitglieder der Familie Romanow wurden nun plötzlich öffentlich gekränkt und beschimpft, Morddrohungen, Hausdurchsuchungen mit Diebstahl und Plünderung, Beschlagnahmungen und Verhaftungen waren bald an der Tagesordnung. Der Zar wurde zusammen mit seiner Frau und seinen fünf Kindern deportiert und interniert. Auch Prinz Lennarts Großvater Paul Alexandrowitsch, der bis dahin im Palast von Zarskoje Zelo gelebt hatte, wurde mehrmals mitsamt seiner neuen Familie in Arrest genommen und wieder auf freien Fuß gesetzt. Obwohl ihm seine Getreuen mehrmals dazu rieten, kam für ihn eine Flucht niemals in Frage, weil er eine solche für ein ehr- und aussichtsloses Unternehmen hielt. Eines Abends gegen Ende des Jahres, als eine regelrechte Treibjagd auf die Großfürsten Russlands begonnen hatte, wurde er ein letztes Mal abgeholt und interniert. Der Abschied von seiner Familie muss dramatisch verlaufen sein - seine damalige Ehefrau Olga zitierte in ihren Erinnerungen seine Worte: »Unser Glück ist zu Ende. Ich weiß nicht, wieviel Zeit mir noch zu leben bleibt, aber ich möchte dir von ganzem Herzen danken. Ich danke dir für 25 glückliche Jahre«. Für Paul Alexandrowitsch begannen nun viele qualvolle Monate in Haft. Zu Weihnachten 1918 sah ihn seine Frau Olga zum letzten Mal. Einige Wochen später wurde sie nüchtern darüber in Kenntnis gesetzt, dass man ihren Mann zusammen mit drei Cousins erschossen hatte. Sie fiel damals in eine Bewusstlosigkeit, die Stunden dauerte. Skrupellose Bolschewisten hatten die vier Großfürsten Paul Alexandrowitsch eines Nachts um drei Uhr aus den Zellen einer Festung geholt und mit entblößter Brust zu einem Platz neben einem tiefen Grab gebracht, in dem bereits dreizehn Leichen lagen. Dort wurden dann auch sie erschossen, denn insgeheim fürchteten sich die neuen Machthaber vor einer Restauration der Monarchie mit einem Romanow auf dem Thron. Den Namen Romanow zu tragen, kam in dieser Zeit beinahe schon einem Todesurteil gleich. Mit der selben Brutalität war auch gegen Zar Nikolaus II. und seine Familie vorgegangen worden. Nachdem man sie bereits im März 1917 in Haft genommen und anschließend nach Sibirien verbannt hatte, wurde der Zar, seine Gemahlin, seine vier Töchter und der kleine Thronfolger im Juli 1918 in Jekaterinburg von bolschewistischen Truppen ermordet. Damit endet auf grausame Weise die

300 Jahre währende Herrschaft der Romanows. Beinahe die gesamte russische Verwandtschaft Prinz Lennarts war von den Bolschewisten hingerichtet worden.

Seine Mutter Maria war jedoch glücklicherweise verschont geblieben. Im Sommer 1917 hatte sie nämlich nach ihrer zweiten Eheschließung mit dem Fürsten Sergej Putjatin ihren Großfürstinnentitel und den Namen Romanow abgelegt, was letztendlich wohl ihr Leben gerettet hat. Aus gegebenem Anlass war sie außerdem Anfang August 1918 in Richtung Rumänien aufgebrochen, wo sie bald auch die schreckliche Nachricht von der Ermordung ihres Vaters erhielt. Ihre wachsende Sorge um das Leben ihres Bruders Dimitrij wurde hingegen nicht bestätigt: Im Juni 1919 erfuhr sie, dass er sich wohlbehalten und sicher in London aufhielt. Er war nämlich bereits 1916 aus Russland verwiesen worden, weil er an einer Verschwörung gegen den umstrittenen ›Wunderheiler‹ Rasputin beteiligt war. Folglich war er schlichtweg abwesend gewesen, als die Mitglieder der Familie Romanow von den Bolschewiki ermordet wurden. Prinz Lennart war damals neun Jahre alt. Weil man ihn damals aber noch verschonen wollte, erfuhr er erst Monate später - 1921 - die erschütternde Wahrheit. Damals kann seine Trauer natürlicherweise nicht besonders stark gewesen sein: Sein Großvater war für ihn vor allem ein Name und ein alter Herr hinter Glas und Rahmen. Viele Jahrzehnte später sollte dessen grausames Ende jedoch intensiver in sein Bewusstsein treten: 1990 besuchte Graf Lennart zum ersten Mal nach seinem Besuch von 1913 das Land seiner großfürstlichen Vorfahren. Während dieses Aufenthaltes war er zusammen mit seinem Cousin Prinz Michael Romanow auf der Suche nach den traurigen Dokumenten dieser Familientragödie. In seinen Erinnerungen beschreibt er die Momente, als er den Ort, an dem sein Großvater hingerichtet worden war, besuchte: »Die Fremdenführerin redete eifrig. Aber nicht darüber, woran wir dachten. Michael geht neben mir. Sein Gesicht ist versteinert. Hier ging unser Großvater in den Tod. Unsere Schritte hallen in den kahlen Gängen. Saß er gerade in dieser Kellerzelle? Lag er gerade auf dieser Pritsche? Lief er unruhig über diesen kalten Fußboden hin und her? Sicherlich ahnte er das Ende. Natürlich hörte er die Schritte kommen. [...] Wo wurden sie an die Mauer gestellt? Wer organisierte die Morde? Wie hießen diejenigen, die die Gewehre gehalten und gezielt hatten? Woher kamen sie? Jemand hatte ihnen den Befehl gegeben. Die Großfürsten erschießen, welch eine angenehme Tat für die Herrschenden. [...] Das Massengrab war bereits zur Hälfte gefüllt. Noch einige mehr, das spielte keine Rolle. Feuer!« Während seines Russland-Besuchs von 1990 begann Lennart Bernadotte mit seinem Cousin tiefer nachzuforschen, als ihm eigentlich lieb gewesen wäre. Im Gegensatz zu den Jahren nach der Tat konnte er sich nun ein vages Bild davon machen, was für menschliche Tragödien sich damals abgespielt haben müssen. Im August 2001 wurde Bernadotte gefragt, was er nun empfinde, wenn er an die grausamen Verbrechen gegen seine eigene Verwandtschaft zurückdenke. Er schwieg daraufhin einige Zeit und antwortete dann sehr knapp: »Unendlichen Schauder«.

Links: Prinz Lennarts Großvater, Großfürst Paul Alexandrowitsch, mit seiner zweiten Frau Olga und Tochter Nathalia. Er wurde am 30. Januar 1919 von bolschewistischen Milizen hingerichtet.

Rechts: Sie alle mussten sterben, weil sie einen großen Namen trugen: Zar Nikolaus II. mit seiner Gemahlin Alexandra Fjodorowna und seinen fünf Kindern (1916).

Wie bereits erwähnt, bedeuteten die zahlreichen demokratischen Veränderungen, die sich in diesen Jahren in Europa einstellten, für Prinz Lennart keineswegs eine Lockerung der an ihn gestellten aristokratischen Erwartungen. Im Gegenteil: Kaum war sein Vater einmal abwesend, war Prinz Lennart wie gehabt wieder permanent den strengen Worten von Königin Victoria und seiner ›Nenne‹ ausgesetzt. Jahre später wollte er von dieser wissen, warum sie sich stets in so pedantischer Weise an deren unrealistische Erziehungsmaßregeln gehalten habe. Sie gab daraufhin zu verstehen, dass sie durchaus gewusst habe, dass nicht immer alles richtig war - »Und manchmal tat es mir weh, dass ich so streng sein musste. Aber was sollte ich machen? Ihre Majestät war für mich Gesetz«. Im Frühjahr 1919 beendete eine letzte Theateraufführung die Zeit des Schlossschulunterrichts für den inzwischen 10jährigen Prinz Lennart. Monatelang hatten die sieben Schüler ein zeitgenössisches Märchenspiel einstudiert, das schließlich im größten Saal des Schlosses aufgeführt wurde. Ein Kind hatte in die Rolle eines gewissen Seekönigs namens Rolf Bjarke zu schlüpfen, und es wird damals wohl niemanden in Staunen versetzt haben, dass diese Figur von Prinz Lennart gegeben wurde. In den folgenden Ferien besuchte er zusammen mit Notan seinen Vater auf Schloss Stenhammar. Hier, in diesem idyllisch gelegenen Herrenhof nahe Stockholm, konnte der Prinz ganz neue Erfahrungen machen, da hier das anachronistische Matriarchat unter seiner Großmutter vorübergehend durch den toleranteren Umgang mit seinem Vater und seinem Mentor Notan ersetzt wurde: »Papa hatte ganz andere Ansichten als Amama darüber, wie der Tag eines Jungen ablaufen sollte, was er anziehen durfte und welchen Grad von Kameradschaftlichkeit er von seinem Vater und von seinem Mentor erwarten durfte«. Ein für alle mal stellte er folgende Regel auf: ›Im Großen und Ganzen darfst du das tun und lassen, was du willst, aber wenn du heimkommst und ertrunken bist, dann setzt es was‹«. Als der Prinz im Herbst 1919 zu seiner Großmutter nach Stockholm zurückkehrte, begann für ihn mit dem Besuch der Sofi Almquistschen Gemeinschaftsschule ein neues Lebenskapitel. Von da an ließ es sich kaum mehr vermeiden, dass der streng behütete Prinz auch eigene Erfahrungen in einer rein bürgerlichen Lebenswelt sammeln würde.

Fast jedem, der im vergangenen Jahrhundert mit Lennart Bernadotte zu tun hatte, dürfte schnell sein treffsicherer Humor aufgefallen sein: Sogar weniger Erfreulichem eine komische Seite abzugewinnen - das gehörte immer zu seinen Stärken. In seinen Memoiren ›Gute Nacht, kleiner Prinz‹ zog er hingegen ein niederschmetterndes Resümee hinsichtlich seiner Erziehung in der damals wohl unzeitgemäßen Enge der monarchischen Welt:

»Manchmal habe ich einen faden Geschmack im Munde, wenn ich an all den Zwang, an all die gut gemeinten Rücksichtslosigkeiten denke, denen ich in meiner Kindheit ausgesetzt war. Ich fürchte, die fürsorgliche Erziehung galt nicht allein mir, sondern sie sollte auch eine Prunkfassade für meine liebe Großmutter aufbauen helfen: ›Da, seht nur, was ich für einen netten und gehorsamen Enkel habe!‹ [...] Prunkfassade! Als wäre die Wirkung nach außen das Wichtigste und der Inhalt spielte nur eine untergeordnete Rolle. Das Ganze war ein in sich geschlossenes System. Niemand fragte, ob die Jugendlichen später im Leben Unbehagen und Unsicherheit verspüren würden«. Doch solches machte gerade Lennart Bernadotte immer wieder zu schaffen. Später erkannte er, dass die bedrückende Einsamkeit und die unrealistischen Erwartungen, die in seiner Kindheit an ihn gestellt wurden, ihn ein halbes Leben lang latent verfolgt haben: »Es ist mir niemals geglückt, mich von dem Joch dieser Knechtschaft zu befreien. Oft, wenn ich mitten in einer Arbeit stecke, überfällt mich die Angst, irgendetwas viel Wichtigeres zu versäumen. Diese gefährliche Peitsche verleiht einem zwar Kräfte, mit denen man im Leben vieles ausrichten kann, aber man ist auch immer uneins mit sich selbst, man bekommt Minderwertigkeitskomplexe und am Ende gar Magengeschwüre«. Für den elternlos aufwachsenden Prinzen jedoch nie ein Grund, klein beizugeben. Selbst die elementaren Freiheiten, die für den Durchschnittsbürger eine unhinterfragte Selbstverständlichkeit waren und sind, musste er sich in den folgenden Jahren seiner Jugend erst Stück für Stück erkämpfen.

Oben: Mit der Aufführung eines Märchenspiels endete 1919 Prinz Lennarts Schlossschulunterricht. Prinz Lennart hatte naheliegenderweise in die Rolle eines Seekönigs zu schlüpfen.

Ganz links: Prinz Lennart als Grundschüler, hier mit seinen damaligen Mitschülern und seiner Lehrerin Fräulein Bolin (1918). Sein neues Taschenmesser musste selbstverständlich mit auf's Foto.

Links: Obwohl Prinz Lennart von seiner ›Nenne‹ stets strenge Erziehungsmaßregeln zu erwarten hatte, mochte er sie sehr. Hier umarmt er aber nicht sie, sondern seinen Hund »Gorm« (1918).

BRÖCKELNDE MAUERN

Prinz Lennarts Jugend zwischen eigenen Sehnsüchten und königlichen Erwartungen

Bisher hatte sich das Leben des Erbfürsten Lennart ausschließlich in den hermetisch abgeriegelten Bereichen des Schwedischen Königshauses abgespielt. Ein wirkliches Entrinnen aus der quälenden Einsamkeit im Schloss und der strengen Aufsicht seiner Großmutter oder seiner Nenne hatte es nie gegeben. Doch jetzt bestand plötzlich Hoffnung. Nun, mit Beginn der Schulzeit in der Stockholmer Gesamtschule, konnte der so oft unglückliche Königsenkel auf lustigere Zeiten hoffen. Denn der Besuch der öffentlichen Schule bedeutete automatisch, endlich das überwachte königliche Terrain verlassen zu können. Und der Besuch der Schule bedeutete endlich auch, mit anderen Kindern zu tun zu haben - nicht nur mit den handverlesenen sechs Mitschülern aus der Schlossschule. Das gewisse Mehr an Freiheit, das am Horizont erschien, bedeutete aber dennoch auch einen harten Kampf gegen die »verknöcherten konservativen Elemente«. Denn es war abzusehen: Prinz Lennarts Großmutter und ihre Adjutantin ›Nenne‹ würden auch weiterhin versuchen, den Bewegungsraum ihres Schützlings einzugrenzen - aber »nur zu seinem Besten!«

Der weitere Weg des Prinzen war natürlich bis ins kleinste Detail vorgezeichnet, und zunächst - da gab es überhaupt keine Frage - hatte er als Erbfürst das Abitur zu machen. Was er aber als wirklich erniedrigend empfand, war etwas ganz anderes: Er musste nämlich im Alter von zehn Jahren noch die Schmach ertragen, täglich zur Schule gebracht und wieder abgeholt zu werden. Und das in einem Alter, in dem andere Jungen seines Alters bereits gemeinsame Abenteuertouren durch den Großstadtdschungel unternahmen. Für Prinz Lennart damals ein schrecklicher Zustand: »Ich bettelte und bat, dass mit diesem Konvoi Schluss gemacht werden möge, und nach einiger Zeit durfte ich endlich wirklich allein zur Schule und von dort wieder heimgehen, aber natürlich war die Route genau vorgeschrieben«. Die Straßenbahn durfte er dabei nur bei besonders schlechtem Wetter benutzen, um den Kontakt mit der ›gewöhnlichen‹ Bevölkerung möglichst gering zu halten. Auf dem Schulweg irgendeine Kleinigkeit in einem Laden zu kaufen, war ebenfalls streng tabu: Einen Laden durfte er nämlich überhaupt nur betreten, wenn eine seiner Aufsichtspersonen dabei waren.

Der Schultag des Prinzen begann für gewöhnlich morgens um sechs im Nordtrakt des Stockholmer Palastes. Nach dem Waschen und Ankleiden folgte eine gründliche geistliche Erbauung mit Hilfe von Bibel, Losungswort, einem persönlichen Gebet, dem Vaterunser und dem Segen - »bei entsprechenden Gelegenheiten gewürzt mit ein paar bitteren Pillen aus Nennes eigener Produktion«. Wenn Lennart Bernadotte in seinen späteren Jahren ein gewisses Unbehagen verspürte, sobald er an Religion dachte, dann ist das zweifellos eine Folge der religiösen Zwänge in seiner Kindheit und Jugend. Nach dem anschließenden Hinunterzwingen des ihm verhassten, täglichen Haferbreis ging es dann durch das nördliche Schlossportal hinaus in Richtung Schule. Das Tor »schlug mit einem dröhnenden Echo hinter mir zu, und ich war draußen, wo entweder der Wachposten in seinem Schilderhäuschen stand oder versuchte, sich durch Hin- und Hermarschieren wie ein Tier im Käfig aufzuwärmen«. Einige Schritte weiter lag die Freiheit, aber auch neue Probleme: ›Nenne hatte dem Prinzen nämlich gründlich eingeredet, dass die Welt da draußen sehr gefährlich wäre und man Fremden gegenüber immer misstrauisch sein müsste, denn sicherlich wollten sie einem nur Böses antun. Allen, die ihm näherkamen, sollte er ausweichen - keine besonders gute Grundlage also für ein selbstbewusstes Auftreten außerhalb der königlichen Mauern: »Manchmal kam ich mir unangenehm verwundbar vor und war mir in quälender Weise bewusst, dass ich keinerlei eingepaukten Schutz [...] besaß«. Die übersteigerte Sorge ›Nennes‹ ging sogar so weit, dass sie dem Prinzen jegliche Tätigkeit außer nach Hause zu gehen verbot, sobald er sich auf dem Schulweg befand: Auf der Straße etwas zu trinken oder zu essen, wurde als ungezogen und - vor allem - äußerst gewöhnlich bezeichnet. Und noch etwas anderes durfte ausschließlich im heimischen Schloss getan werden: zur Toilette zu gehen. Diesbezüglich hatte der Prinz in seinem ersten Gemeinschaftsschuljahr ein traumatisches Erlebnis, das er in seinen Memoiren bezeichnenderweise gleich auf mehreren Seiten schildert. Die Episode (hier aus Platzgründen verkürzt) erscheint nicht nur in heutiger Zeit völlig grotesk: »Eines Tages kam der Blitz aus heiterem Himmel. Nenne bohrte ihre Blicke in mich hinein, und je länger das Gespräch dauerte, um so tiefer färbten sich ihre Wangen ins Violette. ›Der Prinz ist in der Bedürfnisanstalt auf dem Norrmalmplatz gewesen, das ist ja schrecklich!‹ - ›Nein, dort war ich nicht!‹ - ›Das muss der Prinz doch wohl begreifen: Es ist gewöhnlich, eine öffentliche Toilette aufzusuchen. Da gibt es ja alle möglichen Leute‹. -

›Ja, aber ich bin nicht da gewesen!‹ - ›Natürlich ist der Prinz dagewesen. Ich hab' es von jemandem erfahren, der den Prinzen mehrmals beobachtet hat, wie er hinunterging‹«. Nach einigem Hin und Her gebot das Kindermädchen ein für alle mal, dass sich der Prinz daheim erleichtern müsse. Prinz Lennart gab offenbar die falsche Antwort: »Aber ich kann mich doch nicht von halb acht bis elf zurückhalten! Ich gehe immer in der zweiten Pause pinkeln«. Die Reaktion seiner Erzieherin muss einem Nervenkollaps gleichgekommen sein. Sie war in ihrer Moral zutiefst gekränkt. Sich in öffentlichen Toiletten zu erleichtern muss in ihren Augen einer schweren Sünde gleichgekommen sein. Die ganze Situation belegt jedenfalls einmal mehr, wie irreal, ja unmenschlich, es in der tradierten monarchischen Welt gelegentlich zugegangen sein muss.

All die aufregenden Erfahrungen machen zu dürfen, von denen seine Klassenkameraden in der neuen Klasse erzählten, das wäre Prinz Lennart wohl weit lieber gewesen als sein einsames Prinzenleben (zu sehen ist die 5. Klasse der Sofi Almquistschen Gemeinschaftsschule im Jahr 1921. Prinz Lennart: Hintere Reihe, Dritter von links).

In der Schlossschule war Prinz Lennarts Unterricht wegen diverser Reisen immer wieder unterbrochen worden. Da die Lehrerin ›Fräulein Bolin‹ ja eigens für den Prinzen engagiert worden war, hatte sie ihn nach seiner Rückkehr natürlich immer wieder auf den neuesten Stand gebracht. Nun, in seiner neuen schulischen Umgebung, konnte und musste der Prinz eine bislang ungekannte Gleichförmigkeit des Schuljahres erleben, die er auch durchaus schätzte. Hier kam niemand auf die Idee, Sonderunterricht für den Prinzen zu halten, weil er wieder einmal auf Reisen war. Hier herrschte ›Zucht und Ordnung‹. In der öffentlichen Schule war der königliche Mitschüler zunächst einmal Gleicher unter Gleichen - wenn auch zugegeben ein ›außergewöhnlich Gleicher‹. Seitens der Lehrkräfte bedeutete das aber keineswegs, dass sie ihn mit Samthandschuhen anfassten. Vielmehr erwarteten sie ausschließlich das alleredelste Verhalten von ihrem aristokratischen Schüler. Dieser scherte sich hingegen keine Spur um die Erwartungen der Lehrer. Was ihm vielmehr Sorge bereitete: von den Mitschülern akzeptiert zu werden. In den ersten Monaten stand das spöttische Gelächter der Kameraden auf der Tagesordnung. Die gepflegten höfischen Manieren, die man ihm über Jahre hinweg eingebleut hatte, erschienen ihnen völlig unnatürlich und lächerlich. Noch schlimmer traf den Prinzen aber etwas anderes, nämlich »Das mit der Pfeiferei. Immer war ich darüber ganz verzweifelt gewesen, dass ich keinen Ganovenpfiff zustande brachte, und als ich in die zweite Klasse der Sofi Almquistschen Gemeinschaftsschule kam, empfand ich diesen Mangel als besonders schwerwiegend und erniedrigend. Hier gab es frische Jungs, die wie Droschkenkutscher fluchen konnten und während der Stunden mit den Ohren wackelten oder den Lehrern freche Antworten gaben«; unter vorpubertären Buben herrschen eben raue Ideale. Prinz Lennart schämte sich bald wegen seiner ›Andersartigkeit‹ und litt sehr unter dem spöttischen Gelächter über ihn. Die Folgen sind nachvollziehbar: Entgegen den Erwartungen verhielt er sich nicht im Geringsten wie ein kleiner Gottesengel, der unentwegt seine edle Abstammung demonstriert, sondern bemühte sich im Gegenteil darum, sich durch besonders ungezogenes Verhalten bei den Mitschülern beliebter zu machen. »Es dauerte nicht lange, bis ich mich mit perfekter Unaufrichtigkeit von einer Situation zur nächsten durchschlängelte und eiskalt alte Ideale verriet. Gewiss, es gab einige Lehrkräfte, die mich als ganz normalen Jungen mit einem ungewöhnlichen Problem betrachteten, aber oben, in der Leitung, gab es ein paar verdrehte Schreckschrauben, die starrsinnig genug waren, die kleinste Episode meines Benehmens zum Anlass für Moralpredigten zu nehmen«. Wie er sich heute erinnert, lag Prinz Lennart damals in permanenter Fehde mit fast allen Lehrerinnen gleichzeitig. Die zögerten damals keine Minute, sich nach einer Auseinandersetzung umgehend bei seinem Kindermädchen zu beklagen. Die Folge davon: Schelte, strenge Erziehungsmaßnahmen, Tränen und Versprechungen der Besserung - wenigstens bis zum nächsten Eklat. Was die schulischen Leistungen selbst angeht, so machte sich eine kontinuierliche Verschlechterung seiner Leistungen in Mathematik bemerkbar, während Prinz Lennarts Fähigkeiten in allen Sprachen geradezu florierten. Schwierigkeiten hatte er aber vor allem mit der Konzentration. Sein Kindermädchen erkannte daraufhin schnell, dass es um sein auditives Gedächtnis weit besser bestellt war als um sein visuelles. Als Konsequenz musste der Prinz unter ihrer Aufsicht immer und immer wieder laut lesen, was er an Hausaufgaben aufbekam. Zunächst sehr unglücklich damit, schätzte er dies bald darauf um so mehr: In den folgenden Jahrzehnten konnte er nämlich sehr davon profitieren, sein auditives Gedächtnis damals so gut trainiert zu haben. Zu den herausragendsten Ereignissen der folgenden Jahre gehört ohne Zweifel das Wiedersehen mit seiner Mutter, die Prinz Lennart seit der Scheidung seiner Eltern 1914 nicht mehr gesehen hatte, zumal sie während des Ersten Weltkrieges als Schwester beim Roten Kreuz gedient hatte. Fast den ganzen Sommer 1921 verbrachte ihr Sohn wieder auf Stenhammar, dem Schloss, das er in dieser Zeit als sein einziges wirkliches Heim empfand. In diesen Monaten bat seine Mutter ›Marie‹ Königin Victoria darum, ihren Sohn wiedersehen zu dürfen. Seitens der Königin gab es grundsätzlich keine Einwände, jedoch durfte die Begegnung keinesfalls in Schweden stattfinden - dem Land, das die Großfürstin 1914 unter so großem Aufsehen verlassen hatte. Paris, die Stadt in der sie damals lebte, kam ebenfalls nicht in Frage, denn diese Stadt und ganz Frankreich war in den Augen der hochmoralischen schwedischen Königin ein einziger Sündenpfuhl. Nach einigen Verhandlungen konnte das Wiedersehen schließlich im dänischen Kopenhagen - quasi auf neutralem Boden - stattfinden.

Wenn ein zwölfjähriger Junge nach langer Trennung einem Wiedersehen mit seiner Mutter entgegensieht, vermutet man naheliegenderweise eine gewisse Vorfreude. Doch nicht so bei unserem Prinzen: Wenn Lennart Bernadotte an die Tage des Wiedersehens zurückdenkt, kann er sich keineswegs daran erinnern, besonders erfreut oder aufge-

Links: Prinz Lennart bei einem ersten Wiedersehen mit seiner Mutter Maria Pawlowna und ihrem Bruder Dimitrij in Kopenhagen (1921).

Rechts: Eine wirkliche Annäherung zwischen Mutter und Sohn kam jedoch niemals zustande: Zu groß war die Enttäuschung des Prinzen darüber, verlassen worden zu sein.

regt gewesen zu sein. Zu tief war bereits das Gefühl der Entfremdung, zu brennend der schmerzliche Gedanke, von seiner eigenen Mutter verlassen worden zu sein. Und außerdem hatte in seiner Umgebung - mit Ausnahme von ›Nenne‹ - ja nie jemand von ihr gesprochen: Sie war gewissermaßen aus der königlich-schwedischen Erinnerung gestrichen worden. Lediglich eine gewisse »Neugierde« und der gute Wille sei dagewesen, als er sich mit seiner Nenne zum Treffpunkt in Kopenhagen aufmachte. Mit dem Schiff auf die dänische Hauptstadt zusteuernd, sah er von der Kommandobrücke aus seine Mutter mit ihrem Bruder schon von weitem winken. Kurze Zeit später lag er ihr in den Armen: »›Oh, bist du's‹ murmelte sie in reinstem Schwedisch und ließ den Freudentränen freien Lauf, was mich dazu veranlasste, mich meinem Onkel zuzuwenden, der mich auf Englisch begrüßte. Als Nenne über den Steg kam, stieg die Rührung auf ungeahnte Höhen. Ich konnte einfach nicht begreifen, warum solch eine anhaltende Weinerei nötig sei. Das lernte ich erst viel später verstehen«. Anschließend machte man sich auf den Weg in die jeweilige Unterkunft: Prinz Lennart wohnte mit seiner ›Gefolgschaft‹ im Hotel, seine Mutter hingegen bei Freunden in der englischen Botschaft. Die anschließenden Tage in Kopenhagen wurden dann recht unterhaltsam für alle Beteiligten gestaltet, man besuchte Pferderennen oder traf alte Bekannte. Das Wesentliche, um das es bei diesem Wiedersehen eigentlich gegangen war, glückte jedoch nicht: »Das Treffen trug keineswegs dazu bei, mich enger an meine Mutter zu binden. Diese ziemlich fremde Dame, an die ich mich nur noch dunkel erinnern konnte, hätte genau genommen sonst wer sein können, aber nachdem ich nun einmal zufällig ihr Sohn war, hatte man mir eingeredet, dass ich sie sehr gern haben müsste« - so das ernüchternde Resümee in Lennart Bernadottes Autobiografie ›Gute Nacht, kleiner Prinz‹. Als dieser sich im Jahr darauf wieder auf seinem geliebten Stenhammar befand und hier erstmals völlig unbeobachtet eigene Erfahrungen in der Umgebung sammeln konnte, erzählte ihm sein Kindermädchen von einem erneuten Treffen mit seiner Mutter in Wiesbaden. Diesesmal sprach seine Reaktion Bände: Er fing bitterlich an zu weinen, fuhr aber schließlich aus einem Pflichtgefühl heraus mit - empfand aber die ganze Reise als eine einzige »Katastrophe«, was offenbar auch an dem zeitweise herrischen und egozentrischen Charakter der Mutter lag.

Das Verhältnis zu seinem Vater entwickelte sich in diesen Jahren hingegen gänzlich positiv. Weil in Europa wieder Frieden herrschte, hatte dieser nun endlich auch mehr Zeit für seinen Sohn, vor allem während der gemeinsamen Sommeraufenthalte in Stenhammar. Prinz Wilhelm verbrachte hier seine Zeit in aller Ruhe mit der gründlichen Lektüre von Zeitungen und betätigte sich - übrigens nicht ohne nationalen Erfolg - als Schriftsteller. Sobald er sein

tägliches Arbeitspensum absolviert hatte, bestand jedoch Gelegenheit für längere Gespräche und gemeinsame Unternehmungen mit seinem Sohn; und zwar fernab von aller königlichen Etikette. Besonders lustig müssen etwa die gemeinsamen Ausfahrten im Auto des Vaters, einem Ford T, gewesen sein: Meist machte man sich zusammen mit Notan, Nenne und anderen Gästen auf den Weg ins Grüne und hatte eine Menge Spaß dabei. »Mit Papa am Steuer fuhren wir in rasendem Tempo zu einer seiner Spezialstellen, wohin kein anderer fand. Der Ford erduldete alles. Wenn wir über das Land um Stenhammar holperten, machte er sich gar nichts daraus, wenn es auch mal über Lichtungen mit Baumstümpfen oder über Schlaglöcher ging, was mich vor Begeisterung hinriss, aber die übrigen Mitfahrenden vor Schreck erstarren ließ. Wenn wir am Ziel waren, bremste er so heftig, dass wir fast von selbst hinauspurzelten«: Die Freude an technischen Artefakten und an der Geschwindigkeit müssen die Prinzen Wilhelm und Lennart offenbar von König Gustav V. geerbt haben.

Hier in Stenhammar hatte Prinz Lennart die Möglichkeit, Stück für Stück zu sich selbst zu finden. Hier waren die matriarchalischen Restriktionen des Stockholmer Alltags - mit Ausnahme der umfangreichen Sommerhausaufgaben - aufgehoben: In Stenhammar wurde er von Vater und Mentor als eigenständige Persönlichkeit voll respektiert, und niemand kümmerte sich um die strengen Auflagen der ›Amama‹ Königin Victoria. Konkret bedeutete das, dass Prinz Lennart nun erstmals völlig unbeobachtet die Gegend erkunden beziehungsweise unsicher machen konnte. »Mein Sohn, wenn dich die bösen Buben locken, so folge ihnen und sieh nach, was sie tun!« - so lautete einer der scherzhaften Denkformeln des Vaters, die jedoch oft auch eine ernst gemeinte Botschaft enthielten. Überhaupt war dessen positive und heitere Grundhaltung geradezu ein Balsam für die frustrierte Seele seines Sohnes. Zwischen Prinz Lennart und dem von ihm so genannten »Bruder Väterchen« entwickelte sich eine aufrichtige Kameradschaft, die auf einem natürlich-ungezwungenen Respekt basierte. Die vielen Monate des Zusammenseins während der frühen zwanziger Jahre müssen jedenfalls stark auf den damals schnell heranwachsenden Prinzen Lennart gewirkt haben. Denn gerade seine Freude an einer natürlichen Lebensweise und am Understatement, an gewitzten Wortspielen und überhaupt an Schelmereien aller Art verbinden ihn bis ins hohe Alter hinein eng mit seinem Vater. Legendär muss im Übrigen immer wieder dessen Auftreten bei hoffärtigen Bekannten gewesen sein, die

Links: In den zwanziger Jahren wurde Prinz Wilhelm zu einer wichtigen Leitfigur für seinen Sohn: »Seine fröhliche, leichte Art, seine unbestechliche Rechtschaffenheit [...] und seine freie und positive Einstellung zum Leben bekamen meiner frustrierten Seele außerordentlich gut«.

Oben: Prinz Wilhelm vor seinem geliebten Landherrensitz Stenhammar.

137831

der erdverbundene Prinz mit Vorliebe zu foppen pflegte: Als etwa bei einer hinlänglich bekannten und besonders scheinheiligen Familie Bonde anständigerweise auch den Damen ein Schnaps angeboten wurde, »machten sie ein großes Getue, um sich dafür zu entschuldigen, dass sie tatsächlich ein Gläschen tranken. ›Oh, soll ich einen Schnaps trinken? Na gut, aber nur zur Gesellschaft!‹ - ›Ja danke, aber nur weil's draußen so kalt ist!‹ - ›Aber hören sie, lieber Guter, ich trinke nur, weil ich mich vor Erkältungen hüten muss!‹ - Als der Gastgeber dann bei Papa anlangte, bekam er von ihm eine klare und schnelle Antwort: ›Ja, besten Dank. Ich trinke, weil ich mich betrinken möchte‹. Die Herren, die die Spitze verstanden, brachen in herzhaftes Lachen aus«. Wer um Prinz Wilhelms Art und Lennart Bernadottes befreiend-komisches Auftreten bei allzu pathetischen Anlässen weiß, ahnt hier sicherlich eine direkte Verbindung.

Während dieser frühen zwanziger Jahre wurde Prinz Wilhelm gar zur leitenden Zentralfigur im Leben seines Sohnes, was ja in psychologischer Hinsicht enorm wichtig ist. Während der vielen geselligen Abende in Stenhammar wurde Prinz Lennart von seinem Vater auch allmählich in dessen Freundeskreis und somit in die Lebens- und Gedankenwelt der Erwachsenen eingeführt. Vor allem aber machte er erstmals die Erfahrung, von der Erwachsenenwelt als Person geachtet zu werden - mit dem großen Erfolg, dass sein Selbstvertrauen, das bis dato eher kümmerlich ausgeprägt war, allmählich auf ein gutes, nomales Niveau stieg. Wenn hier - wie es gelegentlich der Fall war - wieder einmal die Erzieherin ›Nenne‹ zugegen war und versuchte, die Normen von Königin Victoria zu kolportieren, so muss es Prinz Wilhelm immer wieder aufs Beste verstanden haben, sie in ihrem Einwirken auf seinen Sohn zu behindern. Lennart Bernadotte erinnert sich gut an viele derartige Situationen: »Zuweilen kam Nenne in meine Nähe, aber das grimmige Lächeln des Schmiedemeisters, mit dem dieser sie begrüßte, gefiel ihr gar nicht. Dieses Lächeln bedeutete nämlich: ›Ich weiß ganz andere Dinge von diesem Burschen als du!‹ Und das machte mir Spaß«. Und Prinz Wilhelm ermöglichte in der Mitte der zwanziger Jahre auch einen anderen, wesentlichen Etappensieg in Prinz Lennarts Emanzipation von Großmutter und Nenne: Gegen Mitte der zwanziger Jahre nämlich hatte er ihm erlaubt, sich von seinem angesparten Taschengeld ein Leichtmotorrad zu kaufen, das seine Unabhängigkeit natürlich um ein Vielfaches steigerte. Zuerst wurde damit die Landschaft um Stenhammar, später auch Stockholm selbst in Angst und Schrecken versetzt. Wie bereits erwähnt, die Liebe zur Geschwindigkeit scheint ein verbindendes Element unter den männlichen Bernadottes zu sein - nicht jedoch der weiblichen: Königin Victorias wetterte immer wieder entschieden gegen diese »lebensgefährliche Maschine«, dieses Mal aber ohne Erfolg.

Links: Ein Meilenstein auf seinem Weg zur Selbständigkeit: Der inzwischen großgewachsene Prinz mit seinem Leichtmotorrad (1924).

Rechts: Der Königsenkel liebte die zwanglosen Sommermonate in Stenhammar. Hier entstand ein kameradschaftliches Verhältnis mit seinem Vater (1925).

Im Sommer 1924 ereignete sich dann eine Begegnung von damals ungeahnter Tragweite im Leben des Prinzen: Er begegnete der damals gerade einmal 13jährigen Karin Nissvandt - bezeichnenderweise in Stenhammar. Freunde von Prinz Wilhelm hatten sie eines Abends dorthin und in Prinz Lennarts Leben gebracht. Zu Beginn entsprach sie aber ganz und gar nicht dessen Erwartungen, der Prinz zeigte sich regelrecht enttäuscht: »Ich fand, sie wäre viel zu rundlich und missmutig, obwohl sie gewiss auf ihre Art reizend war. Aber was kann man sich denn von einem Mädel erwarten, dass gerade erst angefangen hat, [...] sich von einem Kind in ein junges Mädchen zu verwandeln!« Im Laufe der folgenden Tage änderten sich seine Ansichten über die junge Besucherin. Bei hochbrisanten gemeinsamen Unternehmen wie etwa Kirschkernespucken fielen dem Prinzen viele liebenswerte Eigenschaften der kleinen Dame auf. Ihr »warmes, angenehmes Lächeln« etwa, ihre vor Mutwillen strahlenden Augen oder einfach ihre natürliche und positive Art hatten es ihm bald angetan: Eines schönen Morgens wachte er in Stenhammar auf und war verliebt - ein völlig ungekanntes Gefühl für den damals 15jährigen. Bis zu diesem Zeitpunkt hatte er mit Mädchen noch keinerlei Erfahrung gesammelt, und so handelte es sich um eine völlig unbedarfte Schwärmerei. Deswegen verwundert es auch kaum, dass er sich in dieser Zeit äußerst seltsam benommen haben muss: Müßiges Dasitzen und verträumtes Löcherstarren füllten damals beinahe seinen ganzen Tagesablauf. »›Geht es Lennart nicht gut?‹ - Nenne stand in der Tür und betrachtete mich eingehend. - ›Oh doch, aber ich glaube, ich bin verliebt‹. - ›Ha, was weiß denn ein fünfzehnjähriger Junge schon von Liebe!‹« Prinz Lennarts Erzieherin wusste mit dieser Situation offenbar nicht besonders gut umzugehen, was sich sicherlich durch eine gewisse Eifersucht ihrerseits erklären ließe. Glücklicherweise wechselte der von Amor getroffene Prinz daraufhin schnell das Thema, denn die Gegenfrage lag ihm bereits auf der Zunge - ›Na was weiß denn eine alte Jungfer davon?‹.

Sobald sich Prinz Lennart gegen Ende der Sommerferien wieder in Stockholm aufhielt, war es mit der stenhammarschen Herrlichkeit vorbei. Von da an stand er wieder unter dem Einfluss von Großmutter ›Nenne‹ und seinen mental noch im 19. Jahrhundert lebenden Lehrkörpern. Für sie gab es fast ständig einen Grund, ihn zu tadeln, und am liebsten hätten sie ihn offenbar zu einem ununterbrochenen Gemisch aus Pauken, Büßen, Beten und Klavierspielen verdonnert. Denkwürdigerweise waren es aber gerade diese Beschäftigungen, vor denen Prinz

»Sie hatte ein warmes, angenehmes Lachen und ihre Augen funkelten vor Mutwillen« - vielleicht fand Prinz Lennart bei Karin gerade das, wonach er sich in der distanzierten Atmosphäre des Königshauses jahrelang gesehnt hatte (um 1925). Für das Foto links hatte sich Karin als Zirkus-Akrobatin verkleidet.

Foto: Der evangelisch erzogene Prinz Lennart (vierter von links) bei seiner Konfirmation im Sommer 1925. In seiner Kindheit und Jugend war Religion für ihn jedoch stets mit Zwängen und Beschränkungen verbunden, und so war es nur eine Frage der Zeit, bis er ihr gänzlich den Rücken kehrte.

Lennart im Laufe der Zeit eine tiefe Abscheu entwickelt hatte. Zwar zeigte er in allen Sprachen eine enorme Begabung, in Mathematik hingegen fielen seine schulischen Leistungen langsam ins Bodenlose. Und sein Verhältnis zu Religion und Gott nahm allmählich - vorsichtig ausgedrückt - außergewöhnliche Züge an: Jahrelang zum Auswendiglernen und Rezitieren von Chorälen und Gebeten aller Art gezwungen, begann er nun allmählich damit, zweifelnd seine Religion und Gott selbst zu hinterfragen. Warum ihm die religiösen Reflexionen so oft fadenscheinig und brüchig erschienen, und warum sie um alles in der Welt auf ihn lediglich wirkten wie fadenscheinige Ausreden für irgendwelche Missstände in der Welt. Darüber sinnend stieß er auch auf ein altbekanntes Problem der Religionsphilosophie: Warum Gott nicht ein für alle Mal jegliche Sünde aus der Welt geschafft habe, wenn er doch so allgütig und allmächtig sei. Die geistige Vorbereitung auf seine bevorstehende Konfirmation im Jahr 1925 verstärkte seine Zweifel noch zusätzlich: »Als ich mich kritisch mit Gott befasste, entdeckte ich immer mehr und mehr unsympathische Züge an ihm, zum Beispiel die Rachsucht, die Kleinlichkeit und allgemeine Unzuverlässigkeit. Ich wollte nichts mit einem Gott zu schaffen haben, der derartig ungerechte, fürchterliche Drohun-

gen ausstieß, so dass es streng genommen unbegreiflich war, wenn sich überhaupt jemand nach ihm richtete«. Wie sooft waren es gerade die Passagen des Alten Testaments, die dem wahrheitssuchenden jungen Mann zu schaffen machten - Passagen wie beispielsweise diese: »Denn ich, dein Herr und Gott, bin ein eifriger Gott, der die Missetaten der Väter heimsucht an den Kindern und Kindeskindern bis ins dritte und vierte Glied«. Der konsternierte Prinz Lennart fing allmählich an zu vermuten, dass das Ganze nur ein einziger großer Bluff sein konnte. Einige Tage vor dem Tag seiner Konfirmation kam er deswegen in schwere Gewissensnöte: Streng genommen konnte er mit dieser frisch erlangten Ansicht doch nicht als scheinheiliger Konfirmand vor den Altar treten! Aus Rücksicht auf das Leben seiner ohnehin schon chronisch vor sich hin kränkelnden ›Amama‹ beschloss er aber schließlich doch noch, hinzugehen. Und ein kleiner Funke von Versicherungsdenken spielte ebenfalls eine gewisse Rolle: »Unbehaglich wurde es mir bei dem Gedanken an Verfluchungen, denn natürlich bestand da ja eine gewisse Möglichkeit, dass es doch noch einen nachtragenden und leicht zu erzürnenden Gott gab«. Die zweifelnde religiöse Haltung des Prinzen sollte in seinen späteren Jahren übrigens einem unerschütterlichen Atheismus Platz machen. Und paradoxerweise waren es gerade die religiösen Zwänge in seiner Erziehung, die dafür verantwortlich waren.

Im Sommer 1925 hatte es für den Prinzen auch ein lang ersehntes Wiedersehen mit seiner ›kleinen Karin‹ gegeben. Spätestens jetzt war es um ihn geschehen! Offenbar hatte sich das liebenswerte Mädchen in nur einem Jahr in eine reizende junge Dame verwandelt, die ihren Verehrer durch ihre Sanftmut und ihre Herzenswärme in einen hoffnungslosen Liebestaumel geworfen hat. In seiner Jugend war dieser ja nicht allzu oft mit solchen

Eigenschaften in Kontakt gekommen, und nun war da plötzlich ein Mädchen in sein Leben getreten, das reichlich damit ausgestattet war. Viel zu schnell kam da der Tag seiner Abreise, an dem Bezeichnendes in seinem Tagebuch zu lesen steht: »Noch nie habe ich Stenhammar mit derartig gemischten Gefühlen verlassen«. Wann würde er seine Karin wiedersehen? Würden sich solche Gefühle ein ganzes Jahr lang konservieren lassen? Ein junger Prinz im emotionalen Wirbelsturm!

Zurück in Stockholm landete er allerdings sehr schnell wieder ernüchtert auf dem Boden der Tatsachen. Vor allem wenn sein Vater als Literat auf Reisen war und er nicht auf dessen Rückendeckung bauen konnte, befand Prinz Lennart sich wieder in den gebieterischen Händen seiner Großmutter: »Allzu oft empfand ich es als einen schweren Zwang, heimzugehen. Natürlich gab es immer irgendeinen Anlass, mich zu tadeln«. Eigentlich hätte der Prinz das »freudetötende Steinmonster« - wie er das Stockholmer Stadtschloss trefflich nannte - liebend gerne gemieden, aber noch hatte der mental geschundene Prinz keinen Ausweg aus der Abhängigkeit von seinen Erzieherinnen erkannt. Von 1925 an wurde er in seinen zaghaften Emanzipationsbestrebungen allerdings auch von seinem letzten Mentor namens Harry Bergquist unterstützt. Er betreute seinen Anvertrauten bis nach dem Abitur. Wenn Königin Victoria ihre Regularien in diesen Jahren an einigen Stellen etwas lockerte, so war dies vor allem auch Harrys Verdienst: der eigene Schlüssel zu einem Seitentor des Schlosses etwa, oder auch die Erlaubnis für den Prinzen, sich nachmittags eine Weile in der Stadt frei zu bewegen - für ihn ein absolutes Novum. Offenbar war es gerade seine ›Nenne‹, die darüber sehr unglücklich war. Sie befürchtete wohl, dass ihr Zögling unkontrolliert kommen und gehen, und stundenlang müßig in der Stadt herumlungern würde. Vielleicht würde er ja sogar Bekanntschaften - man stelle sich das einmal vor - wildfremder, ›gewöhnlicher‹ Mädchen machen! So etwas Unanständiges hatte ein Prinz doch bitte tunlichst zu unterlassen! Die Befürchtungen der Erzieherin waren jedoch völlig unbegründet. Von einer vielzitierten ›schiefen Bahn‹ fühlte sich der Königsenkel nicht im Geringsten angezogen, und den hübschen Stockholmer Mädchen schaute er allenfalls einmal nach. Schließlich gehörte sein Herz ja bereits einer anderen! Um gelegentlich den verhassten schulischen Zwängen zu entgehen, ließ sich der Prinz übrigens einiges einfallen - ein zur Beurlaubung notwendiges Fieber zu fabrizieren war beispielsweise eine seiner leichtesten Übungen. Dazu verwendete er mit Vorliebe Nachttischlampen. »Man musste nur vorsichtig genug sein und darauf achten, dass das Fieber nicht zu hoch anstieg. Denn dann rief Nenne sofort den Leibmedikus Larsson«. Wenn er in solchen Situationen auch Rafinesse zeigte, von einem stabilen Selbstvertrauen des Prinzen Lennart kann in diesen Jahren nicht die Rede sein. Sein unglaublich schnelles Wachstum und seine schlacksige Statur hatten ihm in der Schule allzu oft unschmei-

chelhafte Spitznamen wie »lange Wurst« eingebracht, gegen die er sich nur schlecht verteidigen konnte. Seine angeschlagene Gesundheit und die immer noch vergleichsweise straffen Zügel seiner beiden ›Herrinnen‹ taten das ihre dazu. Gelegentlich - wenn er sich in ›Fyrkanten‹ wieder einmal recht verlassen fühlte -, führte diese Mischung sogar zu regelrechten Verfolgungsängsten: Mehr als einmal vermutete er ein klavierspielendes Gespenst in einem Nebenraum des Schlosses.

Im darauf folgenden Herbst, Winter und Frühling setzte der offenbar unsterblich verliebte Königsenkel alle ihm zur Verfügung stehenden Hebel in Bewegung, um das liebliche Objekt seiner Begierde wiederzusehen. Und seine Liebesmüh wurde einige wenige Male sogar durch ein weiteres Wiedersehen belohnt. Über ihre Gefühle für ihn wusste er allerdings immer noch so gut wie gar nichts. Prinz Lennart hatte aber anscheinend keineswegs Lust, diese für ihn beinahe lebenswichtige Verbindung im Sande verlaufen zu lassen, ganz im Gegenteil. Er hatte vor, ›Nägel mit Köpfen‹ zu machen: Im Juli 1926 setzte er sich kurzerhand auf sein Moped und machte sich auf den strapaziösen, 150 Kilometer weiten Weg in Richtung Bondborn, dem Wohnort von Karins Familie. Ein Besuch bei der Familie der verehrten Dame war damals für einen jungen Mann natürlich kein belangloses Unterfangen, sondern vielmehr ein Gang in die Höhle des Löwen. Dort

Foto: Prinz Lennart mit seinem Vater Prinz Wilhelm - einem begeisterten Literaten (1924). »Wenn Papa nicht daheim war, geschahen immer scheußliche Dinge. Es gab keinen Puffer mehr zwischen Amama, Nenne und mir«.

konnte einen alles Mögliche erwarten, von der hocherfreuten Aufnahme und der Akzeptanz als zukünftiger Schwiegersohn bis hin zu wüsten Beleidigungen und auch gewaltsamen Hausverweisen: Was hat man nicht alles schon in ergreifenden Romanen und Tragödien gelesen! Sein eigener ›Überfall‹ auf die Familie Nissvandt sollte sich jedoch als ein überraschend wunderbares Ereignis erweisen. Karins Vater - Sven Nissvandt - war einer der ersten autorisierten Wirtschaftsprüfer in Schweden. Im Jahre 1900 hatte er das Allgemeine Schwedische Revisionsbüro gegründet, dessen Direktor er wurde. Außerdem war er wegen seiner Tüchtigkeit und seiner Zuverlässigkeit unter den schwedischen Geschäftsleuten ein angesehener Mann. Er war mit Anna-Lisa Lindberg verheiratet, gemeinsam hatten sie die beiden Kinder Karin und Sven erzogen. Wie der Prinz selbst damals in seinen Tagebüchern schrieb, verhielt sich die ganze Familie ihm gegenüber absolut wohlgesonnen und freundlich. Was aber noch viel wichtiger war: Mit diesem Besuch erlangte Prinz Lennart endlich auch die lange vermisste Klarheit über Karins Gefühle für ihn: Sie erwiderte die seinen auf ganzer Linie. Amor hatte sich nicht etwa einen Spaß erlaubt und nur einen einzigen seiner Pfeile abgeschossen! Während dieses Besuchs küsste er seine Angebetete zum allerersten Mal - das mutige Unternehmen war für den inzwischen 17-jährigen also ein voller Erfolg. Den wahren Grund für seine damalige Sehnsucht nach Karin erkannte Prinz Lennart offenbar bald: »Ich suchte einen Ersatz für die Mutterliebe, die ich nie erfahren hatte [...]. Ich spürte ganz einfach, dass ich hier die Möglichkeit hatte, in einem Hafen zu landen. Ich hatte Mengen an Liebe und Zuneigung zu vergeben. In vielen Jahren hatte sich das alles aufgestaut, und ich sehnte mich nach einem Menschen, der diesen Damm durchbrechen würde«.

Zurück in Stockholm, tat sich der Prinz jedoch schwer damit, in Kontakt mit seiner Geliebten zu bleiben, denn seine Erzieherin hatte den ›Braten‹ anscheinend gerochen: »Ich rief Karin manchmal an, und es war immer ein Problem, Nennes Aufmerksamkeit zu entgehen. Sie begann, eine unangenehme Eifersucht auf Karin zu entwickeln. Eine Reaktion, für die ich durchaus Verständnis hatte, die mir das Leben aber nicht gerade leichter machte«. ›Nenne‹ hatte also etwas an der Liebschaft auszusetzen. Beim Vater des Prinzen konnte sie sich jedoch kaum beschweren, denn der hatte Karin ja ausgesprochen gern. Anscheinend setzte sie aber - wie sie es als ihre Pflicht ansah - andere Mitglieder des Königshauses in Kenntnis darüber, was sich da entwickelte. Jahre später erfuhr der verliebte Prinz, dass bereits zu dieser Zeit hinter vorgehaltener Hand eifrigst über das junge Paar ›getratscht‹ wurde, und das beileibe nicht immer im freundlichsten Ton: Ein Erbfürst lässt sich mit einem ›gewöhnlichen‹ Bürgermädchen ein - wie es scheint, war das für einige Mitglieder des Königshauses immer noch ein unverzeihlicher Fauxpas. Dem ›Übeltäter‹ selbst erschien die Situation zu diesem Zeitpunkt aber noch völlig problemlos. Solange ihm sein Vater nicht irgendwelche Einwände kundgab, konnte er sich nicht im Unrecht sehen. Und das Risko, das seine scheinbar allmächtige Großmutter davon erfahren würde, hielt er damals für ausgesprochen gering. Karin und er begannen jedoch vage zu ahnen, dass eine gemeinsame Zukunft mit enormen Schwierigkeiten verbunden sein würde. Als der Prinz sich dann im Herbst 1926 in die Vorbereitungen für sein bevorstehendes Abitur stürzen musste, verzehrten diese fast all seine Energien. Seiner Liebe für Karin tat jedoch auch das keinen Abbruch, sogar an seinem Schreibtisch war er nicht sicher vor gelegentlichen romantischen Gefühlsausbrüchen. Als ein geeignetes Ventil erkannte er damals das Verfassen romantischer Gedichte wie etwa das folgende:

»Gibt's wohl Musik, vergleichbar dem Gesang
Des Bluts, des Atemzuges leisem Singen?
Ist unsres Herzschlag regelmäßger Gang
Nicht voll Geheimnis, voll von Wunderdingen?
Du löstest in mir all die stummen Lieder,
Du rührtest Saiten an in mir zum Heile.
Und ich vergaß den bösen Zwang bald wieder
Und sah das große Rätsel - wenn auch nur zum Teile«.

Im Frühjahr 1927 machte der zwischenzeitlich zum Lyriker verwandelte Prinz schließlich sein Abitur und wurde nach altschwedischem Brauch von seinen Kameraden auf Händen bis nach Hause getragen: für das königliche »Opfer« ein unvergessliches Erlebnis. Bereits eine Woche zuvor hatte er den Autoführerschein bestanden - seinen persönlichen Freibrief in die Unabhängigkeit. Als Angehöriger einer immer noch höchst einflussreichen adeligen Elite bekam er anschließend von seinem Vater sogar eine eigene Limousine geschenkt - »ein zweisitziges Kabriolett der Marke Nash. Es war schwarz-grün und für die damalige Zeit unerhört snobbish. Meine Bewegungsfreiheit war damit aber perfekt geworden«.

Links: Seit 1927 gehörte selbstverständlich auch Prinz Lennart zu den wenigen privilegierten Jugendlichen, die ein eigenes Auto besaßen: ein zweisitziges Kabriolett der exklusiven Marke Nash.

Kl. Foto oben: Noch war ihre Bewegungsfreiheit durch einen großen Katalog von Regularien beschränkt: Karin Nissvandt und Prinz Lennart (um 1929).

Kl. Foto unten: Prinz Lennart als Abiturient (1927).

Keine Frage, der nun quasi erwachsene Prinz glaubte in der damaligen Situation an eine ganz wunderbare Zukunft. Nun schien ja all das, was ihm das Leben zuvor so schwer gemacht hatte, aus dem Weg geräumt oder wenigstens weitestgehend entmachtet. Doch weit gefehlt. Wider Erwarten wurden ausgerechnet die nun folgenden Jahre sogar zu den schlimmsten seines Lebens. Der entscheidende Fehler - das sollte Prinz Lennart bald klar werden - war nämlich sein Eintritt in die Kavallerieschule Ränneslätt, dem Zentrum der småländischen Husaren. Ihnen trat er als Offiziersanwärter bei. Bereits einige Jahre zuvor hatte der Prinz ja sein Faible für Pferde und das Reiten erkannt, und so erschien ihm dieser Beitritt als eine gute Sache. Um einen ordentlichen Beruf wie beispielsweise seinen Traumberuf als Röntgenarzt konnte er sich als Prinz ja ohnehin nicht kümmern, war es ihm als einem solchen doch verfassungsmäßig verboten, Gehälter oder Löhne zu beziehen. Folglich hatte sich eine militärische Laufbahn förmlich aufgedrängt. In seinem familiären Umfeld hatte dagegen auch niemand etwas einzuwenden.

Was jedoch niemand beachtet hatte: Prinz Lennarts körperliche Konstitution war viel zu schwächlich, als dass er beim Militär hätte bestehen oder gar brillieren können: »Ich war zu schnell gewachsen, lang und mager, und statt Muskeln hatte ich nur schlaffe Sehnen«. Hier hatte die

tiefe Abneigung seiner Großmutter gegen Sport verhängnisvolle Früchte getragen. Die wenigen Male, als der Prinz wenigstens auf dem Tennisplatz herumsprang, hatten an seiner schwachen Substanz nichts ändern können; und ansonsten hatte sein Alltag durch Schulbesuch und nachmittägliches Pauken fast nur aus langem Sitzen bestanden. In Ränneslätt wurde seine sitzende Lebensweise jedoch direkt von einem kräftezehrenden Dienst in der Kavallerieschule abgelöst. Wenn nicht gerade auch noch Nachtübungen anstanden, begannen die Tage hier bereits früh morgens um fünf, und sie dauerten mit nur kurzen Pausen bis abends um sieben. Nach Dienstschluss durfte man sich aber nicht etwa liegenderweise von den Strapazen des Tages erholen: Es war strikt verboten, sich vor dem ›Zapfenstreich‹ um neun Uhr abends hinzulegen. Zudem muss das Essen, das den Kavallerieschülern gereicht wurde, nicht gerade vitaminreich, und des öfteren sogar verdorben gewesen sein. Die logische Konsequenz von alledem: Der einst so verwöhnte, aber plötzlich geschundene Prinz hatte schon bald mit den verschiedensten Arten von Erkältungskrankheiten und Infekten zu kämpfen, weil nun auch der letzte Rest seiner ohnehin nicht allzu starken Immunkräfte durch den harten Dienst hinweggefegt war. Die Genesungszeit zog sich meist lange hin, schließlich wurde Sir Alexander Flemings Penizillin erst 1940 zur Behandlung von Infekten eingesetzt. Was die generell missliche Lage des königlichen Offiziersanwärters noch viel unerträglicher machte, war die andauernde Trennung von

Bild oben: Nach dem Abitur 1927 beging Prinz Lennart - wie er selbst meint - den »größten Fehler« seines Lebens: Er rückte als Offiziersanwärter in eine schwedische Kavallerieschule ein. Ein Schritt, der ihn beinahe sein Leben gekostet hätte.

Bild rechts: Bereits in seiner Jugend war Prinz Lennart ein begeisterter Reiter gewesen (hier um 1925).

seiner geliebten Karin: Prinz Lennart muss damals an seiner Sehnsucht beinahe verzweifelt sein.

Als den Prinzen dann im Winter 1927/28 gleichzeitig eine Lungenentzündung und die Masern heimsuchten, müssen ihn die Feldärzte sogar schon aufgegeben haben: Damals rief die Zeitung ›Dagens Nyheter‹ seinen ehemaligen Klassenlehrer bereits dazu auf, einen Nachruf auf den todgeweihten Prinzen zu schreiben, was der in pflichtbewusster Lehrermanier auch prompt erledigte. Leider ist er heute aber nicht mehr ausfindig zu machen. Wie der aufmerksame Leser aber bereits kombiniert haben dürfte, hat Prinz Lennart wider Erwarten überlebt! Irgendwann, als er vermeintlicherweise im Sterben gelegen hatte, hatte man nach seiner alten Erzieherin geschickt, die inzwischen pensioniert war. Als sie im Garnisonskrankenhaus eintraf, befand sich ihr Zögling aber bereits wieder auf dem Wege der Genesung. Das Zusammentreffen mit ›Nenne‹ soll für den Prinzen damals übrigens erstmals ein absolut erfreuliches Ereignis gewesen sein: Nun hatte er ja keine Gängeleien und Schikanen mehr von ihr zu erwarten. Außerdem ahnte er

ja schon, dass das meiste, was ihm bisher an Erziehungsmaßnahmen ›angetan‹ worden war, nur auf Geheiß der Königin geschehen war. Nach seiner vollständigen Genesung wurde der auferstandene Prinz für einige Zeit zur Erholung nach Hause geschickt. Viel war damals anscheinend wirklich nicht von ihm übrig geblieben: »Die Knie wackelten mir, und die Beine trugen mich kaum. Ich war bleich und dünn wie ein Strich«. Das frostige Stockholm war in dieser Situation aber kein geeigneter Aufenthaltsort für ihn, also schickte man ihn mehrere Male zur Erstarkung in mediterranes italienisches Klima, wo er einige vergleichsweise idyllische Wochen erlebte und übrigens auch seine Großmutter wiedersah, die dort ebenfalls ihren besorgniserregenden Gesundheitszustand verbessern wollte. Erst im Sommer 1928 kehrte der Prinz - und wenige Wochen nach ihm auch die Königin - nach Stockholm zurück. Ihr Zustand hatte sich aber keineswegs verbessert sondern war damals bereits sehr ernst. Pflichtbewusst wie sie war, hatte es für sie keinen Zweifel gegeben, dass sie an den Festlichkeiten zum 70. Geburtstag ihres Mannes teilnehmen würde. Um überall dabei sein zu können, war sie zu schwach, aber als sie sich während des stattfindenden feierlichen Umzuges am Fenster der königlichen Wohnung blicken ließ, begannen die Massen spontan damit, ihr mit stürmischem Jubel zu ›huldigen‹.

Der Militärdienst bedeutete für den Prinzen wegen seiner zarten körperlichen Konstitution eine jahrelange Zeit der Qualen: »Ich war zu schnell gewachsen, lang und mager, und statt Muskeln hatte ich nur schlaffe Sehnen«.

Für unseren Prinzen gab es an diesem Tag übrigens eine Premiere. Zum ersten Mal nahm er nämlich zu Pferde an einem großen Ereignis teil: Am besagten Festtag ritt er zusammen mit seinem Onkel ›Gusty‹, seinem Großonkel Carl und seinem Vetter Edmund stolz hinter seinem Großvater durch die jubelnde Menge in den Straßen von Stockholm. Ein unvergesslicher Moment muss es dabei für alle gewesen sein, als der alte König beim Empfang der Truppen sein Pferd in Galopp versetzte. Obwohl immer noch ein starker Raucher und Genussmensch, war König Gustav V. körperlich absolut auf der Höhe, was er unter anderem auch an seinem 70. Geburtstag demonstrierte. Dass er aber noch ganze 22 weitere Jahre lang der Regent seines Landes bleiben würde, wagte damals kaum jemand zu hoffen.

In den folgenden Wochen nutzte sein Enkel Lennart jede freie Minute dazu, Karin in der Nähe von Stenhammar zu besuchen. Dafür nahm er es auch in Kauf, ständig zwischen seinen königlichen Pflichten in Stockholm und der Liebe in Sörmland hin- und herzupendeln. Mittlerweile hatten seine Vorstellungen von einer gemeinsamen Zukunft mit Karin in einem trauten Heim recht konkrete Züge angenom-

men. Dass sein Spagat zwischen Sörmland und Stockholm vom Königshaus nicht besonders gern gesehen wurde, und dass es irgendwann einmal zu einer mittleren Katastrophe kommen würde, war ihm damals durchaus bewusst. Gewissensbisse machte er sich deswegen aber nicht. Die vermeintliche Idylle des Sommers wurde bald schon durch sein Wiedereinrücken in die Kavallerieschule beendet. Pünktlich zum Herbstbeginn begannen die Abwehrkräfte des Prinzen wieder in Richtung Null zu sinken, und er begann erneut, chronisch vor sich hin zu kränkeln. Was ihn aber noch viel mehr bedrückte, war das Bewusstsein, nirgendwo ein wirkliches Heim zu besitzen. Er fühlte sich ausgestoßen und in der Kavallerieschule alles andere als gut aufgehoben: »Mein Heim bestand nur aus zwei schmalen roten Spinden und einem eisernen Bettgestell, auf dem eine Strohmatratze lag. Die Unterkunft teilte ich mit einem Dutzend Kameraden«. So fristete er auch in diesem Winter krank und unglücklich sein Dasein als Offiziersanwärter. Als ihn aber im Frühjahr 1929 bei Manövern unweit des Polarkreises die dritte Lungenentzündung seiner militärischen Laufbahn heimsuchte, griff endlich sein Leibmedikus Larsson in das Trauerspiel ein: Er verordnete vier Wochen strikte Bettruhe und riet überdies von einem Festhalten an einer militärischen Laufbahn ab. Andernfalls sei es doch nur eine Frage der Zeit, bis der Prinz an einem weiteren Infekt sterben würde. Für diesen war das natürlich nicht unbedingt eine schlechte Nachricht: »Es wäre eine Lüge, wollte ich behaupten, dass ich das bedauert hätte. Ich wusste ja, dass ich getan hatte, was ich vermochte [...], damit ich wenigstens nach außen hin mein Examen als Reserveoffizier machen konnte«.

Nun war Prinz Lennart also wieder in der zivilen Freiheit angelangt. Aber was nun? Wie bereits erwähnt gab es für einen Angehörigen des Königshauses ja nicht allzu viele Möglichkeiten, sich beruflich zu engagieren. In diesen Wochen tat sich

Bild oben: 1928 fanden in Stockholm anlässlich des 70.Geburtstags von König Gustav V. aufwendige Feierlichkeiten statt. An diesem Tag nahm Prinz Lennart (hinten rechts) als Repräsentant des Königshauses zum ersten Mal an einem offiziellen öffentlichen Ereignis teil. An diesem Festtag ritt er hinter seinem Großvater und neben Kronprinz Gustav Adolf durch die jubelnde Stockholmer Bevölkerung.

aber allmählich vor seinem geistigen Auge eine Alternative auf, die ihn vielleicht vor dem großen Nichts bewahren konnte: die Mainau. Sein badischer Großonkel Friedrich hatte die Insel nach dem Tod von Groherzogin Luise vererbt bekommen, hatte aber ebenso wie seine Frau Hilda kein großes Interesse an dem Eiland im Bodensee. Weil das Paar kinderlos geblieben war, hatte Friedrich die Insel bei seinem Ableben im Herbst 1928 an seine Schwester Victoria vermacht - mit der Auflage, dass sie nach ihrem Tod an Prinz Wilhelm oder ihren Enkel Prinz Lennart weitervererbt würde. Als Prinz Lennart und sein Vater von ihrer bevorstehenden Erbschaft erfuhren, waren sie - gelinde ausgedrückt - etwas überrascht. Prinz Lennart sollte die damalige Situation später in seinen Memoiren beschreiben: »Ich war mindestens ebenso erschrocken wie Papa, und wir fassten uns alle beide an die Köpfe. Ich höre ihn noch jetzt ausrufen: »Was sollen wir denn bloß mit diesem ganzen Elend? Es wird uns noch teuer zu stehen kommen«. Seit dem Tod des Großherzogs Friedrich I. war die Insel nämlich planmäßig verwahrlost. Aus einem fragwürdigen Pietätsgefühl heraus durfte niemand etwas am Park verändern, obwohl dies dringend nötig gewesen wäre. Die beiden Prinzen überlegten in den folgenden Wochen fieberhaft hin und her, ob diese Insel für sie nun etwas sein könnte oder nicht. Im folgenden Sommer 1929 wollten sie gemeinsam dorthin fahren, um sich das »Elend« einmal genauer anzusehen. Für Prinz Lennart hieß es zunächst allerdings, gesundheitlich wieder auf Vordermann zu kommen, und so wurde er zusammen mit seinem letzten Mentor, Harry Bergquist, in eine Art Erholungsheim in der Schweiz geschickt, wo er unter ärztlicher Aufsicht noch einmal für längere Zeit ins Bett gesteckt wurde. Der geschwächte Patient hatte dagegen überhaupt nichts einzuwenden und hatte sich mit mehreren Bänden einer Literaturgeschichte im Gepäck bestens gegen Langeweile gewappnet. »Ich las und sehnte mich, sehnte mich und las. Ein eigenes Heim spukte täglich in meinen Gedanken umher, und mir schien es, als hätte ich größere Möglichkeiten vor mir, nachdem ich endlich vom Griff des Militärs befreit worden war«. Eine Zukunft auf der Mainau nahm in seinen Gedanken immer realistischere Formen an.

Im Oktober 1929 war Prinz Lennart wieder so weit hergestellt, dass er reisen konnte. Zurück in Stockholm, machte er sich also zunächst auf den Weg zur Insel Mainau, und von dort aus an die französische Riviera, wo er zur gesundheitlichen Prophylaxe den gesamten Herbst verbringen sollte. Was ihn aber noch viel mehr interessierte: Zufällig würden sich Karin und ihre Mutter zur gleichen Zeit in Nizza aufhalten. Wie geschickt! Während seines Zwischenstopps am Bodensee traf er wiederum seine Großmutter, seinen Großvater und seinen Vater und sah sich nun mit ganz anderen Augen als früher auf der Insel um: »Das im schlimmsten Stil der 70er Jahre des vorigen [des 19. - Anm. d. Verf.] Jahrhunderts vollgestopfte Schloss und der verwilderte Park waren kaum eine echte Verlockung, aber der Wald auf dem Festland war gar nicht so übel«. Sein Vater und er gelangten schließlich zu der Überzeugung, dass man sich hier mit Forstbau und einer Landwirtschaft möglicherweise eine bescheidene Einnahmequelle errichten könnte. Andere Fragen blieben offen: »Könnte man den Park und den Garten in einen passablen Zustand bringen, von

Links: 1929 verabschiedete sich Prinz Lennart von seinem Vorhaben, eine militärische Laufbahn einzuschlagen. Nun bestand wieder Hoffnung auf eine gemeinsame Zukunft mit Karin.

Rechts: Der Mainau-Park glich um 1930 Zeit teilweise einem echten Dschungel.

dem riesigen, unmodernen Gebäude ganz zu schweigen, das ohne Heizung und fast ohne fließendes Wasser war? Das Schloss war wahrhaftig ein richtiger Klotz am Bein«. Zumindest Prinz Wilhelm hatte eigentlich kein besonderes Interesse daran, sein in Schweden aufgebautes harmonisches Leben als geachteter Dichter aufs Spiel zu setzen, zumal ein Leben auf der Mainau mit unvorhersehbaren Folgekosten verbunden sein würde. Für seinen Sohn hingegen konnte die Insel nur eine Chance bedeuten. Also bot ihm Prinz Wilhelm an, die Mainau generalbevollmächtigt für ihn zu verwalten. Wenn er Kapital brauchen würde, hätte er es sich allerdings selbst zu besorgen. Für den inzwischen begeisterten Prinz Lennart kein Grund zur Sorge, außerdem konnte er sich damals schon ein bestimmtes Mädchen sehr gut als Schlossfrau vorstellen: Er nahm das Angebot begeistert an. Seinen nun erwachten Tatendrang hatte der Prinz allerdings noch bis auf weiteres zu zügeln: Königin Victoria wünschte ganz ausdrücklich, dass - so lange sie noch am Leben sei - im Park und oben in den umliegenden Wäldern nichts verändert werden dürfe, obwohl es dafür höchste Zeit gewesen sein wäre. Prinz Wilhelm und sein Sohn Lennart respektierten das natürlich, schließlich war ihr Wille Gesetz!

Weihnachten verbrachten die beiden Erben ›in spe‹ zusammen mit der inzwischen sterbenskranken Königin Victoria in ihrer Villa Svezia in Rom. In seinen Memoiren beschreibt Graf Lennart diese bedrückende Situation: »Amama war schwach und konnte uns nur hin und wieder für eine kurze Weile sehen. Der Tod schlich durchs Haus. Alle versuchten, so zu leben, wie gewöhnlich, alle warteten auf das Unausweichliche, das die geplagte Königin endlich erlösen möge«. Es sollte tatsächlich das letzte gemeinsame Weihnachtfest mit ihr werden. Einige Tage nach Neujahr 1930 fuhr Prinz Lennart dann von Rom aus ins badische Rastatt, wo er in einer Landwirtschaftsschule die Grundlagen seiner künftigen Arbeit erlernen sollte. »Um überhaupt eine gewisse Autorität als zukünftiger Chef aufbauen zu können, verschaffte ich mir eine

anständige theoretische und praktische Ausbildung in diesem Beruf«. Glücklicherweise hatte er auf dieser Schule mit der deutschen Sprache keinerlei Probleme, denn die hatte er ja schon während seiner früheren Deutschlandbesuche erlernt. Und so fiel ihm die landwirtschaftliche Ausbildung nicht besonders schwer. Vieles von dem Erlernten konnte er in den folgenden Jahren auf der Mainau bestens gebrauchen. Als besonders bedeutsam sieht er heute auch den damaligen Kauf eines Handbuchs über Führungstechnik an: »Dieses Buch studierte ich so eingehend, bis ich ganz sicher war, wie ich auftreten musste, um Menschen zu führen und nicht geführt zu werden« - offensichtlich tat er das mit beachtlichem Erfolg. Diese aufregende Zeit wurde ihm zusätzlich noch durch einen schnellen Sportwagen der Marke Mercedes versüßt, den er seit einigen Tagen sein Eigen nennen durfte, und in dem er immer wieder zusammen mit Freunden die kurvigen Straßen des Schwarzwaldes erforschte: »Wir fuhren die ganze Nacht. Der Mercedes schoss dahin wie der Blitz« - anscheinend war Prinz Lennart eben doch ein waschechter Bernadotte!

In Rastatt erfuhr Prinz Lennart im April auch vom Tod Königin Victorias - seiner ›Amama‹, die jahrelang seine Erziehung übernommen hatte. Seine Beziehung zu ihr war jedoch völlig zwiespältig: Einerseits war sie für ihn doch jahrelang eine liebevolle Bezugsperson gewesen; andererseits war sie jedoch

Oben: Wie für König Gustaf V. und die anderen Bernadottes war auch für Prinz Lennart Geschwindigkeit eine große Leidenschaft. Von 1930 an war er stolzer Besitzer eines imposanten Sportwagens von Mercedes. Das Foto entstand bei der Abholung des Wagens.

Rechts: Ansicht des Wappensaales im Mainau-Schloss (um 1928). Seit dem Tod des Großherzogs Friedrich von Baden im Jahr 1907 war hier nichts mehr angerührt oder gar verändert worden. Heute dient der Saal als Ausstellungsraum.

noch einem streng christlich-aristokratischen Denken des 19. Jahrhunderts verhaftet. Und das bedeutete für ihren Schützling, dass er mit aller Macht in ein bereits unzeitgemäßes Verhaltensmuster gezwängt wurde, und darunter hatte er jahrelang schwer zu leiden. Warum es dieser schwedischen Königin Victoria niemals gelungen ist, sich von ihrem monarchistischen Scheuklappen-Denken zu lösen, erscheint zumindest nachvollziehbar, bedenkt man die historischen und sozialen Umstände, von denen sie in ihren jungen Jahren geprägt worden war: Denn schließlich wuchs sie im 19. Jahrhundert in einer Zeit heran, in der ein demokratischer Zeitgeist allenfalls latent zu brodeln begann; und schließlich wurde sie als Enkelin des deutschen Kaisers in einem familiären Umfeld erzogen, in dem Dinge wie Pietät, Gehorsam und Pflichtbewusstsein zu den obersten Prinzipien gehörten. Von einem Recht auf freie individuelle Entfaltung wagte damals und dort noch niemand ernsthaft zu sprechen. Nachdem Victoria dieses Weltbild erst einmal übernommen hatte, konnte sie sich offenbar zeitlebens nicht mehr davon befreien. Deswegen hatte Prinz Lennart es auch nie gewagt, sich mit ihr über seine wahren Ansichten und Wünsche auszusprechen. Wie in Gesprächen immer wieder deutlich wurde, erweckte der Gedanke an seine verstorbene ›Amama‹ in ihm Zeit seines Lebens ein zwiespältiges Gefühl: Zwar ist und war er sich jederzeit sehr bewusst darüber, dass er seine bedrückte Kindheit und seine klamme Jugend in einem vielzitierten ›goldenen Käfig‹ allein dieser Frau zuzuschreiben hat. Er weiß jedoch auch ganz genau, dass sich seine gestrenge Großmutter mit all ihrer Kraft dafür eingesetzt hat, die Leerstelle der fehlenden Mutter zu füllen, und dass er von ihr »viel guten und haltbaren Grund« mitbekommen hatte. »Dies alles stammte von einem aufrechten Menschen, der mich liebte und entsprechend dem alten Bibelwort lebte: ›Sei getreu bis in den Tod, dann werde ich dir die Krone des Lebens geben‹«. In den Tagen und Wochen nach ihrem Ableben drängte sich ihrem Enkel aber mit der Trauer auch eine gewisse Erleichterung auf: Denn was sie von seiner Verbindung zu einer ›Bürgerlichen‹ gehalten hätte, konnte er sich in schillernden Farben ausmalen; und schließlich hatten sich mit ihrem Tod auch seine Chancen auf eine Veränderung seines Milieus schlagartig verbessert: »Die Mainau gehörte uns!«

Links: Prinz Lennart mit seiner Freundin Karin Nissvandt (1931). Angeblich trug er den Schnurrbart vor allem, um gerade in diesen schwierigen Jahren etwas älter zu wirken.

Rechts: Im April 1930 verstarb Prinz Lennarts ›Ersatzmutter‹ Königin Victoria im Alter von 68 Jahren. In ihrem Denken war sie zeitlebens einem streng monarchistischen Weltbild des 19. Jahrhunderts verhaftet (hier im Jahre 1879).

In der Zwischenzeit mehrten sich die Gerüchte und das Geschwätz über den Erbfürsten und seine bürgerliche Geliebte. Zu einem Disput mit dem Kronprinzen ›Gusty‹ und dem König kam es allerdings - entgegen allen Erwartungen - nicht. Nach einer weiteren ›Inspektion‹ der dubiosen Erbschaft im Bodensee bekundete Prinz Wilhelm seinem Sohn in aller Deutlichkeit, dass er von diesem Eiland eigentlich nichts wissen wolle, weil er in Stenhammar bereits ein ihm liebgewordenes Leben aufgebaut hatte, das er keinesfalls gefährden wollte. Verkaufen konnte man ein solches Erbe aber auch nicht, und weil die Zukunft des ›nicht standesgemäß verliebten‹ Sohnes ohnehin ungewiss war, wurde dieser kurzerhand zum Generalbevollmächtigten über die Mainau erklärt. Er selbst war damit natürlich einverstanden: Zwar hatte er durchaus einige Bedenken, aber gerade hier konnte er sich eine gemeinsame Zukunft mit Karin bestens vorstellen. Nachdem sich Prinz Lennart im darauffolgenden Herbst als Reserveoffizier von den Leibhusaren verabschiedet hatte, war eine Zukunft auf der Mainau bereits beschlossene Sache. Nun sollte allmählich auch die Verbindung mit Karin offiziell bekannt gegeben werden, wurde es für die beiden doch immer schwieriger, sich ohne Aufsehen zu treffen. Eine öffentliche Bekanntgabe wurde für den folgenden Sommer geplant. Auf beharrliches Bitten der beiden hin weihte Prinz Wilhelm aber bereits im Spätherbst 1930 seine königliche Verwandtschaft in die Tatsache der besagten Liaison ein. Die Reaktionen waren sehr unterschiedlich: Einige Familienmitlieder - darunter durchaus auch ältere - zeigten sich erfreut und tolerant, andere hingegen äußerten sich abwertend. Eine Aussprache mit dem Familienoberhaupt, König Gustaf V. und seinem Nachfolger, Erbrinz Gustaf Adolf, stand jedoch immer noch aus. An Weihnachten 1930 entlud sich deren bisher unterdrücktes Missfallen dann in einem großen Knall. Der Erbfürst nahm seinen abtrünnigen Neffen zur Seite und wies ihn auf die unausweichlichen Folgen einer Verbindung mit Karin hin - den Verlust von Stenhammar beispielsweise. Seine Ausführungen ließen den ›Delinquenten‹ jedoch völlig kalt, war er sich doch über etwaige Folgen längst im Klaren. Anschließend beschrieb er die Familie Nissvandt in den finstersten Farben als eine Schar von Glücksrittern, die nur hinter seinem Geld und seiner Stellung her wären. Lennart Bernadotte erinnert sich: »Er argumetierte so blöde, dass ich innerlich loslachen musste [...]. Das Gespräch endete mit einem langen Sermon voller Ermahnungen über Loyalität und Pflichten dem Königshaus gegenüber samt einer düsteren Schilderung der Zukunft, die Karin und mich erwartete, wenn wir bei unseren Plänen blieben«. Prinz Lennart reagierte jedoch anders als erwartet: Seine Bindung zu seiner Karin wurde um so enger.

Die Aussprache mit König Gustaf V. am Neujahrstag 1931 fiel entsprechend aus. Das einzige, was seinem gescholtenen Enkel Sorgen bereitete, war jedoch ein bevorstehender Treueeid auf den König, den er zur Eröffnung des Reichstages am 12. Januar hätte abgeben sollen: Ein solcher hätte ja später gegen ihn verwendet werden können. Fast glücklicherweise erkrankte der Prinz jedoch vorher an einer Grippe, und so entfiel der zu leistende Eid. Die schwedische Presse nahm diesen ›Fauxpas‹ natürlich mit größter Dankbarkeit auf, in der Folge wurden Artikel und Vermutungen über eine anstehende Verlobung in steigender Zahl vermeldet; und weil Prinz Lennart diese nicht postwendend dementiert hatte, brachte ihm dies weitere Ermahnungen ein. Dies war ihm jedoch schon deswegen unmöglich, weil ja auch der Ruf seiner Geliebten auf dem Spiel stand. Damals herrschten ja noch ganz andere Regeln. Während also der schwedische Hof mit Ablehnung und die Presse mit Sensationsgier reagierte, bekam Prinz Lennart seitens der Bevölkerung fast ausschließlich positive Reaktionen kundgetan: »Auf den Straßen lächelte man mir überall zu, und ich erhielt lauter freundliche Blicke, was mich wirklich aufmunterte«. Als das im Rampenlich stehende Paar ein paar Tage später gemeinsam nach Stockholm reiste, wurde Prinz Lennart umgehend zu seinem Großvater zitiert. Dieser zweite Disput endete zwar mit einer unveränderten Haltung des Königs, jedoch auch mit einem freundschaftlichen Kuß auf die Wange. Als ob zwei Herzen in seiner Brust geschlagen hätten, missbilligte König Gustaf V. zwar weiterhin die Beziehung, der ›Mensch im König‹ zeigte sich jedoch tolerant. Anders sein Sohn, der Kronprinz: Er verabschiedete sich von seinem ›abtrünnigen‹ Neffen quasi als Feind und betrachtete alles, was dieser in den folgenden Jahren unternehmen sollte, mit Argwohn und Missbilligung. Ein Grund dafür lag möglicherweise in der enormen Popularität, die der Kronprinz überhaupt nicht schätzte, war mit ihr doch gleichzeitig auch eine verborgene Kritik an den Regularien des Königshauses verbunden.

Das junge Paar schmiedete in der Folgezeit eifrigst Pläne für ihre Zukunft auf der Mainau. Karin hatte zunächst einmal Deutsch zu lernen, Prinz Lennart absolvierte währenddessen mehrere Praktika in landwirtschaftlichen Betrieben. Zu einem Eklat kam es in diesen Wochen übrigens, weil das Paar einige Nächte gemeinsam im selben Hotel übernachtet hat, was vom schwedischen Königshaus und einer befreundeten Familie heftig moniert wurde: Schwierige Zeiten für Verliebte! Etwas einfacher gestaltete sich das Miteinander auf einer ersten gemeinsamen Fahrt zur Insel Mainau im Juni 1931: Dort wurden Prinz Lennart und seine Karin ja immerhin als Inselherren bzw. Inselbevollmächtigte begrüßt, und keineswegs als abtrünnige ›Nestbeschmutzer‹. Für den Königsenkel war die gemeinsame Ankunft auf ›seiner‹ Insel ein ergreifender Moment: »Nun war ich endlich auf dem Wege, wirklich heimzukehren«. Der Anblick des Schlosses muss damals wegen des überall wuchernden Grüns und altbacken vollgestopfter Innenräume alles andere als einladend gewesen sein, außerdem war der Park mittlerweile völlig verwildert. Auf einer Insel zu leben und von dort weder das Wasser noch die umgebende Landschaft sehen zu können, ist ja nicht gerade unbedingt angenehm. Es musste noch eine Menge verändert werden, bevor man sich dauerhaft auf der Insel niederlassen konnte; und es sollten noch einige Reisen zwischen Schweden und Konstanz bevorstehen, bis alles erledigt war. Während eines Zwischenstopps in Leipzig kam es im August kurzfristig noch zu einem ersten Zusammentreffen mit Maria Pawlowna, Prinz Lennarts Mutter. Entsprechend ihrer geschäftigen Art hatte sie zwar nicht viel Zeit für ihren Sohn und seine Freundin mitgebracht. Die wenigen gemeinsamen Stunden wurden aber offenbar trotzdem zu einem wunderbaren Ereignis: »Die beiden Damen kamen vorzüglich miteinander aus, und ich war glücklich, dass die Begegnung so über alles Erwarten positiv verlief«. Das nächste Treffen sollte hingegen äußerst unangenehm werden, doch dazu später.

Da eine Zukunft in Fyrkanten nun keinesfalls mehr zur Debatte gestanden war, richtete sich Prinz Lennart im Herbst eine zweistöckige Wohnung in Stockholm ein, was für ihn einen weiteren Schritt in Richtung Freiheit bedeutete. Bemerkenswert übrigens, dass ihn sein altes Kindermädchen ›Nenne‹ tatkräftig beim Einrichten unterstützte. Sie hatte mittlerweile eingesehen, dass es keinen Sinn hatte,

Foto: Im Sommer 1931 hatten Karin und Prinz Lennart bereits eine Vorahnung, welch folgenschwerer Schritt ihnen bevorstehen würde.

ihrem ›kleinen Prinzen‹ Widerstand leisten zu wollen und setzte nun alles daran, ihm und Karin zu helfen. Seitens des Hofes hatte sich jedoch nichts verändert: Als die Heiratspläne des jungen Paares im Winter 1931/32 konkreter wurden, wurden diese von einem unisonen Nein der Familienoberhäupter hinweggefegt. Dieses Nein bedeutete nämlich, dass damit eine Trauung in der Heimat ausgeschlossen war. Die jungen Eheleute in spe verletzte das sehr. Lennart Bernadotte erinnert sich: »Der Gedanke daran, dass die Hochzeit nicht auf schwedischem Boden stattfinden konnte und dass die Heimat uns auf derart beschämende Weise verstieß, kränkte mich ungemein. Es muss ein wahrer Genuss gewesen sein, uns derartig in aller Öffentlichkeit an den Pranger zu stellen«. Es half alles nichts, eine Alternative zu Schweden musste gefunden werden, und England bot sich als eine solche an. Dort war zur Erlangung einer Heiratslizenz lediglich ein Aufenthalt von drei Wochen notwendig. Für das junge Paar gab es nun kein Überlegen mehr: Als ihr Zug Mitte Februar den Stockholmer Zentralbahnhof in Richtung England verließ, wurden die beiden dort von einer jubelnden Volksmenge verabschiedet. Ihre Reise glich einem wahren Triumphzug, waren die Sympathien der Bevölkerung doch mit jedem Zeitungsbericht stetig gewachsen. In England war dem nicht anders: Die Presse riss sich förmlich um die beiden ungleichen Brautleute, und zu deren Erstaunen war dort sogar ein eigens reservierter Salonwagen für den Empfang der Presse bereitgestellt worden. Deren Ansturm flachte offenbar auch in den nächsten Tagen, während des Aufenthaltes in London, nicht ab: »Die Telefone klingelten, Journalisten und Fotografen standen Schlange, wohin wir auch gingen, und das Tempo steigerte sich, je näher der Hochzeitstag heranrückte«.

Überschattet wurden diese Tage jedoch durch ein trauriges Erlebnis - ausgerechnet mit Maria Pawlowna. Als sie von der bevorstehenden Trauung erfahren hatte, war sie umgehend nach London gereist. Nach einem gemeinsamen Abendessen bat sie ihren Sohn um ein Gespräch unter vier Augen. Nichts Böses ahnend entsprach er ihrem Wunsch. Er bekam damals allerdings einiges von seiner Mutter zu hören, Maria Pawlowna verfiel in eine lange Litanei von Ermahnungen: Dass sie seine inflationäre Zeitungspräsenz angeblich »grääääßlich« fände; dass eine Hochzeit auf einem schnöden Standesamt viel zu »gewöhnlich« sei, und dass überhaupt die ganze Familie Nissvandt nichts tauge. Dass Karin hier als Ausnahme etwas besser geartet sei, würde ohnehin nur am guten Einfluss ihres Geliebten liegen. Kurzerhand schlug sie vor, die ganze Hochzeit abzusagen und - wenn überhaupt - einen neuen, pompös-kirchlichen Hochzeitstermin vorzubereiten. In den Augen des tief enttäuschten Bräutigams war dies jedoch lediglich ein weiterer plumper Versuch, seine bürgerliche Heirat zu durchkreuzen - wahrscheinlich sogar in Absprache mit König Gustav V. oder Kronprinz Gustav Adolf. An seinen Absichten änderte dies nichts: Am 11. März 1932 fand in London die standesamtliche Hochzeit des Lennart Erbfürst von Schweden und seiner bürgerlichen Braut Karin Nissvandt statt. Anwesend waren seine Schwiegermutter Anna-Lisa und einige weitere Verwandte Karins, nicht jedoch seine Mutter Maria Pawlowna. Ihre jüngsten Vorschläge hatten erneut eine tiefe Kluft zwischen sie und ihren Sohn geschlagen. Sie sollte ihn erst ganze fünf Jahre später wiedersehen.

Für Prinz Lennart blieb seine Hochzeit - wie erwartet - nicht ohne Folgen: Durch die frisch beschlossene ›Mesalliance‹ wurde aus dem schwedischen Erbfürsten und Herzog von Småland mit einem Schlag der Bürger ›Herr‹ Lennart Bernadotte. Ikarus war gestürzt - in diesem sonderbaren Fall jedoch ganz bewusst und absichtlich, war ihm doch auch eine Bruchlandung in der Freiheit tausendmal lieber als die dünne Luft in der Höhe seiner bisherigen Existenz. Er hatte die Mauern, die um ihn gestanden hatten, zermalmt. Nun war er ein für alle Mal ein freier Mann. Nun konnte er sich zusammen mit seiner Frau ins Leben stürzen, und niemand konnte ihm unter Berufung auf seinen Stand irgendwelche Vorschriften machen. Er und seine Frau bekamen von der Botschaft umgehend ihre neuen Pässe

Links: Weil eine Zukunft in Schloss ›Fyrkanten‹ für ihn nicht mehr zur Debatte stand, richtete sich Prinz Lennart im Herbst 1931 eine eigene Stadtwohnung in Stockholm ein. Seine Übungen am Saxophon, denen er sich hier in aller Ruhe widmen konnte, blieben allerdings Episode.

ausgehändigt. Damit verbunden war für den ehemaligen Prinzen aber hauptsächlich ein stark vergrößerter Pflichten- und ein stark verkleinerter Rechtekatalog: Im schwedischen Staatsratprotokoll vom 16. März 1932 stand zu lesen, dass Prinz Lennart nun das Erbrecht für die Krone für sich und seine Nachkommen verwirkt hatte, dass er ebenso sämtliche Titel und Privilegien abtreten musste und überdies noch steuerpflichtig wurde. An den Landsitz Stenhammar brauchte er ohnehin gar nicht zu denken. Das Urteil war noch härter ausgefallen, als er erwartet hatte. Nun bestand seine Habe einzig und allein aus der Mainau. Und dennoch: Der mutwillig Gestürzte fühlte sich alles andere als unwohl in seiner neuen Situation. Die Flut der herzlichen Glückwünsche - ein solches Telegramm kam wider Erwarten sogar von seinem Großvater, dem König, - sowie die Tatsache, dass sein Vater und letztendlich auch seine Mutter seiner Liebe gegenüber verständnisvoll gegenüberstanden, gaben ihm Kraft und Mut. Außerdem war Prinz Lennart ja nicht der Erste und Einzige gewesen, der durch eine bürgerliche Verheiratung seine königlichen Anrechte verwirkt hatte: Sein Großonkel Oskar beispielsweise hatte bereits 1892 durch eine bürgerliche Heirat seinen Erbanspruch auf den Thron für sich und all seine Nachfahren verwirkt.

Prinz Lennarts Onkel, dem Erbfürsten Gustav Adolf, erschien seine Heirat und seine damit verbundene Degradierung zum ›gewöhnlichen‹ Bürger sicherlich als eine Art Niederlage. Wie sich in Gesprächen mit Lennart Bernadotte allerdings immer wieder herausstellte, hat der seinen damaligen Schritt aus der Enge des schwedischen Königshauses niemals auch nur ein wenig bereut. Auch die Tatsache, dass er als Erbfürst nun mit einem bürgerlichen Nachnahmen ›geschändet‹ war, machte ihm nichts aus. »Zuerst musste ich natürlich elementar umdenken, weil sich plötzlich mein ganzes Leben veränderte: Schließlich konnte ich von da an nicht mehr auf finanzielle Zuwendungen des Königshauses vertrauen, ich musste plötzlich mein eigenes Geld verdienen und Steuern zahlen. Abgesehen davon war es mir aber eigentlich völlig egal, ob ich nun ein Prinz war oder nicht. Ich habe mich immer als Lennart Bernadotte gefühlt, und war natürlich auch stolz auf meine berühmten Vorfahren. Mich ›Prinz‹ nennen zu dürfen, war für mich nie sonderlich wichtig«. Außerdem war der frisch getraute Lennart Bernadotte ja nun auf dem direkten Wege, sich endlich ein eigenes Zuhause zu errichten und Geborgenheit zu finden - dazu noch mit seiner eigenen Frau, in die er von Kopf bis Fuß verschossen war.

Links: Karin Nissvandt, Prinz Lennarts Braut (1932). Das Foto erschien damals in beinahe allen schwedischen Gazetten. Oft war es mit Überschriften wie ›Wie eine junge Königin‹ versehen. Dem schwedischen Hof gefiel das gar nicht.

Oben: Allem Widerstand zum Trotze - im März 1932 heiratete der Erbfürst von Schweden mit seiner Karin eine Bürgerstochter; und verlor mit einem Schlag all seine königlichen Privilegien.

DER VERSTOßENE PRINZ

Unsichere Jahre nach dem Bruch mit dem Königshaus

Bereits wenige Stunden nach der Hochzeit saßen Lennart und Karin Bernadotte im Zug und fuhren in Richtung Mainau. Die düsteren Prophezeiungen des Kronprinzen Gustav hatten bei dem frisch getrauten Ehepaar keinerlei Wirkung gezeigt, die Gefühlslage war damals nämlich - wie sich Graf Lennart heute erinnert - alles andere als besorgt: »Ich glaube, das Gefühl der Befreiung, das sich unserer bemächtigte, als wir im Zug saßen und uns anlächelten, kann ich gar nicht beschreiben. All die Bitterkeit und die Verhärtung schwanden dahin. Müde, unheimlich müde waren wir wohl, aber so glücklich, dass wir die ganze Welt hätten umarmen können«. Am Bodensee, rund 1700 Kilometer südlich von Stockholm, angelangt, gab es zunächst einen herzlichen Empfang durch die wenigen Angestellten auf der Insel. Offenbar bedurfte es einiger Anstrengung, die neuen Kollegen an die Anrede ›Herr Bernadotte‹ zu gewöhnen; war man dort doch gewohnt, es mit altehrwürdigen königlichen und großherzoglichen Hoheiten zu tun zu haben. Hier in Süddeutschland wollte man von einem ›Sturz‹ des Prinzen nichts hören: Wenn sich die Schweden so blöde aufführten, sei das deren Sache, hier am See sei man jedenfalls nicht so engstirnig. Wer einmal als Prinz geboren sei - so der einhellige Tenor -, der bleibe das auch. An einen Einzug in das Schloss war jedoch noch lange nicht zu denken. Wie man ja schon einige Monate zuvor festgestellt hatte, musste auf der Insel einiges ›auf Vordermann‹ gebracht werden: Das Arboretum der Insel glich nämlich mit seinem bedrückend dichten Bewuchs eher einem waschechten Dschungel als einem einladenden Garten. Das Schloss selbst gab sich ebenfalls alles andere als einladend: Vollgestopft mit altmodischem Mobiliar und allerhand anderem »Nippes«, von Heerscharen an Spinnen und Ungeziefer bewohnt, von Efeu dicht bewachsen und mit sanitären Anlagen nur spärlich ausgestattet, bereitete es seinen neuen Besitzern einiges Kopfzerbrechen. Bis man dort ausreichend renoviert und Platz für eine geplante Familie geschaffen hatte, sollte noch einige Zeit ins Land ziehen.

Bevor man sich aber an die Arbeit machte, sollte die gerade erst geschlossene Ehe gebührend gefeiert werden. Also setzte sich das Brautpaar erst einmal in seinen Sportwagen und brauste in Richtung Riviera davon, wo es von Prinz Wihelm bereits erwartet wurde. Dass man von sich ihm einen warmherzigen Empfang erhoffen konnte, stand außer Zweifel. An ein eventuelles Zusammentreffen mit König Gustav V., der sich in diesen Tagen ebenfalls an der Riviera erholte, dachte das Brautpaar allerdings eher mit gemischten Gefühlen. Genau wie befürchtet wünschte der aber schon wenige Tage später, das ›verstoßene‹ Paar in seinem Hotel anzutreffen. Die Braut und den Bräutigam stürzte das zunächst in eine emotionale Achterbahn-Fahrt: Vielleicht wollte der König ja nur einmal mehr seine Empörung und seine Verurteilung zum Ausdruck bringen, aber absagen? »Feige! Das tut man nicht. Seine Majestät hatte uns gebeten zu kommen. [...] Dem musste Folge geleistet werden« - anscheinend hatte der junge Bernadotte sein Pflichtgefühl gegenüber dem schwedischen Hof noch nicht gänzlich an den Nagel gehängt.

Das Treffen gestaltete sich aber entgegen allen Befürchtungen durch und durch erfreulich: Herzlich drückte der König seine neue Verwandte an sich, und mit wenigen Worten brachte er die veränderte Situation auf einen Nenner: »Lasst uns vergessen, was gewesen ist. Ich will nicht nur Lennarts Großvater sein, ich will auch dein alter Großvater sein, Karin«. Nachdem er der Frau seines Enkels anschließend gerührt ein Etui mit einer smaragd- und brillantenbesetzten Brosche überreicht hatte, wollte er die folgenden Urlaubstage gleich auch noch zusammen mit Lennart und Karin verbringen. Der Wunsch des Königs war den beiden natürlich immer noch Befehl, aber nun konnte man sich zuversichtlich und erfreut darauf einlassen. Und so verbrachte das junge Paar einige anstrengende, aber dennoch unvergesslich schöne Tage mit dem vor Energie strotzenden König. Seine unterschiedlichen Verhaltensweisen vor und nach der Eheschließung waren nur scheinbar widersprüchlich gewesen: Zuvor war er in seiner Rolle als König geradezu dazu verpflichtet gewesen, zu versuchen, seinem Enkel die schwerwiegenden Folgen seines Handelns bewusst zu machen und ihn auf den anscheinend rechten Königsweg zurück zu bringen. Wenn ihm das damals auch nicht gelungen war, er hatte seine Pflicht getan. Nun, nachdem Prinz Lennart den wagemutigen Schritt gemacht hatte, war die Lage ja völlig verändert: Der Prinz war gestürzt, zum Bürger herabgestuft, entadelt und enterbt. Nun musste er nicht mehr auf seine Pflichten als Erbfürst hingewiesen

Links: Nun schienen sie endlich ihr eigenes Zuhause zu haben: Lennart und Karin Bernadotte auf ›ihrer‹ Insel Mainau (1932).

Kleines Foto: Nachdem er zunächst mit allen Mitteln versucht hatte, seinen Enkel Lennart von seiner Hochzeit abzuhalten, gab König Gustaf V. dem Paar nach der Hochzeit von ganzem Herzen seinen Segen.

werden, nun konnte sein Großvater ihm unbesorgt und unverfälscht als solcher gegenüber treten. Denn jetzt war dieser alte König Gustav von Schweden ja nicht mehr zu dem schwierigen Spagat zwischen seiner familiären und seiner staatlichen Rolle gezwungen.

Zurück am Bodensee verbrachte das Paar einige Wochen schwindelnden Glücks auf der verwilderten Mainau. Auch seine erworbenen führungstechnischen Kenntnisse machten sich in dieser Zeit bezahlt, musste der junge Inselbevollmächtigte seine Ideen doch immer wieder in langen Diskussionen mit den Alteingesessenen behaupten; diese waren ja jahrelang gewohnt gewesen, dass nichts am Park verändert werden durfte. Die Konstanzer Gesellschaft war zwar durchaus sehr stolz auf ihre ›königliche Hoheit‹ auf der Insel, sein enthusiastischer Innovationsgeist stieß aber doch häufig auf ihr Missfallen - »Wenn das der alte Großherzog wüsste«, lautete die oft zitierte Parole. Hofgärtner Nohl, ein langjähriger Mitarbeiter auf der Insel, musste gewissermaßen sogar gelegentlich auf ›Zwangsurlaub‹ geschickt werden, damit Bernadotte seinen Plan, einige Bäume zu fällen, um Sichtachsen zu schaffen, verwirklichen konnte. Als Nohl dann wieder aus seinem ›Exil‹ zurückkehrte, war er zunächst recht verärgert, musste aber bald doch eingestehen, dass die ordnende Hand des jungen Schweden der Insel durchaus guttat. Und nun konnte man auch endlich das Schloss vom See aus sehen! Gewohnt haben Lennart und Karin Bernadotte allerdings bis auf weiteres im Konstanzer Hotel ›Halm‹, später im ›Inselhotel‹. Von dort ging es regelmäßig mit dem Fahrrad hinaus auf die rund fünf Kilometer entfernte Insel, um ein wachsames Auge auch auf das Gedeihen der Reparaturen am Schloss zu werfen. Im damaligen Jahr 1932 war jedoch an einen Einzug in das Schloss noch nicht zu denken. Herbst und Winter wurden zunächst - und wie geplant - wieder in der schwedischen Heimat verbracht, wo das junge Ehepaar in der bereits bestehenden Junggesellenwohnung wohnte, später aber eine größere, familientaugliche Wohnung bezog. Was übrigens nicht ohne Grund geschah: In Karins Bauch wuchs zur großen Freude beider seit einiger Zeit Nissvandt-Bernadottscher Nachwuchs heran. Am 3. Mai 1933 wurde der langgehegte Traum des gestürzten Prinzen dann Realität, seine Frau brachte an diesem Tag nämlich eine gesunde kleine Tochter namens Birgitta zur Welt. Zum Ärger der bösen Zungen, die ein Jahr zuvor behauptet hatten, das Paar hätte wegen gewisser biologischer Prozesse damals heiraten müssen, jedoch äußerst spät. Die Beziehung zu Karin erwies sich in den folgenden Monaten offenbar als durchweg harmonisch. Graf Len-

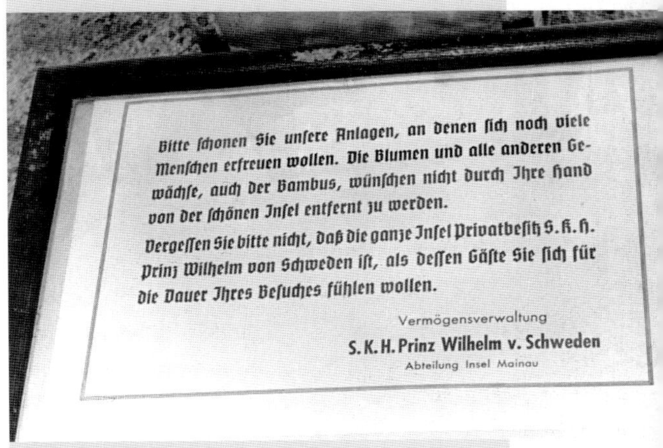

Links: Bald nach seiner Trennung von Großfürstin Maria Pawlowna hatte auch Prinz Wilhelm sein Herz an eine bürgerliche Dame verloren: Das Foto zeigt Lennart und Karin Bernadotte mit Prinz Wilhelm und dessen Lebensgefährtin Jeanne Tramcourt (Sommer 1933, Stenhammar).

Kl. Foto oben: Hofgärtner Nohl inspiziert sein Revier (1932).

Kl. Foto unten: Bald schon machte sich doch bemerkbar, dass die Besitzer der Insel gewechselt hatten: ein Hinweisschild im Jahr 1932.

nart erinnert sich gerne an diese Zeit zurück: »Karin war genau die Richtige, die warme Gemütlichkeit zu schaffen, die ich bisher vermisst hatte«.

Aufmarsch der braunen Mächte

Im Sommer 1933 wurde ein neuerlicher Aufenthalt am Bodensee jedoch durch verschiedene Umstände vereitelt: Einerseits war die finanzielle Lage Lennart Bernadottes durch die vielen Investitionen äußerst angespannt, andererseits zogen in diesen Tagen in Deutschland dunkle Wolken auf. Seit dem ›schwarzen Donnerstag‹ an der Wallstreet am 24. Oktober 1929 hatte sich eine eklatante Wirtschaftskrise in allen industrialisierten Ländern der Erde - inklusive Deutschland - breitgemacht: Explodierende Inflationsraten, steigende Arbeitslosenzahlen und unzählige Konkursmeldungen an allen Orten waren die Folge gewesen. Genau entsprechend erhielten in Deutschland damals die radikalen Parteien, insbesondere die Nationalsozialisten, einen enormen Aufschwung. Zwar hatte das Fieber der Wirtschaftskrise auch viele andere Staaten ergriffen - unter anderem auch das Heimatland von Lennart Bernadotte -, aber allein in Deutschland und Österreich war der Staat noch nicht ausreichend gefestigt gewesen, um die Krise zu überstehen: Die Weimarer Republik war an ihrer eigenen Schwäche zu Grunde gegangen, an der mangelnden Bereitschaft der Deutschen, diese Verfassung als die ihre anzusehen und zu verteidigen. Im Januar 1933 - als Lennart Bernadotte zusammen mit seiner Frau bereits seinen ersten Sommer als Inselverwalter in Deutschland verbracht hatte und sich in Stockholm auf die baldige Geburt seiner ersten Tochter gefreut hatte, war in seiner Wahlheimat Deutschland ein gewisser Adolf Hitler zum Reichskanzler berufen worden. Paramilitärische Massenaufläufe der NSDAP, aggressive politische Parolen und die Boykottierung jüdischer Geschäfte standen von nun an auf der Tagesordnung. Nun war der endgültige Zusammenbruch der noch jungen deutschen Republik nur noch eine Frage der Zeit: kein einladendes Klima für einen jungen, ›ausländischen‹ Familienvater.

In dieser angespannten Situation kam es dem jungen Familienvater Bernadotte nur sehr gelegen, als ihm sein Vater anbot, den Sommer 1933 zusammen mit Frau und Kind auf Stenhammar, seiner alten Sommerresidenz, zu verbringen. Nun kam er aber nicht mehr als Schuljunge, sondern als Familienvater auf den idyllischen Landherrensitz. Im Handumdrehen war er auf der Generationentreppe eine ganze Stufe nach oben gerückt, und dementsprechend war angeblich auch sein damaliges Selbstbild: »Stenhammar war irgendwie ernster geworden. [...] Ich fühlte mich nicht mehr richtig wie der ehemalige Lausejunge - das junge Fohlen auf der Sommerweide - auch wenn ich es irgendwo immer geblieben bin«. Gewisse Probleme entstanden damals durch den ständigen Kontakt zu Prinz Wilhelms Lebens-

Links: Nachdem Adolf Hitler am 30. Januar 1933 von Reichspräsident von Hindenburg zum Reichskanzler ernannt worden war, nahm in Deutschland das Unheil seinen Lauf.

Rechts: Reichsparteitag in Nürnberg, 1. Januar 1934. Mit gigantomanischen Massenveranstaltungen wie dieser wurde die Ratio des deutschen Volkes überlistet.

gefährtin Jeanne Tramcourt, zu der dieser seit einigen Jahren eine Beziehung gepflegt hatte. Angeblich hat sie damals kontinuierlich versucht, die Rolle einer Hausherrin in Stenhammar einzunehmen und ihren Prinzen Wilhelm herumzukommandieren. Seinem Sohn und dessen Frau gefiel das damals gar nicht, wobei hier sicher auch eine große Portion Eifersucht mitspielte. Jeanne war natürlich auch in schwedischen Adelskreisen sehr verhasst, hatte mit ihr doch einmal mehr eine ›Bürgerliche‹ versucht, sich des guten Namens und des Vermögens eines Prinzen zu bedienen - so jedenfalls die einhellige Auffassung. So lange jedoch kein Trauschein existierte, hatte Prinz Wilhelm deswegen keine weiteren Konsequenzen seitens des Hofes zu befürchten. Eine Ehe zwischen den beiden wurde auch nie geschlossen, vielleicht war Prinz Wilhelm ja auch durch den Fall seines Sohnes ausreichend abgeschreckt. Doch trotz alledem: Im Großen und Ganzen wurde der Sommer auf Stenhammar für Lennart Bernadotte und seine junge Familie eine herrliche Zeit. Er spürte in dieser Zeit jedoch immer auch eine gewissen Sehnsucht nach der Mainau. Offenbar hatte ihn der herrliche Bodensee bereits in seinen Bann gezogen.

Tourismus in Kinderschuhen

Im folgenden Frühjar 1934 kehrte die junge Familie um die kleine Birgitta dann endlich auf die süddeutsche Insel zurück. Nun galt es, begonnene Arbeiten zu kontrollieren, Investitionen zu planen und neue Einnahmequellen zu erschließen. Die Einkünfte aus der Landwirtschaft und dem Wald der Mainau waren damals nämlich nicht besonders groß, und auch vom Inseltourismus war damals nicht viel zu erwarten: Der Park war bis dato zwar der Öffentlichkeit zugänglich, der Eintritt kostete aber nur 50 Pfennige. Bei nur einigen zigtausend Besuchern jährlich konnten damit keine großen Sprünge gemacht werden. Gerade hier sah der neue Bevollmächtigte jedoch seine Chance: Die Insel glich einer verwunschenen, schlafenden Prinzessin. Sicher, von jährlich zwei Millionen Besuchern hätte Bernadotte damals noch nicht einmal zu träumen gewagt. Aber ein kleines touristisches Zusatzgeschäft musste sich doch realisieren lassen! Außerdem erschien ihm ein von Menschen belebter Park um so viel sinnvoller als ein menschenleeres und somit totes Idyll. Die Mainau brauchte nur wieder zu neuem Leben erweckt werden - so sagte er sich - dann würden die Besucherströme ganz von alleine in dieses blühende Paradies pilgern. Glücklicherweise trug eine zu dieser Zeit um sich greifende Kultur der ›Wandervögel‹ noch im selben Jahr zu einer deutlichen Steigerung der Gästezahlen bei. Sie begannen, nach kleinen Souvenirs wie Wanderstockplaketten oder Ansichtskarten zu fragen. Um den Bedarf zu decken, errichtete der Inselverwalter Bernadotte einen kleinen Kiosk in der Nähe des Torbogens, der übrigens auch heute noch dort zu finden ist. Zur Freude aller florierte

dieses Geschäft bald prächtig, und das Sortiment wurde kontinuierlich erweitert. Doch damit nicht genug. Bald fragten die ersten Besucher auch schüchtern nach einer Tasse Kaffee oder einer Kleinigkeit zu essen. Dem unternehmungslustigen Bernadotte war das natürlich nur mehr als recht. Kurzerhand richtete er in besagtem Kiosk eine Art Bewirtungsraum ein. An einfachen Tischen und Stühlen wurden wenige Getränke und einfache Speisen wie heiße Würstchen serviert. Ein tollkühnes Unternehmen! Die Besucher nahmen die freundliche Bewirtung dankbar und zahlreich in Anspruch - mit der Folge, dass das Provisorium im Kiosk bald schon hoffnungslos überlastet war. Zwar hatte eine gastronomische Tradition auf der Insel schon seit Jahrhunderten Bestand, doch nun hatte die Mainau-Gastronomie offenbar ihren Siegeszug angetreten. Geregelte Verhältnisse mussten her!

Mitte der 30-er Jahre wurde in einem alten Gebäude der Landwirtschaftsverwaltung versuchsweise ein kleines Wirtshaus eröffnet. Bernadotte schwelgt gerne in dieser aufregenden Zeit, und wenn er davon erzählt, ist der alte Pioniergeist

plötzlich wieder präsent: »Zwei kleine Zimmer mit Platz für 30 bis 40 Personen, warme Küche und eine ordentliche Bedienung. Vor dem Lokal eine kleine offene Terrasse. Das Ganze äußerst ländlich. Bei günstigen Winden merkten unsere Gäste ziemlich gut, dass sie in der Nähe von Pferden, Kühen und Schweinen speisten«. Trotzdem - oder vielleicht gerade deswegen - erwies sich auch diese Unternehmung als voller Erfolg. Das Wirtshaus hatte seine Feuertaufe bestanden! Das alte baufällige Gebäude wurde abgerissen und durch ein neues, professionelles Restaurant im ländlichen Stil ersetzt: die ›Schwedenschenke‹. Auch sie erwies sich als Volltreffer. Der Besucherstrom war kaum zu bewältigen. Wenn es an Personal fehlte, hatte der ehemalige Prinz auch keine Probleme damit, sich selbst an den Zapfhähnen zu betätigen, während Karin sich in der Küche betätigte. Unternehmerischer Pioniergeist eben. Die Möglichkeit, nach einem ausgiebigen Spaziergang auf der Insel auch zu essen oder ein gutes Glas badischen Weins zu trinken, steigerte die Gemütlichkeit anscheinend um ein Vielfaches. Und die Presse tat das Ihre dazu: Ein ehemaliger Erbfürst, der seine Gäste persönlich bediente, wurde als eine kleine Sensation gefeiert. Die Mainau wurde zu einem festen Thema in der europäischen und insbesondere in der deutschen Presselandschaft. Die Besucher kamen in Strömen. Die Speisekarte war eine Melange aus deutscher und schwedischer Küche. Die skandinavischen Spezialitäten wie Bücklingsalat, ›Janssons Versuchung‹ oder gebeizter Lachs fanden reißenden Absatz. An den alten, negativen Attitüden vieler umliegend beheimateten Einwohner hatte sich jedoch noch kaum etwas geändert. »Der alte Großherzog würde sich im Grabe umdrehen!« lautete noch immer ihre Parole. Und auf dessen geliebter Sommerresidenz auch noch Geschäfte zu machen, kam ohnehin einem abscheulichen Frevel gleich. Das überwältigende Glück der schwedischen Betreiber vermochte dies jedoch nicht zu trüben: Die Mainau war ein Paradies, das sich nun zu allem Überfluss auch noch als wirtschaftlicher Erfolg erwies.

Eine dunkle Wolke begleitete die Unternehmungen aber stetig: Der prosperierende Nationalsozialismus. Er verlieh jedem Erfolg einen bitteren Nachgeschmack. Die Frage lautete, ob man in diesem Hitler-Deutschland, wo politische Morde mehrfach auf der Tagesordnung standen, ruhigen Gewissens investieren konnte. War der junge Schwede damals blind vor Liebe?

Auf den Besucherwunsch, auf der Insel eine Tasse Kaffee oder eine Kleinigkeit essen zu können, reagierte Bernadotte Mitte der dreißiger Jahre mit der Eröffnung eines Wirtshauses. Wenn Not am Mann war, griff der Königsenkel natürlich auch selbst zum Zapfhahn.

Im Nachhinein ist er natürlich klüger. Damals aber war er - wie auch so viele andere - der Meinung, das chaotische Durcheinander werde sich schon wieder ordnen: »Ich möchte bestimmt nicht verleugnen, dass ich anfangs von der neuen Innenpolitik ziemlich beeindruckt war, verglichen mit dem Chaos der Weimarer Republik. Besonders der Arbeitsdienst erschien mir eine gute Lösung des Problems der Arbeitslosigkeit, aber ich fand, dass es doch etwas unnötig war, mit dem Spaten über der Schulter zu marschieren als wäre er ein Gewehr«. Offenbar vermochten damals Verbesserungen wie die entstehenden Autobahnen oder die neuerdings ordentlichen Zustände in den Straßen den klaren Blick des jungen Bernadotte ebenso zu vernebeln wie den von Millionen anderen Deutschen. Sein unbändiger Wille, seiner kleinen Familie und sich selbst eine harmonische und sorglose Existenz auf der Mainau zu ermöglichen, deckte sich anscheinend voll und ganz mit der enthusiastischen Aufbruchstimmung, die zu dieser Zeit in Hitler-Deutschland herrschte. Bald schon sollte der braune Mob jedoch sein wahres Gesicht zeigen. »Die ersten erschütternden Gefühle, die von dem neuen Herrscher in Deutschland ausgingen, bekam ich zum Monatswechsel Juni - Juli 1934 zu spüren«. Karin und Lennart saßen damals zusammen mit einigen Freunden im Wohnzimmer auf der Mainau und hörten die Nachrichten im Radio: Reichspropagandaminister Goebbels lobte gerade die Kaltblütigkeit, mit der Hitler im sogenannten ›Röhm-Putsch‹ vorgegangen war: »Irgendwie merkten wir, dass man versuchte, den Zuhörern einzureden, dass sich Verbrechen lohnt. Ich kann noch heute die theatralische Stimme hören, die mit scheinbar bestechender Logik zu beweisen versuchte, dass diese 85 Morde zum Besten des Vaterlandes geschahen«. Auch auf der Mainau wehte bald ein anderer Wind: »Uns wurde eine Art Betriebsrat aufgezwungen, den keiner haben wollte. Alle netten, ungezwungenen Treffen, die wir bisher mit unseren Mitarbeitern hatten, wurden zu nationalsozialistischen Bekehrungsveranstaltungen umfunktioniert«. Auch unter den Angestellten der Insel fanden sich bald schon einige Nazis, was für die anderen inklusive der Inselherren bedeutete, dass sie äußerst vorsichtig sein mussten. Nachdem Karin ihrem Ehemann 1935 mit Marie-Luise bereits ein zweites Töchterchen

Links: In den 30-er Jahren entfaltete Bernadotte ein großes Interesse für die Fotografie. Was an visuellem Werbematerial für die Mainau benötigt wurde, fotografierte er selbst.

Rechts: Der Nazismus machte auch vor Bernadottes Bodensee-Insel nicht Halt: Ein Frühlingsumzug unter dem Hakenkreuz (um 1938).

geschenkt hatte, begann es in den folgenden Jahren allmählich unbehaglich auf der Mainau zu werden. Offenbar versuchten die Nationalsozialisten mit immer drastischeren Maßnahmen auf der Insel ihre Vorstellungen durchzusetzen, was dem schwedischen Inselherren natürlich keineswegs gefiel: Man wollte das Eiland zu einem weiteren Rädchen in der großen Nazimaschinerie machen, außerdem waren Denunziationen auch auf der Mainau an der Tagesordnung. Obwohl Bernadotte höchstpersönlich - so steht in seinen Erinnerungen zu lesen - immer wieder vorlaut gegen das militärische Gehabe und die kriegerischen Ambitionen Hitlers gewettert hatte, musste er eigentlich keine persönlichen Nachteile in Kauf nehmen; auch nicht wegen seines schwedischen Passes. Eines stand für ihn aber schon damals fest: Dass er sich niemals am ›Gängelband‹ der Nazis führen lassen würde. Diese Charakterqualität hatte er dem schwedischen Königshaus ja schon eindrücklich demonstriert. Es würde also nur eine Frage der Zeit sein, bis er unter dem Hitler-Regime zu einer ›Persona ingrata‹ werden würde. Im Rahmen der Gespräche für das vorliegende Buch wurde dem 93jährigen Graf Lennart auch die Frage gestellt, wie er damals die Menschen in seiner nächsten Umgebung, der Bodenseeregion, wahrgenommen habe. Nachdem er damals einen Moment gedankenversunken geschwiegen hatte, antwortete er ernst und bestimmt: »Ich kann mit ruhigem Gewissen sagen, dass die große Mehrheit der Menschen um mich damals keinen Krieg wollte. Im Gegenteil: Die Freunde in Konstanz waren verzweifelt. Es gab von Kriegswillen keine Spur, offensichtlich auch nicht bei der großen Masse. Sicher, zu Beginn waren fast alle - genau wie ich selbst - von Hitlers anpackendem Engagement und der herrschenden Aufbruchstimmung beeindruckt. Aber einen Krieg - nein, den wollte niemand!«.

Anfang 1938 wurde der Alltag in Süddeutschland für Bernadotte immer unangenehmer. Eine Flucht von ›seiner‹ Insel hätte er sich bis dato aber nicht vorstellen können, war er doch inzwischen gefühlsmäßig und finanziell fest auf der Insel verankert. Er hatte die Hoffnung noch nicht aufgegeben, dass alles doch noch auf irgendeine Weise »zum Besten geraten« würde. Vielleicht könnte die Mainau ja

sogar als eine Art ideologische Enklave funktionieren? In den Jahren 1938 und 1939 spitze sich die politische Lage dann aber doch weiter zu: Eckdaten wie die Besetzung Österreichs, die ersten großangelegten Judenpogrome und die selbstherrlichen »Reichsangliederungen« im Memel- und Sudetenland waren nur einige der vielen Symptome für die anstehende Katastrophe: Deutschland würde Europa schon bald in einen neuen Weltkrieg stürzen! Angesichts dieser wachsenden Gefahr sah Bernadotte im September 1939 keine andere Möglichkeit mehr, als Deutschland und dem Bodensee zusammen mit seiner Familie den Rücken zu kehren. Der Abschied fiel nach den glücklichen zurückliegenden Jahren am Bodensee alles andere als leicht: »Ich verabschiedete mich von meinen Angestellten, wischte mir die Augen und schluchzte. Das war ganz einfach furchtbar. [...] Vielleicht sah man das Schloss das nächste Mal nur als einen einzigen Ruinenhaufen wieder. Vielleicht würde der Garten ein Acker mit Bombenkratern. Nein, nicht daran denken!« Was Bernadotte von nun an aber wirklich Angst machen sollte, war der Gedanke an einen bevorstehenden Sieg Hitler-Deutschlands. Der kleine Teil der ungeheuerlichen Wahrheit, den er gesehen hatte, hatte genügt: Bernadotte hatte allmählich gelernt, den Nazismus gründlich zu verabscheuen und zu fürchten. Dass es zu Hitlers Plan gehörte, die Bewohner Skandinaviens - inklusive Schwedens - ins sibirische Exil zu verbannen, um in ihrer alten Heimat Lebensraum für die Deutschen zu schaffen, machte Bernadotte natürlich ebenso zu schaffen. Offenbar rechnete er - wie Millionen anderer Europäer - durchaus damit, dass die deutsche Kriegsmaschinerie allen Widerstand zermalmen würde.

Neubeginn in der schwedischen Heimat

Nun, als Hitler und seine ›Getreuen‹ die Erde in einen zweiten Weltkrieg gestürzt hatten, befand sich Bernadotte

Bild oben: Mit dem ›Blitzkrieg‹ gegen Polen stürzte Hitler die Erde in einen zweiten Weltkrieg. Hier nimmt der Diktator in Warschau die Parade seiner Truppen ab (29.09.1939).

Links: Die neu errichtete ›Schwedenschenke‹ unter unheilbringendem Signum (um 1938).

zusammen mit seiner Frau Karin und seinen beiden Töchtern wieder im heimatlichen Schweden. Hier schien man, wenigstens bis auf Weiteres, verhältnismäßig sicher zu sein. Glücklicherweise hatte Bernadotte seine Kontakte zu Schweden nie abreißen lassen und auch seine Stockholmer Wohnung nicht aufgegeben. Sie konnte nun umgehend bezogen werden. Ansonsten begannen nun aber schwierige Zeiten für die junge Familie: Wegen der fluchtartigen Abreise aus Süddeutschland fand sich der ehemalige Erbfürst plötzlich ohne Geldreserven, ohne Aufgabe und ohne Einkommen wieder. Nun mussten die Konsequenzen für seinen Bruch mit dem schwedischen Königshaus getragen werden. Seit seiner Hochzeit hatte er ja sämtliche seiner ursprünglichen Privilegien verloren. Jetzt musste eigenes Geld verdient werden. Aber womit?

Das rettende Hobby Fotografie

War es ihm als Erbfürst ehemals ja verboten gewesen, einen Beruf zu erlernen, so kamen Bernadotte nun seine langjährigen Erfahrungen mit dem Medium der Fotografie zu Gute. Mit seiner Urgroßmutter Luise und seiner ›Amama‹ hatte er

ja bereits familiäre Vorbilder gehabt, und auch sein Vater hatte sich als Künstler bereits einen guten Namen gemacht. Er selbst hatte seinen ersten Apparat, eine schwarze ›Brownie Box‹, 1912 auf einem ersten Besuch am Bodensee bekommen und von da an immer wieder sporadisch drauflos ›geknipst‹. Als Bevollmächtigter der Mainau produzierte er dann alle benötigten Werbefotografien selbst. In den 30er Jahren richtete er sich auf dem Dachboden der Mainau ein professionelles Fotolabor ein. Später - zum Grafen af Wisborg ernannt - brachte ihm seine Tätigkeit unter besonders gewitzten Scherzbolden übrigens den Spitznamen ›Foto-Graf‹ ein. Seine ästhetischen Ansprüche an sich selbst waren allerdings hoch gesteckt: »Bereits 1928 hatte ich eine Leica gekauft, eine revolutionierende Kleinbildkamera. [...] Ich verewigte Tausende von nichtssagenden Objekten. Leider habe ich mich nicht darum gekümmert, meine Bilder als Natur- oder Familiendokumente zu bewahren. Das Foto sollte künstlerisch anspruchsvoll sein, ansonsten war das Ziel verfehlt. Fast alles, was nicht diesem Maßstab gerecht wurde, wanderte in den Papierkorb«. Dieser künstlerische Ehrgeiz sollte bald Früchte tragen, und diese glückliche Fügung sollte er ausgerechnet einer Krankheit zu verdanken haben: Als er nämlich 1937 wegen eines Magengeschwürs im Krankenhaus lag, begann er einige Episoden seines jungen Lebens aufzuschreiben. Später wurden diese Schriften - illustriert mit selbstgemachten Fotos - in verschiedenen schwedischen Tageszeitungen veröffentlicht, was ihm prompt die Lorbeeren der Öffentlichkeit bescherte und ihn in beste fotografische Gesellschaft brachte. Auch der ›Kamerakönig‹ Victor Hasselblad zählte bald zu seinem engeren Bekanntenkreis. Ihm hatte er bald einige lukrative Engagements zu verdanken. Gemeinsam wurde beispielsweise ein erfolgreiches Kameramodell für Hasselblad entwickelt, und später wurde Bernadotte während eines Engagements für Kodak in den Vereinigten Staaten sogar zum Ehrenbürger von Texas ernannt, weil er die Schönheit Amerikas in besonders beeindruckenden Fotografien festgehalten hatte. Der eigentliche Durchbruch zu finanzieller Unabhängigkeit in Schweden war jedoch die Ernennung zum Chefredakteur der damals noch jungen schwedischen Fotozeitschrift ›Foto‹. Noch vor Erscheinen der ersten Ausgabe trat ein gewisser Simon Söderstam, ein Tycoon der damaligen Druckereiwelt, an ihn heran und fragte ihn, ob er sich vorstellen könne, diese Stelle zu bekleiden, wenn er zusätzlich noch einen professionellen Redaktionssekretär zur Seite gestellt bekäme. Für den damals eher orientierungslosen Bernadotte die Erfüllung eines Wunschtraumes: »Fragen Sie einen Kannibalen, ob er Miss World verspeisen möchte!«

Während das südlichere Europa in den folgenden Jahren unter dem Debakel des wütenden Weltkrieges leiden musste und auch in Schweden eine latente Angst vor einem siegreichen Hitler-Regime herrschte, ging der ehemalige Prinz in Schweden nun einer erfüllenden Aufgabe nach: Gemeinsam mit den anderen Mitarbeitern von ›Foto‹ wandte man sich an Menschen, die lernen wollten, besser zu fotografieren, berufsmäßig und als Amateure. In seinen Memoiren ›Ein Leben für die Mainau‹ erinnert sich Bernadotte: »Eine unserer tragenden Ideen - vielleicht die wichtigste - war, dass wir der Fotografie eine Rolle als selbständige Kunstform geben wollten«. Mit diesem Bestreben waren die Schweden um Bernadotte übrigens in bester Gesellschaft, verfolgten doch auch fotografische Koryphäen wie Alfred Stieglitz und Edward Steichen genau dieses Ziel. Bernadotte schrieb während der nächsten Jahre eine lange Reihe von einschlägigen Leitartikeln. Schenkt man dem Kunstkritiker Ulf Hård af Segerstad Glauben, so waren diese damals leicht im Anschlag und populär, »aber niemals ohne Pointe und immer mit einer pädagogischen Aussage« versehen. Als Fachmann, der die damaligen technischen und ästhetischen Entwicklungen der Fotografie aus eigener Erfahrung beurteilen konnte, gab er in dieser Funktion bedeutende Anstöße für deren künstlerische Entwicklung in Schweden. Das Magazin erfreute sich übrigens auch zum Zeitpunkt der Entstehung dieses Buches noch bester Gesundheit, und aus Dankbarkeit wird dem ehemaligen Chefredakteur bis zum heutigen Tage jede neue Ausgabe kostenlos auf die Mainau geschickt. An dem bleibenden Erfolg ist Bernadotte sicherlich nicht unwesentlich beteiligt. Eine seiner herausragenden Fähigkeiten bestand nämlich - so sollte es sich auch in den folgenden Jahrzehnten immer wieder zeigen - gerade darin, beim Ablauf der von ihm initiierten Ereignisse eine zurückhaltende Rolle zu spielen und die Dinge zu ihrem Besten gedeihen zu

lassen. Nicht von ungefähr erhielt er in chemiekundigen Freundeskreisen auch den Spitznamen ›Katalysator‹.

Der ›Tag der Kinder‹

Mit diesem Engagement konnte Bernadotte also einen echten Erfolg verbuchen. Seitens der ›guten Gesellschaft‹ Schwedens schlug ihm indessen ein rauer Wind entgegen: Offenbar hatte er immer wieder mit eifrigem Widerstand aus hochstehenden Kreisen zu kämpfen, die von ihm möglichst nichts hören und sehen wollten. Als zum Bürger degradierter Prinz war er ihnen schlichtweg suspekt, ein ›Enfant terrible‹. Für ihn aber längst kein Grund, den Kopf in den Sand zu stecken, im Gegenteil: Gerade auch als ›verstoßener‹ Prinz folgte er seinen zahlreichen familiären Vorbildern; und zwar indem er sich sozial engagierte. Bereits zu Beginn des Jahrhunderts war die wohltätige Organisation ›Barnens Dag‹ - zu deutsch ›Tag der Kinder‹ - gegründet worden, die sich zur Aufgabe gemacht hatte, den Kindern minderbemittelter Familien gelegentliche Erholungsmöglichkeiten zu bieten. Für viele nachgeborene Mitglieder des Königshauses war es eine selbstverständliche Pflicht, in dieser Organisation mitzuwirken. Und nachdem sich hier auch sein Vater schon engagierte, wollte auch der ›degradierte‹ Lennart Bernadotte nicht untätig zusehen. So wirkte er von nun an eifrig bei der Ausgestaltung einiger ›Barnens Dag‹-Veranstaltungen mit. Die Angelegenheit sollte - nicht zuletzt mit Hilfe der Angehörigen der Königsfamilie - publik und zu einer nationalen Aufgabe gemacht werden. Bald wurde der junge Bernadotte sogar zum Organisationsleiter in Stockholm berufen, organisierte aber auch weiterhin Spiele, Wohltätigkeitsveranstaltungen und Theateraufführungen, um Gelder für die benachteiligten Kinder zu besorgen. Unter seiner Schirmherrschaft fand der wohltätige Kindertag bald auch landesweite Beachtung. Den Kindern sozial schwacher Familien sollte aber auch noch in vorgerückterem Alter Unterstützung zuteil werden. Um ihnen auch einen chancenreichen Start ins Berufsleben bieten zu können, hatte Bernadotte bereits 1937 die St. Martins-Berufsschule in Solna gegründet. Hier gehörte praktischer und theoretischer Unterricht zum Ausbildungsprogramm, und auch der ehemalige Prinz selbst gab als Rektor der Schule sein angeeignetes Wissen mit Freude an seine Schüler weiter. Nur zu gut erinnerte er sich noch an seine eigene, oftmals bedrückend strenge Schulzeit; und gerade deswegen versuchte er stets, seinen Schülern eine zwanglose Freude am Lernen zu erhalten. Als ob dies noch nicht genug wäre, engagierte er sich in diesen Jahren auch aktiv bei den Pfadfindern. Dort konnte er all die Kenntnisse, die er in seiner Kindheit von seinem Mentor Notan mit auf den Weg bekommen hatte, an seine Schützlinge weitergeben. Aber auch auf ihn selbst wirkten sich die genannten Tätigkeiten positiv aus, hatte er doch gerade durch sie erfahren, wie erfüllend soziale Engagements sein können. Dass diese Jahre in Schweden für Bernadotte eine besonders glückliche Zeit wurden, liegt sicherlich auch an diesem sozialen Engagement und seinem beruflichen Erfolg. Einen mindestens ebenso großen Anteil daran hatte allerdings zweifelsohne das Gedeihen seiner damaligen Familie. Zu den beiden Töchterchen Birgitta und Marie-Luise waren mit Jan (* 1941) und Nesthäkchen Cecilia (*1944)

Großes Foto: Bernadotte als ›edler Ritter‹ während des ›Barnens Dag‹ (1939, Foto nachträglich koloriert).

Kleines Foto links: Der erste Titel des Magazins ›Foto‹.

Kleines Foto rechts: Das Chefredakteursfoto zum Editorial dieser ersten Ausgabe.

nämlich noch zwei weitere Kinder hinzugekommen. Die beiden ältesten Töchter waren inzwischen schon beinahe zu stattlichen kleinen Damen herangewachsen, und auch die beiden jüngeren Kinder bereiteten ihren Eltern große Freude. Die Familie wurde zum Lebensmittelpunkt des ehemaligen Prinzen. Nach einer bedrückend einsamen Kindheit und Jugend konnte das wunderbare Gefühl von familiärer Harmonie nun endlich auch am eigenen Leib verspüren.

Zur selben Zeit, als Bernadotte in Schweden - zunächst mit einigen Schwierigkeiten kämpfend - allmählich zu einer glücklichen Lebensform gefunden hat, wurde beinahe das gesamte Europa durch die Gräuel des Zweiten Weltkrieges in Angst und Schrecken versetzt. Gemäß seinen unmenschlichen Zielen der Rassentrennung, der Lebensraumerweiterung und der Ausbeutung der slawischen »Untermenschen« hatte Hitler den Krieg im September 1939 mit dem deutschen Überfall auf Polen begonnen. Nach einigen kriegerischen Erfolgen Deutschlands zu Beginn des Krieges war damals die Luft auch in Schweden allmählich ›dünn‹ geworden: Dänemark und das benachbarte Norwegen waren nämlich bereits durch die deutsche Wehrmacht eingenommen worden; mit der Folge, dass der norwegische König Håkon VII. zusammen mit seiner Regierung umgehend das Land zu verlassen hatte. Ein deutscher Reichskommissar war an seiner Stelle eingesetzt worden. Und so war damals die Stimmung natürlich auch in Schweden, wo sich Bernadottes Großvater König Gustaf V. besorgt für die Neutralität seines Landes einsetzte, mehr als angespannt: Man fürchtete eine Okkupation durch die deutsche Wehrmacht.

Sehnsucht nach der Mainau

Glücklicherweise - wenn man angesichts von etwa 55 Millionen Kriegstoten überhaupt von Glück sprechen darf - hatten sich die Dinge aber schon bald in eine andere Richtung entwickelt: Nachdem Hitler seine deutsche Wehrmacht durch den Mehrfrontenkrieg entscheidend geschwächt hatte, war es mit den Siegesmeldungen für Deutschland allmählich vorbei gewesen und die Alliierten hatten mehr und mehr die Oberhand über die Achsenmächte um Deutschland gewonnen. Auch der deutsche ›Volkssturm‹, in dem zusätzlich noch zahllose Kinder und Greise ihr Leben lassen mussten, konnte den militärischen Zusammenbruch Deutschlands nicht mehr verhindern: Am 7. Mai 1945 - einige wenige Tage nach dem Selbstmord des deutschen Diktators - kapitulierte

Links: Lennart Bernadotte mit seiner Frau Karin (1940). Das ursprüngliche Schwarzweiß-Foto wurde für den Druck in einer Zeitschrift koloriert.

Kleines Foto oben: Bernadotte als lehrender Rektor an der St.Martins-Berufsschule...

Kleines Foto unten: ...und als Gruppenführer der schwedischen Pfadfindervereinigung.

die deutsche Wehrmacht schließlich bedingungslos. Der inzwischen 35-jährige Lennart Bernadotte hatte die Ereignisse selbstverständlich besorgt von Schweden aus verfolgt. Wie schon erwähnt, hatte er zu dieser Zeit aber auch in Schweden bereits glückliche Jahre verbracht. ›Seine‹ Insel hatte er jedoch niemals aus seinen Gedanken gestrichen, im Gegenteil. Jahrzehnte später erinnert er sich noch zu genau daran, wie sehr er sich während des Krieges nach seiner deutschen ›Wahlheimat‹ sehnte: »Die ganze Zeit rumorte die Mainau in meinem Kopf. Ich hatte mehrere Sommer mit der Familie dort verbracht und persönliche Bande mit wunderbaren Menschen geknüpft. Kurz gesagt, Wurzeln geschlagen«. Die Mainau im Stich zu lassen, wäre ihm außerdem wie ein Verrat an sich selbst und an der Verantwortung seinen Ahnen gegenüber vorgekommen. Seiner eigenen, wachsenden Familie ging es jedoch - nach anfänglichen finanziellen Schwierigkeiten - in Schweden inzwischen ausgezeichnet, und ihr gegenüber hatte er als Familienvater ja ebenfalls eine große Verantwortung: Bernadotte ahnte wohl schon damals, dass er schon bald vor der schwierigen Entscheidung zwischen der Mainau und einem gesicherten Leben in Schweden stehen würde, denn ein ›Sowohl-als-auch‹ konnte auf Dauer keinesfalls gut gehen. Bis auf weiteres konnte es nur eine Möglichkeit geben: ein gemeinsames, bürgerliches Leben in Schweden.

Ein Prinz des Idealismus

Im Sommer 1946 war der besorgte Inselbevollmächtigte Bernadotte zum ersten Mal nach Kriegsende wieder auf der Mainau, um den Zustand der Insel zu begutachten. Er konnte zumindest ein wenig aufatmen: Der Park war einigermaßen unbeschadet durch die zurückliegenden Kriegsjahre gekommen, lediglich am Schloss waren einige Schäden zu beklagen, die sich jedoch mit einiger Mühe durchaus wieder beheben ließen. Die Insel hatte Glück gehabt: Inmitten des Krieges war sie unter der Führung der Nationalsozialisten zu einer Erholungsstätte für hohe Funktionäre der Wehrmacht umfunktioniert worden. Der Inselverwalter Bernadotte empfand den Gedanken an auf ›seiner‹ Insel hausende Nazis zwar alles andere als angenehm, hatte aber letztendlich keine andere Wahl als zuzustimmen. Zugleich hatte diese Tatsache aber auch ihr Gutes: Sowohl das Schloss als auch der Park wurden unter der ›braunen Regie‹ perfekt gepflegt, und ganz nebenbei waren gleich auch noch die vielen altmodischen Accessoires entfernt, die Bernadotte ohnehin schon lange ein Dorn im Auge gewesen waren. Später, gegen Ende des Krieges ließ sich dann ein hoher Funktionär des hitlertreuen französischen Vichyregimes auf der Insel nieder. Auch er hatte selbstverständlich kein großes Interesse daran, seine eigene Behausung zu verwüsten. Als aber im April 1945 französische Truppen Konstanz und die Mainau besetzten, war die Schonzeit für die Mainau endgültig vorbei: Die französische Besatzung sah nämlich in der Insel nichts anderes als die Residenz der französischen Kollaborateure, und deswegen gab es ihnen offenbar ein Gefühl der Genugtuung, große Teile des Schlossinventars zu zerstören und zu plündern.

Noch viel schlimmer standen die Dinge allerdings um die soziale Situation in Deutschland. Vor allem die deutsche Jugend war jahrelang durch die nationalsozialistische Indoktrinierung und die unvorstellbare Brutalität des Weltkrieges seelisch geschädigt worden, und nun hatten führende alliierte Politiker auch noch die Absicht, die deutsche Jugend spartanisch und isoliert von der internatio-

Kleines Foto: Soldaten der deutschen Wehrmacht während eines kleineren Gefechtes in Stalingrad (1942).

Großes Foto: Unter anderen Bedingungen wäre der kleine Jan Bernadotte wohl als Erbfürst von Schweden geboren worden. Dem familiären Glück war dies aber offensichtlich nicht abträglich (1944).

nalen Gemeinschaft heranwachsen zu lassen. Bernadotte war gegenteiliger Meinung. Als er wenig später von einem sozial engagierten Schweden darauf angesprochen wurde, ob er sich nicht auf irgendeine Weise für diese deutsche Jugend einsetzen wolle, sah er es offenbar geradezu als seine Pflicht an, dieses tun. Sich an seine langjährige Erfahrung im Umgang mit jungen Menschen erinnernd wollte er zusammen mit einigen Freunden in der Erziehung und Sozialisierung deutscher Jugendlicher tätig werden. Durch eine fried- und freudvolle Zeit auf der Mainau sollte eine unbeschwerte Lebensfreude ihre Gedanken erfüllen. Auch wenn Bernadotte spätestens seit seiner Firmung mit dem Christentum abgeschlossen hatte - als ideologische Grundlage für diese ›Erziehung‹ schien ihm das Christentum einen gangbaren Weg zu bieten. Und so gründete er im Sommer 1946 zusammen mit dem Christlichen Verein Junger Männer (CVJM) und seinem schwedischen Pendant, dem KFUM, ein Jugendlager auf der Insel Mainau, wo sich die jungen Leute von den schrecklichen Erlebnissen der zurückliegenden Jahre erholen konnten. Anscheinend mit tiefer Wirkung: »Zu sehen, wie die Jugendlichen aufblühten, machte einen überglücklich. Allein zu sehen, wie sie sich satt aßen. Ihr Gefühl der Sicherheit und Freiheit zu ahnen. Sie vor Freude weinen zu sehen. Es fiel einem selbst schwer, die Tränen zurückzuhalten«. Das besagte Lager konnte aber angesichts der miserablen Gesamtsituation in Deutschland nur einen Tropfen auf den heißen Stein bedeuten. Bernadotte erinnert sich: »Zu dieser Zeit sah Deutschlands Zukunft wirklich dunkel aus. Auf ideologischem Gebiet hatte der Nazismus ein Vakuum hinterlassen, das allem Anschein nach dem Kommunismus freies Feld bot. Und diese Seuche bedrohte offenbar nicht nur Deutschland«. Bernadotte hatte ja einen triftigen Grund dafür, die Kommunisten zu hassen und zu verachten - waren es doch gerade sie gewesen, die 1918 beinahe seine gesamte russische Verwandtschaft brutal ermordet hatten. Aber wie konnte Bernadotte nun - als Erwachsener - ein weiteres Blutvergießen vermeiden helfen? »Politisch« - das war ihm sehr gut bewusst - »eigentlich gar nichts. Aber ideologisch«, so erhoffte er sich, »eine ganze Menge«. Die Jugendarbeit in einem sogenannten ›Schneeballsystem‹ zu nutzen, erschien ihm da als eine hervorragende Möglichkeit: Auf christlicher Basis sollten fortan Jugendleiter ausgebildet werden, die wiederum Jugendleiter ausbilden sollten usw. Mit dieser Absicht wurde bald darauf ein internationales Institut mit Sitz auf der Mainau eingerichtet, wo Bernadotte inzwischen wieder etwas häufiger anzutreffen war. Praktisch wurde dieses Institut in Form von Seminaren betrieben. Dazu versammelten sich Teilnehmer aus aller Herren Länder.

Obwohl er zu dieser Zeit in Schweden bereits mehr als genug mit seiner Familie und seinem Fotomagazin beschäftigt war, wurde er selbst Vorsitzender der Organisation und behielt diese Position auch bis 1967. Herbst, Winter und Frühjahr wurden damals aber auch weiterhin in Schweden verbracht. Auch wenn sich die von den Franzosen verursachten Verwüstungen auf der Bodensee-Insel durchaus wieder beheben ließen: Zunächst war ein erneuter endgültiger Umzug auf die Insel für den Familienvater Bernadotte undenkbar. Deutschland lag zu großen Teilen völlig in Trümmern. Die politischen Verhältnisse waren alles andere als stabil. Noch im Jahr 1948 hatten die provisorischen Regierungen der Besatzungsmächte das Sagen in Deutschland, und die Zukunft des Landes sah bis zum In-Kraft-Treten des ›Marshall-Plans‹ im April 1948 alles andere als rosig aus: Deutschland - so lautete damals die Devise - sollte entindustrialisiert und fortan nur noch als Agrarland genutzt werden. Wie eine deutsche Zukunft aussehen sollte, war damals noch völlig im Dunkeln. Zu viele Fragezeichen, als dass sich ein junger Familienvater mit Frau und Kindern dort hätte niederlassen wollen. Außerdem hatte Bernadotte in seinem Heimatland alle Hände voll zu tun. Seinen letzten ehrenamtlichen Auftritt hatte er dort als Chef des Pfadfinderverbandes in den Jahren von 1949 bis 1951. In dieser Funktion trat der inzwischen 40-jährige ›Bürger‹ Lennart Bernadotte in die Fußstapfen seines Verwandten Folke Graf Bernadotte. Er hatte von sich reden gemacht, als er im Zweiten Weltkrieg sehr viele Menschen aus den Konzentrationslagern der Nazis rettete. 1948 war er als Vermittler der UNO im Palästina-Konflikt ermordet worden. In dem bereits stark sozial engagierten Lennart Bernadotte sahen die Funktionäre des Pfadfinderverbandes nun einen würdigen Nachfolger.

Seine Bilder lernen zu laufen

Nachdem sich Bernadotte in schwedischen Künstlerkreisen als Fotograf und als Chefredakteur von ›Foto‹ bereits einen guten Namen gemacht hatte, zog ihn bald noch ein anderes Medium in seinen Bann: der Film. Dieser bot ihm plötzlich sogar noch bessere Ausdrucksmöglichkeiten als die Fotografie. Bernadotte war begeistert! Bald drehten sich seine Gedanken nur noch um einen eigenen Kurzfilm. Da hatte er die Idee, eine ganze Serie über seinen Großvater, den ›King of Sweden‹, und seine Brüder zu drehen. Er entwarf ein Manuskript, und schon kurz darauf begann eine Filmgesellschaft namens ›Europa Film‹, sich ernsthaft dafür zu interessieren. Sein Großvater war einverstanden, und mit dessen ›Ja‹ mussten sich ihm nun auch die übrigen Verwandten widerwillig zur Verfügung stellen: Der Wille des Königs war ja Befehl. Das fertige Endpro-

Links: Eine Folge nationalsozialistischen Wahnsinns - nach dem zweiten Weltkrieg lagen große Teile von Deutschland in Schutt und Asche (im Bild der Dom von Lübeck, 1942). Kein gutes Klima für Lennart Bernadottes Familie.

Rechts: Balsam für geschundene Seelen - im Sommer 1946 organisierte Bernadotte zusammen mit dem CVJM ein Jugendlager auf der Insel Mainau.

dukt erweckte schließlich einiges Aufsehen und inspirierte den jungen Bernadotte zu weiteren filmischen Projekten. Nach einigen erfolgreich abgedrehten Kurzfilmen über die Eisenbahn, zu der der ehemalige Prinz seit seiner ersten Zugfahrt ein ganz besonderes Verhältnis hatte, gründete er 1947 zusammen mit dem Kameramann Olle Nordemar, dem späteren Produzenten von Astrid-Lindgren-Filmen wie ›Pippi Langstrumpf‹, die Filmgesellschaft ›Artfilm‹. Auch dieses anfänglich große finanzielle Wagnis entpuppte sich bald schon als durchschlagender Erfolg.

Ebenfalls 1947 hatte der norwegische Ethnograph und Forschungsreisende Thor Heyerdahl die berühmte Kon-Tiki-Expedition durchgeführt, um seine Hypothese zu testen, dass Polynesien von Amerika und nicht von Südostasien kolonisiert worden war. Über ihn und seine Expedition sollte aus dem vorhandenen, minderwertigen 16-Millimeter-Filmmaterial ein kinotauglicher Film produziert werden. Durch aufwendige Umformatierungen auf 35 Millimeter und mit einigem Gespür für die Montage entstand in akribischer Kleinarbeit ein faszinierender Spielfilm. So gut sogar, dass er

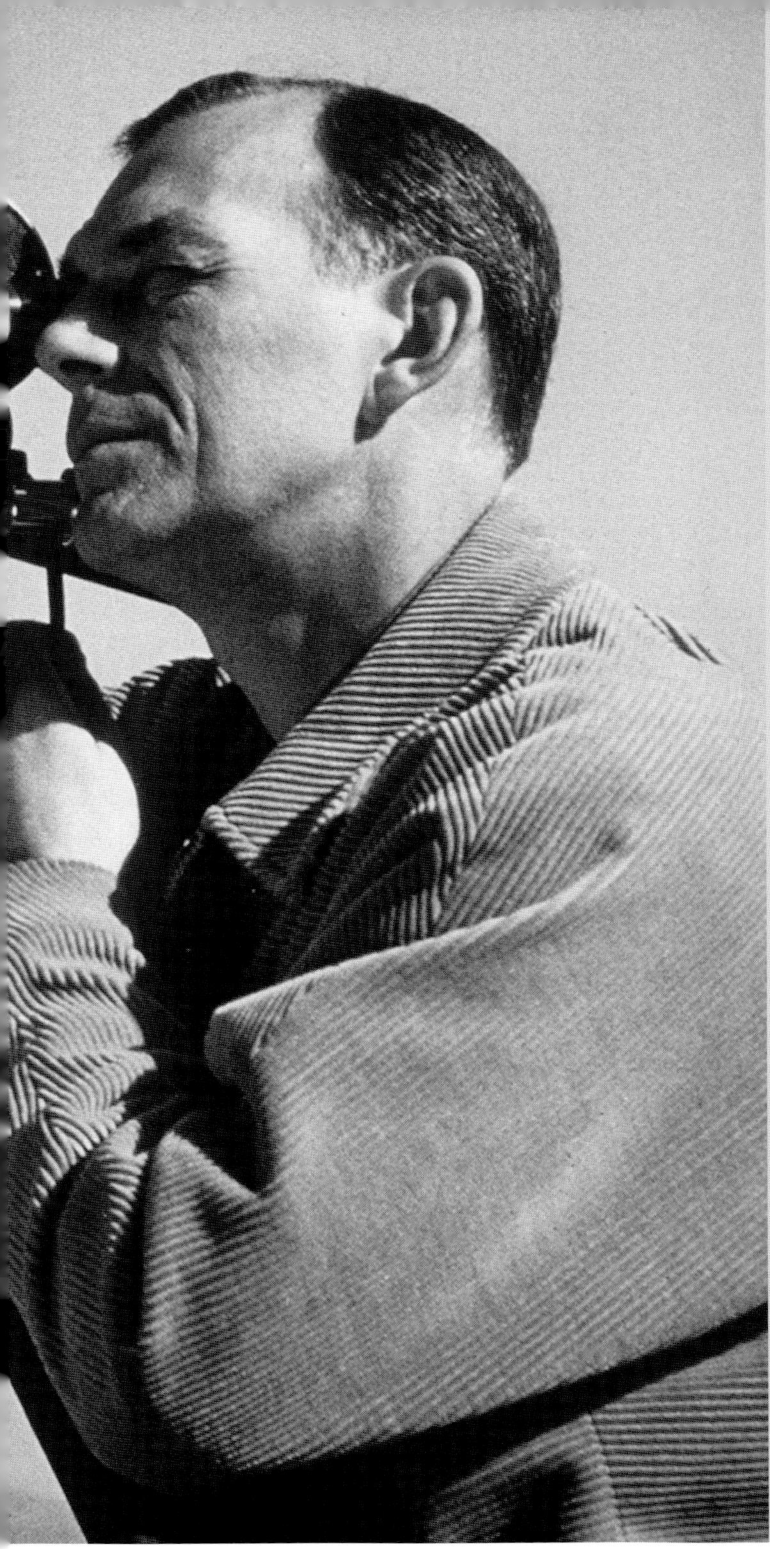

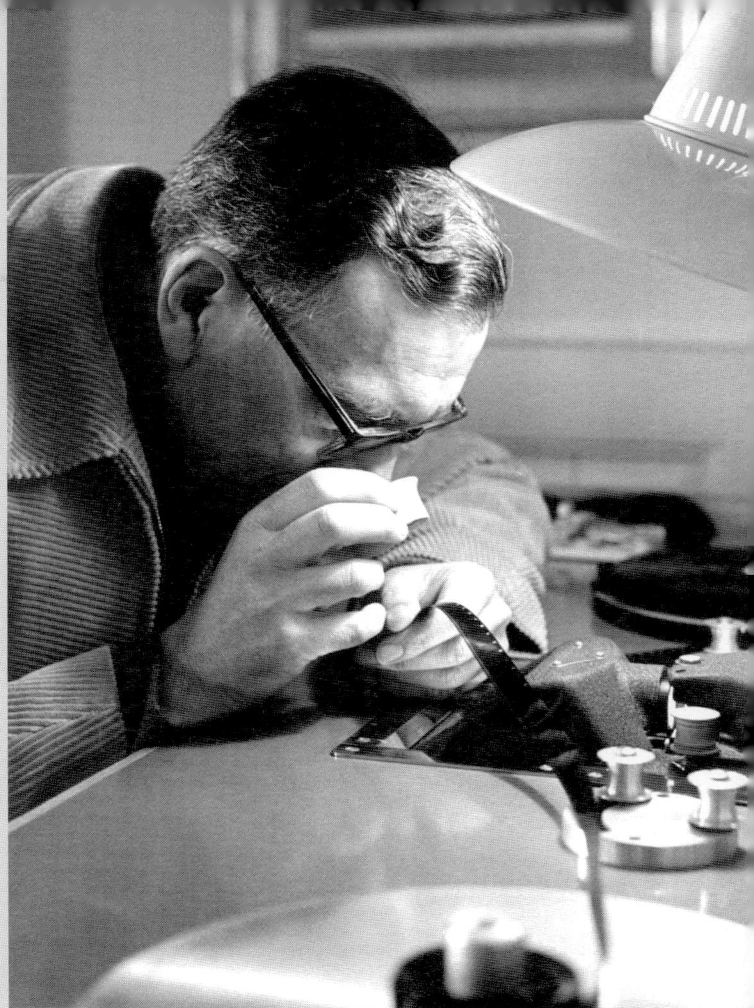

Links und oben: In den 40er Jahren entdeckte Bernadotte seine Liebe zum Film, und ganz speziell zum Filmschnitt. Nach einigen Kurzfilmproduktionen gelang ihm zusammen mit einigen Freunden und Kollegen ein sensationeller Erfolg: Ihr 1947 fertiggestellter Film ›Kon-Tiki‹ erntete 1951 den Oscar für den besten Dokumentarfilm.

mit mehr als 50 internationalen Preisen prämiert wurde, 1951 sogar mit einem Oscar für den besten Dokumentarfilm. Auch Jahrzehnte später schwärmt Lennart Bernadotte noch begeistert von der damaligen Arbeit: »Der Film war und ist eine Welt der unbegrenzten Möglichkeiten für mich. Vor allem der Schnitt hatte es mir angetan - dieses herrliche Spiel mit den Handlungssträngen, mit der Zeit. Es gibt unendlich viele Möglichkeiten, aus belichtetem Filmmaterial ein fertiges Endprodukt zu schneiden. Aber nur wenige davon wirken wirklich - vielleicht sogar nur eine einzige«. Das Endprodukt ›Kon-Tiki‹ lief seinerzeit in aller Welt mit großem Erfolg, und das war zu einem gewissen Teil auch sein Erfolg. Nun hatte der ›verstoßene‹ Prinz also mit seiner eigenen Firma einen internationalen Durchbruch geschafft. Was ihn aber mehr noch als dies zufrieden stimmte, war die Erkenntnis, dass er auf die Unterstützung der aristokratischen Welt nicht angewiesen war und ausgezeichnet mit dem bürgerlichen Leben zurechtkam; dazu noch zu einer Zeit, in der er von seinem eigentlichen Wirkungsfeld - der Mainau - völlig abgeschnitten war.

»...DER KÖNIG VOM BODENSEE«

Ein Prinz als Fremden-verkehrsunternehmer

Inzwischen hatte sich die Situation in Deutschland zusehends verbessert. Wechselkurse und Preise waren nach der Währungsreform von 1948 allmählich stabil geworden und seit der Gründung der Bundesrepublik Deutschland war endlich auch für politische ›Ordnung‹ gesorgt worden; für den Inselverwalter Bernadotte ein deutliches Zeichen, dass ein erneuter Einzug auf der Mainau für seine Familie und ihn nun keine Gefährdung mehr bedeutete. Das wohl dunkelste Kapitel deutscher Geschichte war überstanden, und man lebte noch. Erfreute sich sogar bester Gesundheit - sowohl körperlich und seelisch, als inzwischen auch in finanzieller Hinsicht. Bernadotte hatte sich in diesen dunklen Jahren auch als Bürger - und ohne die Hilfe des Königshauses - behauptet, was sich nun deutlich auch auf sein Selbstvertrauen auswirkte. Vorbei die Zeit, in der er als grübelnder, einsamer Prinz in den verlassenen Mauern vor ›Fyrkanten‹ sein Dasein fristen musste. Vorbei die Zeit, in der er von der Königin, seiner ›Nenne‹ und seinen Lehrern am Gängelband geführt wurde. Nun war er endlich selbst jemand - und das zeigte sich nun in einem imposanten, aber dennoch stets freundlichen und gewitzten Auftreten. Seit 1946 hatte Bernadotte schon einige Male wieder auf der Insel zu tun gehabt. Nun - im vierten Jahr nach dem Krieg - verbrachte er zusammen mit seiner Familie sogar den ganzen Sommer auf der Mainau. Schließlich war sein altes Ziel, die Insel zu einem erfolgreichen landwirtschaftlichen und touristischen Unternehmen zu machen, keineswegs vergessen. Und binnen kürzester Zeit war diese Insel wieder zu einem festen Bestandteil geworden, der nicht mehr aus seinem Leben wegzudenken war: »Ich fühlte, dass die Mainau und ihre Umgebung für mein seelisches Wohlbefinden wichtig war. Hier wurde ich nicht wie ein Ehemaliger behandelt, der die Nase ja nicht zu hoch tragen sollte. Hier war ich jemand, dem inzwischen Respekt und Wertschätzung entgegen gebracht wurden«. Herbst, Winter und Frühjahr wurden jedoch noch immer in der schwedischen Heimat verbracht.

Nachdem er sich schon im Jahr zuvor einmal mit seiner Mutter in Buenos Aires getroffen hatte und ihr in vielen langen Gesprächen etwas näher gekommen war, wurde er und seine Familie nun zum ersten Mal auf der Mainau von ihr besucht. Das Delikate daran: Zufällig befand sich in diesen Tagen auch sein Vater, Prinz Wilhelm, dort auf Besuch - ihr damaliger Ehemann, von dem sie sich vor einer kleinen Ewigkeit von 35 Jahren in einer spektakulären Scheidung getrennt hatte. Das Zusammentreffen muss für alle Beteiligten ein wirklicher Nervenkitzel gewesen sein: »Sie schlichen ungefähr so steifbeinig umeinander herum wie fremde Hunde, aber das löste sich dann sehr rasch. Sie stellten fest, dass sie sich überhaupt nicht voreinander zu fürchten brauchten, und bald redeten sie miteinander, als hätten sie inzwischen gar nichts anderes getan«. Auch eine ganz besondere Angewohnheit, die ihrem gemeinsamen Sohn einst eher als eine Art Plage erschienen war, empfand er von nun an als angenehm: Als sich nämlich seine Mutter und sein Vater wieder ein wenig zu verstehen begannen, »beteiligten sie sich an der in der Familie verbreiteten Kusskrankheit, und fingen infolgedessen

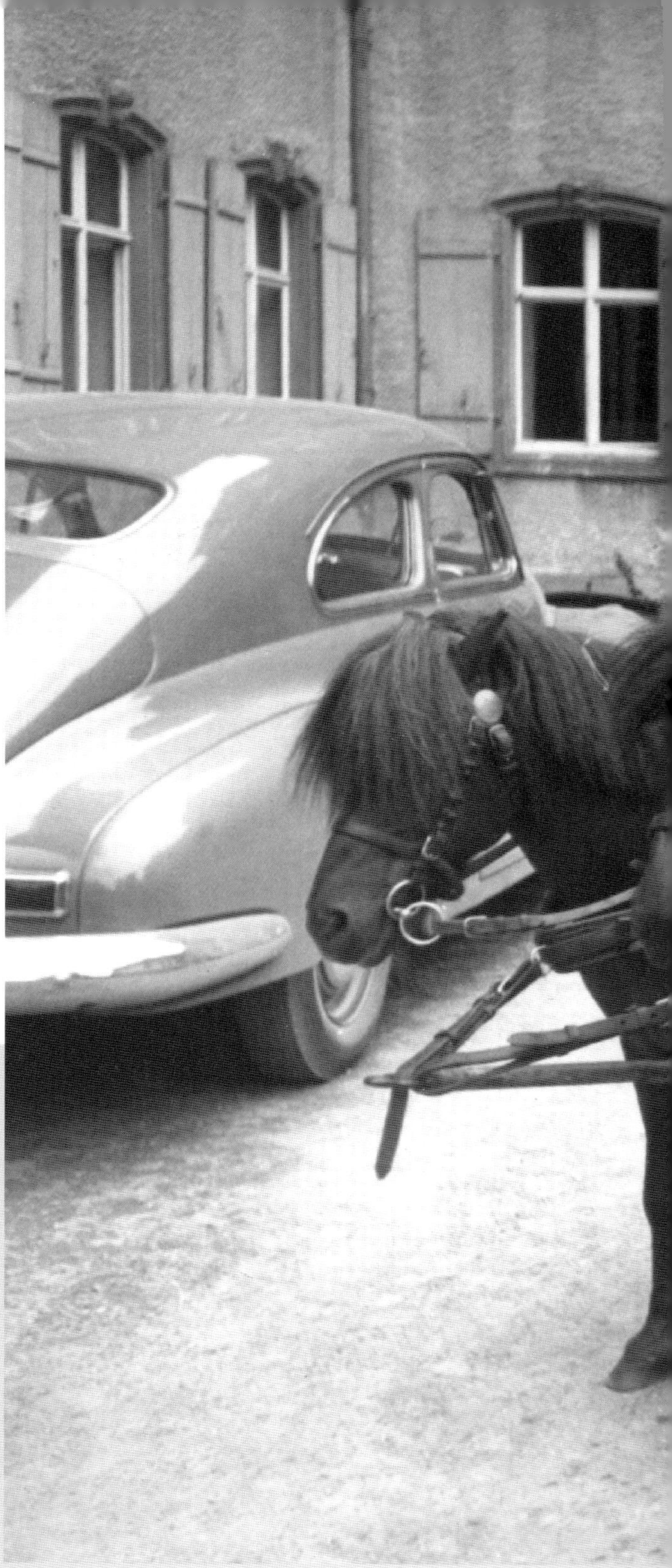

Oben: 1949 verbrachten ›die Bernadottes‹ ihren ersten gemeinsamen Sommer auf der Bodensee-Insel. Die Familie war inzwischen auf stolze sechs Mitglieder herangewachsen.

Links: Großfürstin Maria Pawlowna auf der Insel Mainau (hier fotografiert von Lennart Bernadotte, 1949).

an, einander die Wangen zu küssen. Wir betrachteten dies als einen großen Fortschritt«. Der erste Sommer mit der Familie auf der Insel wurde im Ganzen zu einem wunderbaren Ereignis. Nicht nur Maria und ihr Ex-Ehemann Prinz Wilhelm redeten wieder miteinander, auch zwischen ihr und ihrem Sohn entwickelte sich eine freundschaftliche Beziehung. Gerade auch in und wegen ihrer gemeinsamen Liebe zur Fotografie, der sie sich in langen ›Fachsimpeleien‹ und gemeinsamen Fotosessionen hemmungslos hingaben. Für Lennart Bernadottes Familie gestaltete sich das Zusammenleben mit seiner Mutter hingegen etwas schwieriger. Eine richtige Großmutter war sie ihnen offenbar keineswegs. Vielmehr machte sie sich durch spitze, taktlose Bemerkungen und ein etwas herrisches Benehmen vor allem bei den Kindern unbeliebt. Anscheinend pflegte die Cousine des russischen Zaren immer noch ihr Selbstbild als großfürstliche Herrscherin. Dennoch bemühte man sich gemeinsam, miteinander auszukommen; und das auch in den folgenden Jahren,

denn Lennarts Mutter hatte beschlossen, fortan einmal pro Jahr auf die Mainau zurückzukehren.

Unverhoffte Grafenwürden

Im Jahr darauf starb Lennarts Großvater, König Gustaf V., im Alter von stolzen 92 Jahren. Ihn hatte er vor allem in den Jahren nach seiner Hochzeit schätzen und lieben gelernt. Nachfolger wurde wie geplant Lennarts ›Onkel Gusty‹, der nun in einer pompösen Veranstaltung als der neue schwedische König Gustaf VI. Adolf inthronisiert wurde. Lennarts Verhältnis zu ihm war wegen seiner ›nicht standesgemäßen‹ Heirat immer noch alles andere als gelassen, hatte sich aber ein wenig entspannt, seit auch zwei seiner Söhne - Sigvard und Carl Johan - ihre Herzen zwei bürgerlichen Damen geschenkt hatten. Der neue König konnte ja nicht mit zweierlei Maß messen. Die Situation am schwedischen Hofe war angesichts des sich allmählich leerenden »Erbfürstenstalles«, wie ihn Bernadotte mit verschmitztem Unterton nennt, unhaltbar geworden. Man musste etwas unternehmen. Mit Charlotte Großherzogin von Luxemurg wurde eine entfernte Verwandte ins Spiel gebracht, die sich bereit erklärte, den drei Delinquenten den Grafentitel ›af Wisborg‹ anzubieten. Ein Stück weit sicherlich auch als eine Art Anerkennung für seine Verdienste, hauptsächlich aber, damit in den Zeitungen nicht immer von diesem tüchtigen »Herrn Bernadotte« zu lesen war. Bedeutete dieses »Herr« doch eine kleine Beleidigung für die ganze Familie! Wisborg, das war ein Ruinenrudiment im luxemburgischen Herzogtum. Der Inselherr war von dem Vorschlag jedoch alles andere als begeistert. Mit Wisborg hatte er ja nicht das Geringste zu schaffen, und er verstand nicht - wenn man ihm schon unbedingt einen Titel verleihen wollte -, warum er dann nicht zum Grafen von Mainau ernannt würde. Das hätte er von ganzem Herzen akzeptiert. Adelstitel bedeuteten ihm ja an sich nicht besonders viel. Aber ›Graf af Wisborg‹ - auf diesen Titel konnte er getrost verzichten. Weil aber seine beiden Cousins Sigvard und Carl Johan sehr an dem Angbot interessiert waren, willigte schließlich auch er ein, da er sie nicht hängen lassen wollte. Lennart Bernadotte Graf af Wisborg, so lautete von nun an sein offizieller Titel, und gleichzeitig wurden auch all seine Kinder und seine Frau zu Gräfinnen und Grafen ernannt. Was die Titelfrage betrifft, wurde einige Jahre später übrigens eine tiefgreifende Veränderung im schwedischen Grundgesetz vorgenommen: Als König Carl XVI. Gustav 1976 ein gewisses Fräulein Silvia Sommerlath aus Heidelberg heiratete, war eine Zustimmung von höherer Instanz nicht mehr erforderlich. Auch wenn er sich einst ganz bewusst für seinen folgenreichen Schritt entschieden hat: Hätte sich Prinz Lennart wenige Jahrzehnte später in seine Karin verliebt, so wären er, seine Frau und all seine Kinder als Erbprinzen und -Prinzessinnen in Anwartschaft auf den schwedischen Thron verblieben. Zudem hätten sie alle bestehenden königlichen Privilegien behalten. Bezeichnend auch, dass Graf Lennarts ›Onkel Gusty‹ nun, als amtierender schwedischer König, offenbar eingesehen hatte, dass er bei dessen Hochzeit 1932 im Sinne längst überholter Traditionen reagiert hatte. Stolz und

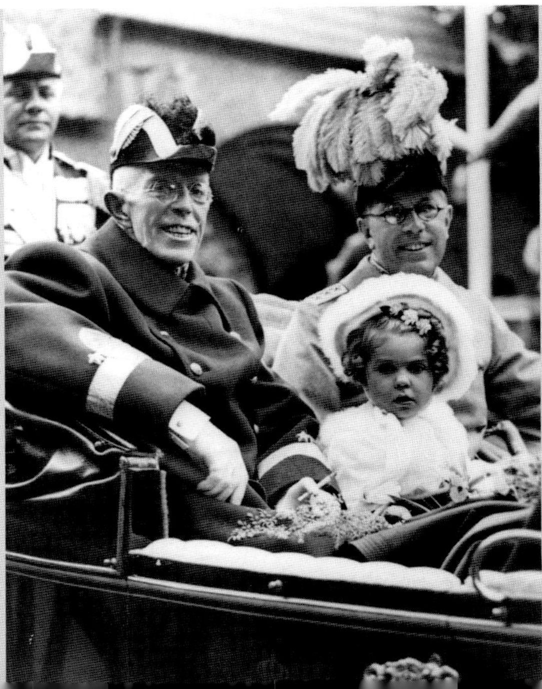

Links: Geadeltes Ehepaar: Gräfin Karin und Graf Lennart Bernadotte af Wisborg spazieren vom Schlosshof durch den Torbogen. Noch lieber hätten sie das allerdings als Gräfin und Graf Bernadotte von Mainau getan (das Foto entstand 1951).

Kl. Foto: König Gustaf V. mit seinem Sohn Gustaf VI. Adolf und seinem Urenkel, dem Kronprinzen Carl Gustaf (1949).

reumütig zugleich besuchte er seinen Neffen zu Beginn der fünfziger Jahre auf seiner Insel, um sein aufstrebendes Unternehmen zu begutachten. Er tat es durchaus mit einigem Erstaunen. Ein wirklich herzliches Verhältnis entstand jedoch nicht mehr. Dafür waren wohl zu viele unschöne Dinge vorgefallen. Im Rückblick konstatiert Lennart Bernadotte allerdings, dass es ihm - abgesehen von diversen finanziellen Engpässen - als Bürger keineswegs schlechter ergangen sei als als Erbprinz. Im Gegenteil: »Wo ich auch hinkam, die Menschen sind mir als Bürger weit offener, unbefangener und freundschaftlicher entgegengetreten als in der Zeit, in der ich mich noch Erbprinz schimpfen durfte«. Jetzt, im Jahr sieben nach dem schrecklichen Weltkrieg, war er allerdings ein waschechter Graf ›af Wisborg‹. Am Verhaltenscodex der Familie änderte sich dadurch allerdings nichts. Eine ›zwanglose, natürliche Höflichkeit‹ wollte man den Kindern vermitteln. Und was die örtliche Umgebung betrifft, in der sie heranwachsen durften, so könnte man sich einen idyllischeren Ort wohl kaum vorstellen.

Im Dienste der Wissenschaft

Schloss und Park waren mittlerweile in einen recht passablen Zustand gebracht worden. Erstes hatten Graf

Bild oben: Nicht zuletzt dank dem humorvollen Auftreten Graf Lennarts gerieten die jährlichen Treffen der Nobelpreisträger zu einem inspirierenden, aber auch geselligen Ereignis. Das Foto entstand 1951 in Lindau am Bodensee (Graf Bernadotte: stehend, zweiter von rechts).

Links: Graf Lennart Bernadotte (re.) mit Tochter Cecilia und dem Friedens-Nobelpreisträger Albert Schweitzer beim Besuch auf der Insel Mainau (1952).

Lennart und vor allem Gräfin Karin im Laufe der Zeit mit Geschmack und Liebe zum Detail renoviert, ›entrümpelt‹ und wohnlicher gestaltet. Die Restaurierungskosten waren immens. Doch das Ziel hatte man erreicht: Die Mainau war ein paradiesisches Fleckchen Erde geworden - mit einem imposanten Schloss -, auf dem Besucher herrliche Stunden verbringen konnten und es sich ausgezeichnet repräsentieren ließ. Nicht zuletzt dank diesem Umstand eröffneten sich bald einige ungeahnte Perspektiven. Das treibende Moment war ein Defizit: Deutschland war spätestens seit Beginn des Zweiten Weltkriegs von der weltweiten Wissenschaft isoliert. Viele deutsche Kapazitäten - der Name Einstein soll genügen - waren längst nach ›Übersee‹ emigriert. In dieser Situation kamen der Lindauer Stadtrat und Frauenarzt Dr. Franz Karl Hein und der ehemalige Insbrucker Ordinarius Prof. Dr. med. Gustav Parade 1950 auf die Idee, eine mehrtägige Vortragsreihe deutscher Medizin-Nobelpreisträger zu organisieren, um die Wissenschaft der noch sehr jungen Bundesrepublik in einem neuen Licht erscheinen zu lassen. Dem Grafen Lennart, der auf der ›benachbarten‹ Insel im Bodensee hauste, erschien dieses Unternehmen ehrenvoll und fruchtbar. Weil er als Mitglied der schwedischen Königsfamilie leichter Beziehungen zur Nobelstiftung in Stockholm herstellen konnte, sah er hier eine Aufgabe, die ihm geradezu auf den Leib geschnitten war. Graf Bernadotte ging bald darauf mit Feuereifer an seine neue Aufgabe als Protektor der noch zu erschaffenden Nobelpreisträger-Tagungen heran, was sich als echter Glücksfall erwies. Es gelang ihm sogar, neben den deutschen Nobelpreisträgern einige Zusagen aus dem Ausland zu bekommen. Das Ergebnis konnte sich sehen lassen: Insgesamt sieben Nobelpreisträger waren während der ersten Lindauer Tagungen im Juli 1951 anwesend. Der Lindauer Initiator Dr. Hein fasste es während seiner Eröffnungsrede in anmutige Worte: »Seit 1933 sind deutsche und ausländische Wissenschaftler nicht mehr im großen Rahmen, sine ira et studio, auf deutschem Boden zusammen gekommen. Lindau, die alte Stadt am See, hat eine Verpflichtung darin gesehen, in Fortführung ihrer alten Vermittlerfunktion zwischen den Ländern und Völkern wieder einen Beitrag zur internationalen Verständigung zu leisten«. Und Graf Bernadotte war maßgeblich daran beteiligt. In seiner eigenen Eröffnungsrede konnte er dem Auditorium erfreut die Glückwünsche seines Onkels ›Gusty‹, des schwedischen Königs Gustaf VI. Adolf, überbringen. Wie sich in den kommenden Jahrzehnten - und bis zum heutigen Tag - erwiesen hat, stand die Idee offenbar von Anfang an unter einem guten Stern. Im Laufe der Zeit gelang es dank der jährlichen Treffen der lange geächteten deutschen Wissenschaft, neue Kontakte zu der des Auslands zu knüpfen. In den folgenden Jahren wurden die Nobelpreisträger in jeweils wechselnden Kategorien eingeladen, zu denen auch wissenschaftliche Koryphäen wie Albert Schweitzer, Werner Heisenberg oder Otto Hahn, der Erfinder der Kernspaltung, gehörten. Letzter war insgesamt ganze 16 mal in Lindau dabei. Offenbar waren die Tagungen sowohl in wissenschaftlicher als auch in menschlicher Hinsicht stets eine Bereicherung für die Teilnehmer. Nicht von ungefähr wurde gerne der Begriff »Familientreffen« ins Spiel gebracht, wenn in den internationalen Massenmedien von den Nobelpreisträger-Tagungen die Rede war. »Weil wir die Treffen nicht zu einer Altherrenrunde werden lassen wollten«, erinnert sich Graf Bernadotte, »kam uns Veranstaltern bald die Idee, auch jüngere Forscher zu den Zusammenkünften einzuladen. Sie sollten die Gelegenheit bekommen, von den langjährigen Erfahrungen der Älteren zu profitieren«. Die jeweils im Juli stattfindenden Treffen dauern fünf Tage, vier davon sind wissenschaftlichen Vorträgen und Diskussionen vorbehalten, was jedoch gesellige Abende keineswegs ausschließt. Der fünfte Tag ist für gemeinsame Freizeitaktivitäten in der Bodenseeregion reserviert. Nach einem festlichen Empfang und einem gemeinsamen Mittagessen auf der Insel Mainau fanden die Tagungen jeweils ihr Ende. Hier wurden die Laureaten vom Grafen Bernadotte persönlich verabschiedet. Für ihn selbst war die Wissenschaft jedoch nie ein Thema. »Ich denke, ich selbst wäre viel zu ungeduldig dafür gewesen. Was ich selbst wollte, war tatkräftig gestalten, gestalten, gestalten«; und an kreativen Betätigungsfeldern hat es dem Grafen ja nie gemangelt.

»Mainau, wir kommen endgültig!«

Keine Frage. Auf dieser Insel ließ es sich bestens aushalten. Dank der zupackenden Bemühungen

vor dem ›großen Krieg‹ waren die wichtigsten Umgestaltungen bereits erledigt. Und nachdem ein deutscher Tourismus in den ersten Nachkriegsjahren kaum stattgefunden hatte, begannen nun die Besucher wieder in größeren Scharen auf die Mainau zu strömen. Mittlerweile befanden sich die jährlichen Besucherzahlen schon im mittleren sechsstelligen Bereich. Einerseits war das der nun allmählich einsetzenden Massenmotorisierung zu verdanken, andererseits aber auch der Tatsache, dass auf der Mainau der große ›Traum vom Süden‹ ein Stück weit realisiert war. Aus dem Leben des Grafen war die Insel ohnehin nicht mehr wegzudenken. Da waren die erfüllende Aufgabe als Präsident des Kuratoriums der Lindauer Nobelpreisträgertagungen, der Aufschwung, und nicht zuletzt fühlte sich auch seine Familie sichtlich wohl auf dem Süßwasser-Eiland. Es dauerte nicht lange, bis all die alten Argumente für eine bleibende Verleger- und Filmer-Existenz in Schweden vergessen waren. »Mainau, wir kommen endgültig!« Im Einvernehmen mit seiner Frau gab er ohne längeres Abwägen seinen Chefposten bei ›FOTO‹ an einen Kollegen ab, verkaufte seine Anteile an der inzwischen renommierten Filmgesellschaft Artfilm und kaufte mit dem beträchtlichen Erlös seinem Vater die Mainau ab. So waren beide Seiten gänzlich zufrieden. Diese Tatsache ist für den Grafen Bernadotte auch stets von wichtiger Bedeutung gewesen: dass er die Insel eben nicht - wie landläufig angenommen - von seinen Ahnen geschenkt bekam, sondern dass er eigenhändig als der ›Herr Fotograf und Filmer‹ Bernadotte das Geld verdienen musste, das er zu ihrem Erwerb benötigte. Als er wieder auf die Mainau kam, nahm er sich vor, mit dem Fotografieren und Filmen endgültig aufzuhören. In filmischer Hinsicht wurde er diesem Vorsatz nur ein einziges mal untreu, als er Mitte der fünfziger Jahre einen 16-mm-Tonfilm mit dem Titel »Ein kleines Bodensee-Märchen« einspielte. In fotografischer Hinsicht sollte seine Leidenschaft Jahrzehnte später aber erneut lodernd entflammen. Dazu an anderer Stelle mehr.

Dass die schwedische Presse nicht besonders freundlich auf die neuen Pläne des ehemaligen Prinzen reagierte, störte ihn dabei kaum. Zwar bedeutete eine erneute Umsiedelung auf die Mainau im Vergleich zu seiner Existenz in Schweden ein beträchtliches Risiko. Letztendlich war es aber gerade dies, was Bernadotte wieder endgültig in den deutschen Süden zog: Die Mainau war eine herrliche Herausforderung. Im Sommer 1952 wurden Nägel mit Köpfen gemacht. Das Touristikunternehmen Mainau wurde von nun an zur großen Lebensaufgabe. Und anscheinend war Bernadotte ein echter Glücksfall für die Insel. Sicher hatte sich auch zu großherzoglicher Zeit schon jemand Gedanken um die Zukunft des Grafen gemacht. Den wichtigsten Unterschied zwischen ihm und ihnen formulierte der Graf einmal selbst: »Im Gegensatz zu meinen Vorgängern pfiff ich einfach auf alle Vorurteile und zeigte sorglose Unternehmerinitiative«. Für größere Besuchermassen war die Insel jedoch nicht ausgelegt. Niemand hatte sie sich zuvor als Unternehmerziel vorgestellt: »Die alten, in schlechtem Zustand befindlichen Gebäude waren eine große Belastung. Die Wege waren viel zu schmal«. An allen Ecken mussten teils immense Investitionen getätigt werden. Wege wurden mit viel Fingerspitzengefühl verbreitert und harmonisch in die Parkanlage integriert. Insbesondere

Foto links: Die Mainau aus der ›Vogelperspektive‹, 1951.

Zweites Foto von links: Lennart Bernadotte fotografiert seine älteste Tochter Birgitta, um 1950.

Zweites Foto von rechts: König Gustav VI. Adolf besucht seinen ›verstoßenen‹ Neffen auf seiner Insel.

Rechts: Gräfin Cecilia und Graf Jan als ›edle Ritter‹.

eine alte, gusseiserne Brücke - ursprünglich ein Geschenk von Kaiser Wilhelm I. an seine Tochter, Großherzogin Luise von Baden - bedeutete aber ein problematisches Nadelöhr. Die enge Verbindung zum Festland bot nämlich nur einer schmalen Fahrspur Platz; und über diese mussten sich sowohl die spazierenden Besuchermengen als auch die motorisierten Bewohner, Arbeitskräfte und Zulieferer der Insel zugleich zwängen. Konflikte waren vorprogrammiert, denn Zeit begann in diesen frühen ›Wirtschaftswunderjahren‹ zu einem kostbaren Rohstoff zu geraten. Eine weitere Brücke war und blieb aber eines der wichtigsten Bedürfnisse, denn - das war allen Befürwortern sehr bewusst - ein Neubau würde mit enormen Kosten verbunden sein.

Park der vier Jahrezeiten

Was den Park der Insel anbetraf, so hatte der in den Kriegs- und Nachkriegsjahren eine schwierige Zeit ›durchlebt‹. Einige exotische Bäume waren beispielsweise wegen Brennstoffmangels im Überwinterungshaus erfroren, andere befanden sich bereits im Verfall. Die Überwinterung der exotischen Gewächse stellte ein großes Problem dar,

Foto: In den 1950-er Jahren war ein großes Bestreben des Grafen und seiner Mitarbeiter, die Insel für die Besucher noch attraktiver zu machen und die Saison zu verlängern. Das Foto zeigt den Grafen Bernadotte mit seinem Gartendirektor Josef Raff, den er einen »Meister in der Kunst der Abwechslung nannte« (1952).

zumal sie sehr teuer war. »Was nicht winterfest war, wurde ausgegraben und in unendlicher Mühe in ein Überwinterungshaus gebracht«, erinnert sich der verantwortliche Bernadotte, »Dort wurden die Pflanzen mit einer teuren Heizung am Leben erhalten. Dieser Umzug erfolgte mit Spaten und Brecheisen, praktisch ohne jegliche maschinelle Ausrüstung. Für den Transport hatten wir ein ein kleines, robustes Wägelchen, das von sich abmühenden Gartenarbeitern gezogen wurde. Die sensiblen Gewächse mochten das gar nicht gerne und wuchsen deshalb während des kurzen Sommers nur langsam«. Hier weiß Bernadotte die Lorbeeren gerecht zu verteilen: »Dass Großteile des Baumbestandes überhaupt überleben konnten, ist vor allem dem unermüdlichen Engagement weniger älterer Mitarbeiter der Insel zu verdanken. Einer davon war Garteninspektor Carl Raff«. - Der Mann, der gegenüber Bernadottes Innovationsgeist schon so oft sein Missfallen kundgetan hatte. Nachdem man in den ersten Nachkriegsjahren noch hauptsächlich mit der Instandsetzung beschäftigt war, erarbeitete der neue Inselherr in den fünfziger Jahren zusammen mit den Gartengestaltern ein neues Konzept, mit dem man die Insel für Touristen und Gartenfreunde noch interessanter gestalten konnte. Sicher, Attraktionen wie Palmen, Zitronen- und Bananenbäume gab es bereits, aber ihre Saison war von äußerst kurzer Dauer. Die Insel sollte für die Besucher über einen längeren Zeitraum attraktiv gehalten werden. Aber wie? Graf Lennart war diesbezüglich ein großartiger Ideenlieferant: Die großen Uferwiesen an der Südseite der Insel sollten beispielsweise mit Frühjahrsblumen wie Tulpen und Narzissen bepflanzt werden. Zum großen Kopfzerbrechen der Finanzverwalter wurden fortan im Herbst die unvorstellbare Menge von 600.000 neuen Blumenzwiebeln gesetzt, um die Insel im Frühjahr als ein einziges Blütenmeer bewundern zu können. »Wir schwelgten förmlich in dem, was die Marketinggurus kundenorientiertes Denken nennen. Die Menschen sollten sich auf der Mainau wohlfühlen. Im Herbst wurde eine Saisonverlängerung durch eine umwerfende Dahlienschau erreicht, die durch einen offiziellen Schönheitswettbewerb noch zusätzliches Aufsehen erregte. Die Besucher wählten die schönste Dahlie des Jahres und konnten dabei noch exquisite Preise gewinnen. Außerdem wurde mit Orchideen ein besonderer Schwerpunkt gelegt, um die Anziehungskraft der Insel zusätzlich saisonunabhängig zu gestalten. König Gustav VI. Adolf, der zu dieser Zeit zu Besuch auf der Insel und selbst ein erfahrener Gartenexperte war, betrachtete das Treiben mit Skepsis. Karin Bernadotte hielt das alles für »blanken Größenwahn«. Negative Stimmen pflegte der Graf damals aber einfach zu überhören und die Verantwortung voll auf sich zu nehmen. Es sollte sich lohnen: Alle diese Maßnahmen haben zu einer Vervielfachung der Blumenflächen und zu einer Verlängerung der Blumensaison um mehr als das Doppelte geführt - bis auf fast sieben Monate. Wer aber denkt, jeweils danach sei auf der Insel ein Generalurlaub ausgerufen worden, irrt: »Denkste.

Nun beginnt sogar die arbeitsreichste Zeit im ganzen Jahr. In Herbst und Winter werden die großen Wunder für das nächste Jahr vorbereitet. Die Besucher wollen keine halbfertigen grünen Gewächse sehen, die vielleicht in einer Woche oder so blühen. Alles muss im Voraus in den Gewächshäusern der Gartenzentrale gezogen werden. Für die Zentrale und die beiden Garteninspektoren bedeutet das, die Pflanzen zu treiben oder in der Entwicklung aufzuhalten, damit die richtige Pflanze im richtigen Stadium zum richtigen Zeitpunkt fertig ist«. Durch entsprechende Erweiterungen - natürlich stets unter Berücksichtigung des Gesamtcharakters der Insel - entstand eine repräsentative Rosenanlage, die sich harmonisch in den Schlosspark einfügt. Tradition verpflichtet. Die Palmen und Zitrusbäume beispielsweise hatten sich aufgrund der gesteigerten ›Fürsorge‹ bald zu prächtigen Exemplaren entwickelt und trugen jedes Jahr wieder üppig Frucht. Das Arboretum wurde 1952 durch eine aufsehenerregende Attraktion erweitert: unter anderem durch einige Exemplare des über 50 Millionen alten ›Chinesischen Rotholzes‹, von dem es in ganz Europa nur einige wenige gab. An dieser Stelle all die tatkräftigen Innovationen des Inselherrn aufzulisten, würde den Rahmen dieser Biographie sicherlich sprengen. Bei all den vielen kleinen und größeren Veränderungen auf der Insel sieht Garteninspektor Josef Raff aber doch eine stabile Konstante in seiner Arbeit mit dem Grafen: »Unverändert blieb jedoch die verantwortungsbewusste Haltung von Graf Lennart für seine Mainau, seine zukunftsorientierte Weitsicht, seine Kreativität, sein Geschick, die Mitarbeiter zu motivieren und seine Aufgeschlossenheit für deren gestalterische Ideen und Vorschläge, denen er stets in großzügiger Weise große Freiräume ließ«. So entwickelte sich die Mainau zu einem prächtigen, in allen erdenklichen Farben schimmernden Juwel. Eine Konsequenz seiner eifrigen Bemühungen war auch, dass er 1954 zum Präsidenten der Gesellschaft der Blumenfreunde Konstanz e. V. gewählt wurde. Denn wer hätte sich für dieses Amt wohl besser geeignet als der benachbarte »Mainau-Graf«.

Das gemeinsame Bestreben, das Angebot auf der Insel zu erweitern und die Saison zu verlängern, war so erfolgreich, dass die Insel schon bald mit Recht als ein ›Park der vier Jahreszeiten‹ präsentiert werden konnte. Den Auftakt gab fortan die Mainauer ›Fasnacht‹, in Frühjahr und Sommer überwältigte die Arten- und Farbenvielfalt, im Herbst zeigte sich die Insel in dunklem Rot und Orange und im Winter konnte man Flora und Fauna beim Schlafen zusehen. Die Besucher dankten es zahlreich. Im

Die aufwendigen Bemühungen um die Inselflora machten sich bald deutlich bemerkbar: In den fünfziger Jahren wandelte sich die Mainau von einem ehemaligen ›Dschungel‹ zu einer prachtvollen Pflanzen- und Blumeninsel.

Links: Gartenanlage hinter der Schlosskirche (1956).

Rechts: Die Werbeaufnahmen für die Insel Mainau (hier mit professionellen Models) waren in den fünfziger Jahren in einem idyllischen Stil gehalten, wie er für diese Zeit charakteristisch war.

Vergleich zu den Jahren, als Bernadotte seine Insel als Verwalter übernommen hatte, hatte sich die jährliche Besucherzahl bereits vervielfacht. Hier bot sich den Touristen der Eindruck einer subtropischen Idylle im Bodensee, die mit den Jahren noch kontinuierlich weiterentwickelt wurde. Gerade danach hatte sich die vom Krieg geschundene Bevölkerung jahrelang gesehnt. Hier am Bodensee sahen die Menschen ihren alten Traum vom Süden ein großes Stück weit verwirklicht. »Aus den zerbombten Städten strömten unglückliche, vollkommen erschöpfte und enttäuschte Menschen in das kleine, praktisch unversehrte Paradies am Bodensee«. Die ersten Volkswagen und Busse erreichten ihren Bestimmungsort ›Mainau‹. Mehr und mehr rückte die Insel ins Bewusstsein der deutschen und sogar der europäischen Bevölkerung: Ein Resultat der hervorragenden Zusammenarbeit des Grafen mit den Massenmedien. Einer seiner beinahe salomonischen Gedanken war nämlich, sich mit den Journalisten gut zu stellen: »Jeder Schreiber oder Fotograf, der im Laufe der Jahre auf die Mainau kam, wurde hier freundlich und offen empfangen. Die Journalisten sollten hier ein paar aufschlussreiche und schöne Stunden erleben. Letztendlich profitierten ja beide Seiten voneinander: Die Journalisten hatten ihre erhoffte Story, und die Mainau hatte die notwendige Publicity«.

Gärtnern um des Menschen willen

Während Graf Bernadotte sein Tourismus-Unternehmen mit immer größerem Erfolg leitete - zu Beginn der fünfziger Jahre wurden bereits einige hunderttausend Gäste jährlich gezählt - ergaben sich einige verblüffende Kontakte zu den großen Persönlichkeiten der Politik. Eines Tages bekam er auf seiner Insel Besuch:»Ein Herr, dessen Name Ernst Schröder war, kam im Auftrag von Theodor Heuss, dem ersten Bundespräsidenten der noch sehr jungen ›BRD‹. Ich war natürlich höchst gespannt, um was es ging«. Ein Gespräch gab Aufschluss: Der Bundespräsident ließ anfragen, ob sich der Graf denn vorstellen könne, eine verantwortungsvolle und mit viel Prestige verbundene Aufgabe zu übernehmen: nämlich den Vorsitz der Deutschen Gartenbau-Gesellschaft - kurz DGG. Diese Organisation war bereits 1822 von Friedrich Wilhelm III. als »Verein zur Beförderung des Gartenbaues in den preußischen Staaten« gegründet worden. 1910 erfolgte eine Umwandlung in die ›Deutsche Gartenbaugesellschaft‹. Sie war aber kein Zusammenschluss von Unternehmern, um gemeinsame Interessen wahrzunehmen, vielmehr ging es hier um Aufgaben hinsichtlich der Aufklärung, Aufmunterung und Beratung. Also konkret: eine Unterstützung einzelner existierenden Hobbyvereine, Ausstellungen, Vorträge und dergleichen vieles mehr. Nachdem die Gesellschaft während des Nationalsozialismus ein eher »kümmerliches Dasein« gefristet hatte, hatte ein neuer Vorsitzender einsam aber standhaft versucht, die traditionellen Tätigkeiten weiterzuführen; aber leider nur mit geringem Erfolg. Der besagte Besucher Ernst Schröder und der Bundespräsident waren deswegen der Meinung, dass sich vieles vielleicht leichter bewerkstelligen ließe, wenn man einen guten Namen für den Vorsitz gewinnen könnte. Und als ein dazu geradezu prädestinierter Mann erschien ihnen Graf Lennart Bernadotte. Wenn man bedenkt, wie es in den fünfziger Jahren um die Situation der Bundesrepublik bestellt war, lässt sich annähernd erahnen, welche Verantwortung dem Vorsitzenden dieser Organisation zukam: »In Deutschland, wo die Ortschaften noch viel dichter gesät sind als beispielsweise in Schweden, hängt das Landschaftsbild sehr stark von dem ab, was die Menschen und Organisationen tun«. Um es besser zu verstehen, muss man versuchen, sich in die damalige Zeit zurück zu versetzen. Graf Bernadotte, der als Tourismus-Unternehmer die damaligen Verhältnisse eingehend studiert hat, gibt in seinen Memoiren einen detaillierten Befund: »Deutschland glich ja nach dem Krieg einem zerfleischten Körper, sowohl ökologisch als auch in Bezug auf die Bevölkerung«. Was von dem vielbeschworenen ›Dritten Reich‹ der Nationalsozialisten übrig geblieben war, war eine vor Hunger und Elend darbende Bevölkerung und ein unvorstellbar großer Berg von Trümmern. Die einzige Frage, die in dieser Situation von Interesse war, war die Beschaffung von Nahrung. Hungerdemonstrationen waren keine Seltenheit. Daraus lässt sich leicht erklären, dass sich die Wiederaufbauarbeit - verständlicherweise - bald in einem kurzsichtigen Überlebensdenken festfuhr. Die Maximierung der landwirtschaftlichen Produktion war eine der wichtigsten Aufgaben überhaupt. Der Zeitzeuge Bernadotte erinnert sich: »Das Leben war wichtiger als der Lebensinhalt. Die Sorgen des Augenblicks waren so bedrückend, dass man die Sorge um die Zukunft vernachlässigte. Man lebte in den 50-er Jahren hauptsächlich in dem Glauben, Luft, Wasser und Boden könnten jede Menge Abfall vertragen ohne Schaden zu nehmen oder dem Menschen schädlich zu werden«. In dieser Situation rückte ins Zentrum der Ziele und Aufgaben der DGG die Idee, den Begriffen »grün« und »Natur« ein größeres Gewicht zu verschaffen und die Menschen anzuregen, ihre durch erste Arbeitszeitverkürzungen gewachsene Freizeit mit sinnvollen Beschäftigungen in und an der Natur zu füllen. Und nun wurde dieser luxemburgische Graf schwedischer Herkunft gefragt, ob er in diesem Zusammenhang Verantwortung übernehmen wolle. Ein prestigebeladener Auftrag! Graf Bernadotte bat um drei Monate Bedenkzeit. In vielen anschließenden Gesprächen vertrat seine Frau Karin standhaft die Meinung, er solle ablehnen. Aus der Zukunft betrachtet könnte man glauben, sie habe damals bereits düstere Vorahnungen in Bezug auf ihre Ehe gehabt. Der Gartenbaudirektor und der Pressechef der Mainau teilten ihre Meinung jedoch nicht im Geringsten: Sie meinten, dass es hervorragend wäre, wenn ihr Chef an der Spitze der deutschen Gartenkultur stünde und dass die Mainau geradezu ein idealer Hintergrund für seine Glaubwürdigkeit sei. »Jawohl, sagten sie, ich solle zusagen«. Er tat es und sagte zu. Und dadurch hat er einmal mehr bewiesen, dass es ihm in Bezug auf große Herausforderungen und folgenreiche Entscheidungen nie an dem nötigen Mut gemangelt hat. So war es gut 20 Jahre zuvor bei seiner Hochzeit gewesen, und so war es auch hinsichtlich der DGG. Nachdem Heuss mit dem damals amtierenden Bundeskanzler Adenauer Rücksprache gehalten hatte, war die Sache besiegelt. Man hoffte, der Organisation mit dem populären ›Mainau-Grafen‹ Bernadotte einen kräftigen Motor zu geben. Er wurde 1955 zum Präsident der traditionsreichen Deutschen Gartenbaugesellschaft gewählt.

Zu Beginn gestaltete sich die Arbeit offenbar äußerst schwierig: »Die Organisation hatte kein Geld, ohne Geld ließ sich nichts bewerkstelligen und ohne Erfolge gab es wieder kein Geld. Ein demprimierender Zyklus!« Schließlich gelang es dem präsidierenden Grafen aber doch noch, finanzielle Quellen zum Sprudeln zu bringen. Damit konnte eine flächendeckende Gründung von örtlichen Organisationen, die sogenannten ›Grünen Kreise‹, auf den Weg gebracht werden. Wie auf der Insel Mainau, so blieb auch in der DGG Bernadottes Vorsitz nicht ohne Folgen. Um den Hobbyvereinen nicht »ins Gehege« zu kommen, vermied man deren Interessensphären und änderte den bisherigen Kurs der Gesell-

Oben: Noch existierte eine breite Kluft zwischen Ideal und der ernüchternden Wirklichkeit der Nachkriegszeit - Plakat der Stadt Köln (1947).

Unten: Bundespräsident Theodor Heuss zu Besuch auf der Insel Mainau. Das Foto entstand 1957 anlässlich der ›Mainauer Gespräche‹ im ›Weißen Saal‹ des Schlosses.

schaft. Weil man die oben geschilderte Problematik der Ausbeutung der Natur erkannt hatte, widmete man sich fortan dem vernachlässigten Stiefkind deutsche Landschaftspflege. Und hier gab es eine Menge zu tun. Für Bernadotte bedeutete dies, viel auf Reisen zu sein: nach Bonn, wo die Organisation inzwischen ihren Hauptsitz hatte, und in viele andere Orte, wo seine Anwesenheit erforderlich war. Plötzlich verkehrte er, der einst so einsame und gegängelte schwedische Prinz, mit den höchsten Entscheidungsträgern der Bundesrepublik, von einigen Bundesministern bis hin zum Kanzler und zum Bundespräsidenten. Eine der Arbeitsformen der DGG waren die ›Mainauer Gespräche‹, die 1957 ins Leben gerufen wurden. Bis heute diskutieren hier kompetente Personen aus verschiedenen gesellschaftlichen Bereichen die Situation von Mensch und Natur. Bei seiner Abschlussrede der ersten Gesprächsrunde prägte der Präsident Bernadotte den Gedanken »Gärtnern um des Menschen willen«. Er wurde zum leitenden Motto der Organisation und ist noch heute vielfach wiederzufinden, wenn es um die Beschreibung des Wirkens auf der Insel Mainau geht.

Ein Meilenstein des Pazifismus

Allmählich begann die DGG aufzublühen und bundesweit erhebliche Resonanz zu wecken. Für ihren Präsidenten bedeutete dies zwar einerseits eine großartige Belohnung für sein Engagement, andererseits bedeutete das aber auch, dass die repräsentativen Pflichten enorm zunahmen: Graf Bernadotte war ein gefragter Mann. Zumal wenn man bedenkt, dass er ja ›nebenbei‹ auch noch als Kurator der Lindauer Nobelpreisträger-Tagungen fungierte. Im Juli 1955 wurde hier in politischer Hinsicht sogar Zeitgeschichte geschrieben. Die Entwicklung von Massenvernichtungswaffen, vor allem der Atombombe, hatte die Weltbevölkerung angesichts der immer noch sehr gespannten Weltlage in einen latenten Angstzustand versetzt. Schon 1945 waren die ersten A-Bomben von den USA erprobt und über Hiroshima und Nagasaki abgeworfen worden. Seit 1952 erprobten die USA die erste Wasserstoffbombe, die jene an infernalischer Potenz noch übertreffen sollte. In dieser Situation waren sich viele Wissenschaftler in aller Welt einer gewissen Verantwortung für diesen Zustand durchaus bewusst. Das Thema Weltfrieden war somit auch während der Lindauer Nobelpreisträger-Tagungen der wichtigste Diskussionspunkt. Ein epochales Resultat davon war das sogenannte ›Mainauer Manifest‹ - ein Meilenstein in der Geschichte des Pazifismus. Ausgangspunkt war das Testament des im selben Jahr verstorbenen Physikers Albert Einstein. Dort erklärt er als ein Wegbereiter der Kernforschung, dass ihn der Anblick des Atompilzes über Hiroshima nie wieder losgelassen habe und er sich seiner Mitverantwortung sehr bewusst war. Für die Lindauer Nobelpreisträger-Tagung im darauffolgenden Sommer hatte Graf Lennart 18 Laureaten geladen. Unter ihnen befanden sich Koryphäen wie Otto Hahn, Werner Heisenberg oder Wendell Stanley. Etwa zehn Jahre nach der Zündung der ersten Atombombe unterzeichneten die 18 Wissenschaftler schließlich eine Resolution zur Wahrung des Weltfriedens: das besagte ›Mainauer Manifest‹. Es bedeutete einen Aufruf von höchster wissenschaftlicher Stelle zur weltweiten Abrüstung und endete mit den dramatischen Worten: »Alle Nationen müssen sich dazu entschließen, von Gewalt als letztem Mittel in der Politik Abstand zu nehmen. Andernfalls werden sie aufhören zu existieren«. Die Laureaten baten Graf Bernadotte, das Manifest bei einer feierlichen Zusammenkunft im Mainauer Schlosshof zu verlesen. Das Echo war überwältigend: Das Manifest wurde in beinahe jedem Land der Erde übersetzt und veröffentlicht.

Es war, als ginge ein Ruck durch die Weltbevölkerung. Bald trafen tausende von begeisterten Dankesbriefen aus aller Welt auf der Mainau ein. Ein Wermutstropfen blieb jedoch: »Seitens der Politiker« - so Graf Bernadotte in seinen Memoiren - »erfolgte keinerlei Reaktion. Wir hatten wohl nichts mit ihnen und ihren Atombomben zu tun«. Es ist jedoch anzunehmen, dass das Manifest für nachfolgende Politikergenerationen durchaus von Bedeutung war.

Familienangelegenheiten

Eine Begleiterscheinung all der vielen Aktivitäten und Verpflichtungen des Grafen war jedoch eine schleichende Entfremdung von seiner Frau und seinen Kindern. War das erste Jahrzehnt ihrer Ehe eine wundervolle Zeit gewesen, in denen der ausgeübte Druck von außen ihre Partnerschaft nur noch fester zusammenfügte, so schlichen sich angeblich schon in den vierziger Jahren erste Dissonanzen ein. Das äußere Bild - so erklärt der alte Graf ernst, nachdem er lange schweigend nach den richtigen Worten gesucht hat - habe damals noch keinerlei Schatten aufgewiesen. Weil ihnen der öffentliche Klatsch, der 1932 um ihre Hochzeit umherging, eine Lehre war, waren die beiden in den Dreißigern und Vierzigern darum bemüht, alles zu vermeiden, was zu »negativen Schreibereien« führen konnte. Besonders jetzt, wo sich das auch für die Mainau negativ auswirken konnte. »In der Zeitung waren wir also immer das strebsame Paar, das in bester Harmonie die neue Mainau schuf. Aber in Wirklichkeit, hinter den Kulissen, veränderten wir uns«. Und wie es scheint, hatte das mit einer schleichenden Krankheit zu tun. In seinen Memoiren versucht Graf Bernadotte angestrengt, die passenden Vokabeln zu finden: Lange habe er sich überlegt, ob er über dieses Thema überhaupt schreiben soll. Er entschied sich für ein ›Ja‹: »Die ersten Anzeichen für Karins Krankheit zeigten sich im Winter 1947/48«. Von seinem Vater erfuhr Graf Bernadotte, dass ihm Karin während eines gemeinsamen Fluges erzählt hatte, sie höre Stimmen. Genauer gesagt befand sie sich in dem abstrusen Glauben, die Leute trieben hinter ihrem Rücken überall ihr böses Gerede um sie und ihren Ehemann. Dadurch ergaben sich bereits damals peinliche Situationen; zumal, wenn die Gräfin die vermeintlichen Übeltäter dann im Gegenzug auf ihr unerhörtes Benehmen hinwies. Ihr Mann war damals - gelinde gesagt - etwas verunsichert, wenn ihm Gräfin Karin solche Dinge anvertraute. »Und als ob das nicht reichte. In der Nacht zwang sie mich jede oder jede zweite Stunde im Zimmer der Mädchen nachzusehen, ob sie auch nicht entführt worden seien«. Ähnliche Anflüge von Verfolgungswahn wiederholten sich in den folgenden Jahren in unregelmäßigen Abständen, und das anscheinend in zunehmender Intensität. Heute ist Bernadotte überzeugt, die wahren Ursachen zu kennen: All das Misstrauen, die kleinen und großen Gemeinheiten und die Verleumdungen, die zur Zeit unserer Eheschließung von Seiten des schwedischen Königshofs gegen uns ausgingen, hatten sie sehr furchtbar gekränkt. Dazu gesellte sich ein starker Hang zum Perfektionismus: Gräfin Karin - so Bernadotte selbst - wollte ihn offenbar für seine durch die gemeinsame Hochzeit erlittenen Nachteile entschädigen. Anscheinend war das erlittene Trauma so stark gewesen, dass es sich Jahrzehnte später in ihren völlig übersteigerten Anfällen bemerkbar machte. Das Problem zog aber noch ein weiteres mit sich: »Karins Unbeherrschbarkeit äußerte sich immer öfter in negativen Überreaktionen auf Alkohol. Während andere, wenn sie etwas zu viel getrunken haben, besonders lustig werden, reagierte sie irritiert und aggressiv«. Was sich in diesen Jahren ebenfalls sehr verändert hatte, war Graf Bernadottes berufliche und gesellschaftliche Stellung. Man denke nur an seine zahlreichen künstlerischen, kari-

Links: Drei Generationen der Bernadottes auf der Mainau, 1955. Hinten, von links: Graf Lennart Bernadotte, Graf Jan, Gräfin Marie-Luise, ›Opa‹ Prinz Wilhelm, Gräfin Birgitta. Vorn: Gräfin Karin und Gräfin Cecilia.

Mitte: Nur noch scheinbar ein trautes Paar: Graf und Gräfin Bernadotte repräsentieren (1955).

Rechts: Eine der letzten Aufnahmen von Bernadottes Mutter Maria Pawolowna (links). Nach ihrem Tod 1958 wurde sie wunschgemäß auf der Insel Mainau neben ihrem Bruder Dimitrij beigesetzt.

tativen, repräsentativen und politischen Engagements. Aus dem ›kleinen Prinzen‹ war ein äußerst vielbeschäftigter Mann geworden. Gräfin Karin sah jedoch ihre Familie als ihren alleinigen Lebensinhalt an. Während ihr inzwischen so selbstbewusster Lennart es geradezu genoss, mit öffentlichen Auftritten etwas bewegen zu können, war das Repräsentieren für sie jedesmal eine Tortur. Sie war schüchtern und wirklich nicht begeistert von offiziellen Repräsentationspflichten; auch nicht von denen ihres Ehemannes. »Überhaupt zeigte Karin - und mit ihr auch die Kinder - sehr geringes Interesse an meinen Erfolgen und meinen Auszeichnungen. Höchstens ein ›Ach so!‹ - ›Wirklich?‹. Und ein Achselzucken«. Das traurige Resultat all dieser Dinge war eine allmähliche Entfremdung zwischen dem Grafen, seinen Kindern und seiner Frau. Bis daraus Konsequenzen folgen würden, sollten aber noch viele Jahre ins Land ziehen.

Die regelmäßigen Mainau-Besuche der Mutter des Grafen verschönerten die Situation auch nicht unbedingt. Zwar hatten sie und ihr Sohn wenigstens in gemeinsamen fotografischen Aktivitäten ein wenig zueinander gefunden. Ansonsten war das Verhältnis zu der sich immer noch großfürstlich-

herrisch gebenden Maria Pawalowna jedoch eher gespannt; insbesondere zwischen ihr und den Kindern. Mitte der fünfziger Jahre war es mit ihrer Gesundheit aber rasch bergab gegangen. Am 13. Dezember 1958 starb sie - die großfürstliche Zarencousine - in einem Konstanzer Krankenhaus. Gemäß ihrem letzten großen Wunsch wurde sie zusammen mit den sterblichen Resten ihres geliebten Bruders Dimitrij auf der Mainau beigesetzt.

Glück und Unglück Hand in Hand

Während es also im familiären Leben des Grafen bereits hie und da zu ›kriseln‹ begonnen hatte, konnte er hinsichtlich seiner außerfamiliären Tätigkeiten einen Erfolg nach dem anderen verbuchen; und sicherlich hatte das eine mit dem anderen etwas zu tun. Eine seiner wichtigsten persönlichen Auszeichnungen wurde ihm noch im selben Jahr mit der Verleihung des Großen Bundesverdienstkreuzes mit Stern und Schulterband zuteil. Dieser 1951 von Bundespräsident Theodor Heuss gestiftete Verdienstorden ist immerhin die höchste Anerkennung, die die Bundesrepublik Deutschland für Verdienste um das Gemeinwohl ausspricht. Bedenkt man die vielen ehrenamtlichen Engagements des Grafen - etwa im Bereich der Jugendhilfe nach dem Weltkrieg oder in der DGG -, so wurde ihm diese Ehre sicherlich zurecht zuteil. Er bekam den Orden bei einer festlichen Zeremonie im Weißen Saal des Mainau-Schlosses verliehen - von keinem Geringeren als dem späteren Bundespräsidenten Heinrich Lübke. Das Bundesverdienstkreuz sollte in diesen Jahren nicht die einzige offizielle Honorierung seines Wirkens bleiben: So wurde der Graf bereits wenige Monate später während einer Amerika-Reise zum Ehrenbürger von Texas ernannt. Zuvor war er zusammen mit Gräfin Karin, dem ›Kamerakönig‹ Victor Hasselblad und dessen Frau Erna sechs Wochen lang durch die USA gefahren und hatte dabei versucht, für die Firma Kodak die Schönheit dieses Landes einzufangen. Er muss seine Sache offenbar auch dabei wieder besonders gut gemacht haben. Dennoch erinnert sich der Graf mit gemischten

Oben: Bundespräsident Lübke überreicht dem Grafen Bernadotte das Bundesverdienstkreuz mit Stern und Schulterband (Das Foto entstand während der feierlichen Zeremonie im Weißen Saal des Mainau-Schlosses).

Rechts: Bereits wenige Monate später folgte die Ernennung zum Ehrenbürger von Texas (links im Bild: Victor Hasselblad, daneben seine Frau Erna).

Gefühlen an diese Wochen: »Vor unserer Abreise wurde ich zum Ehrenbürger von Texas ernannt. Die Freude der Reise wurde jedoch durch Karins Schwierigkeiten in den USA getrübt. Sie konnte nämlich kein Englisch und wurde dadurch unrettbar isoliert«. Glücklicherweise hatten sich die Zeiten in Deutschland inzwischen bereits merklich gebessert. Der 1948 in Kraft getretene ›Marshallplan‹ zeigte bereits deutlich Wirkung. Als dann der ihm bereits vertraute Heinrich Lübke 1959 Bundespräsident wurde, erhielt Bernadotte und mit ihm die Deutsche Gartenbau-Gesellschaft persönlichen Beistand von allerhöchster Seite. Der Präsident schätzte als ehemaliger Landwirtschaftsminister sehr, was der Graf auf seiner Insel und als Vorsitzender der DGG bewirkt hatte. Er wurde sogar ein guter Freund des Grafen und besuchte ihn des öfteren auf seiner Insel. Er liebte die Natur am Bodensee. »Unsere gemeinsamen Spaziergänge auf der Mainau«, erzählt der Graf mit einem etwas spitzbübischen Lächeln, »waren immer ein groteskes Erlebnis: Jedesmal, wenn wir beide auf den Wegen spazieren gingen, patrouillierten Leibwächter und Polizisten mit ihren Hunden zwischen den angrenzenden Sträuchern und Bäumen«. Die Arbeit der Gartenbaugesellschaft wurde - nicht zuletzt dank der ausgezeichneten Beziehungen des Grafen Bernadotte - einfacher: »Mit aller erdenklichen Leichtigkeit ging ich bei den verschiedenen Bonner Instanzen ein und aus. Das Geld saß locker, und die DGG wurde ein Faktor, mit dem man rechnen musste«.

Propheten in Sachen ›Grün‹...

Wenn der ›Mainau-Graf‹ seine damaligen Engagements revue passieren lässt, stellt er fest, dass seine Präsidentschaft beim DGG auch in seinem persönlichen Denken und Tun Spuren hinterlassen hat. »Mein Herz fungierte immer aktiver als Umweltfilter. Es fing eine Umweltidee nach der anderen auf«. Die wohl beste von allen entstand anscheinend völlig zufällig: »Ich fuhr mit dem Auto von der Mainau nach Stuttgart. [...] Die Dörfer, durch die diese Landstraßen führten, machten einen, gelinde gesagt, bedauerlichen Eindruck. Schlecht erhaltene Häuser, Misthaufen an der Durchfahrtstraße. Kein grünes Blättchen in den Wohnbezirken. Mit anderen Worten: schmutzig, trist, entmutigend«. Es sollte nicht bei einem Akt des Bedauerns bleiben: All diese Ortschaften mit staatlichen Geldern umgestalten zu lassen, hätte

ein absolut unbezahlbares Unterfangen bedeutet. Aber konnte man diesen Dörfern nicht einen Ansporn zur Selbsthilfe geben? In einigen Bundesländern gab es dazu bereits Ansätze. Graf Bernadotte hatte nun aber - nach Rücksprache mit seinen Vertrauten im DGG - eine neue Vision vor Augen: Ein bundesweiter Wettbewerb sollte ausgeschrieben werden. Nach einem kräfte- und zeitraubenden Gang durch die verschiedensten Gremien der Bürokratie war es dann im Jahr 1961 endlich so weit: Unter dem Motto »Unser Dorf soll schöner werden« wurde zum ersten Mal in der Geschichte Deutschlands ein landesweiter ›Schönheitswettbewerb‹ der Ortschaften ausgeschrieben. Das Ergebnis überwältigte: »Ich hatte mir eigentlich nur eine Verbesserung des Gesamtbildes gedacht, einen ersten Versuch zur Schaffung einer besseren Umwelt für tausende von Menschen, die in ihrer täglichen Schufterei eine freundlichere Umwelt gebrauchen konnten. Aber die deutsche Landbevölkerung dachte viel weiter«. Mit Hilfe guter Berater in den Kreisverwaltungen gelang es in 5000 Ortschaften mit weniger als 3000 Einwohnern bereits beim ersten Wettbewerb, eine deutliche Verschönerung ihrer Umwelt zu bewirken. Wohl noch wichtiger waren allerdings der psychologische Aspekt der Ausschreibung: Man hatte ein neues Interesse für die Heimat geweckt. Nun machten sich Menschen gemeinsam daran, sie zu pflegen. So sollten sich in den folgenden Jahrzehnten tausende von Dörfern an dem Wettbewerb beteiligen.

Auch die jährlich auf der Mainau stattfindenden Symposien des DGG - die Mainauer Gespräche - waren inzwischen zu einer wichtigen Plattform der Gesellschaft geworden. Hier diskutierten Schlüsselpersonen aus Wissenschaft, Politik, Wirtschaft und den Massenmedien wichtige Fragen in Bezug auf Mensch und Natur. »Wir arbeiteten äußerst seriös und wichen auch nicht den größten und kontroversesten Problemen aus. Wenn wir es nicht gewagt hätten, wer hätte es denn dann?« - Ein wichtiges Ergebnis dieser Mainauer Gespräche war 1961 die Proklamation der ›Grünen Charta‹ von der Mainau durch den DGG-Präsidenten Bernadotte: eine Art ›Grundgesetz‹ im Umgang mit der Natur. Die einführende Passage lautete wie folgt: »*Die Grundlagen unseres Lebens sind in Gefahr geraten, weil lebenswichtige Elemente der Natur verschmutzt, vergiftet und vernichtet werden und weil der Lärm uns unerträglich bedrängt. Die Würde des Menschen ist dort bedroht, wo seine natürliche*

Links: Der Bundespräsident Heinrich Lübke während eines militärischen Empfangs auf dem Flughafen Friedrichshafen (1960). Ziel seiner Reise: Insel Mainau.

Rechts: Graf Bernadotte erzählt dem Bundespräsidenten Lübke Geschichten von seiner Insel. Während jedes Spaziergangs patrouillierten einige Leibwächter im angrenzenden Gebüsch.

Umwelt beeinträchtigt wird. Zu den unverletzlichen und unveräußerlichen Menschenrechten gehört auch das Recht auf ein gesundes und menschenwürdiges Leben in Stadt und Land. Voraussetzung für unser Leben ist, neben gesunder Nahrung, die gesunde Landschaft mit Boden, Luft, Wasser und ihrer Pflanzen- und Tierwelt. Diese lebenswichtigen Elemente werden übermäßig und naturwidrig beansprucht«. Ein geradezu revolutionäres Gedankengut, wenn man bedenkt, dass im Jahre 1961 von einer ›Grünen Partei‹ noch niemand zu träumen wagte und Dinge wie Effektivitätssteigerung oder Technisierung ganz oben auf der Agenda-Liste standen. Das Dokument fand sofort eine enorme Beachtung in der Bevölkerung und ist - 1971 zum ›Bodenseemanifest‹ weiterentwickelt - auch heute noch durchaus von aktueller Bedeutung. Noch glücklicher wäre der einstige Mitinitiator Bernadotte allerdings, würde man die Charta heute gar nicht mehr benötigen. Ihre damalige Proklamation bescherte dem Grafen jedoch bald noch ein weiteres Amt. Den damaligen Bundespräsidenten Lübke hatte sie nämlich gewiss noch mehr dazu ermutigt, den eifrigen ›Mainau-Grafen‹, der sich so großartig um den Umweltschutz verdient gemacht hatte, 1962 zum Vorsitzenden des neugegründeten Rates für Landespflege zu berufen. Der Zweck dieses Gremiums mit Sitz in Bonn bestand grob gesagt darin, sich für die Anlage und die Pflege von Parks oder Grünanlagen und die Wiederherstellung der geschädigten Natur einzusetzen und den Parlamenten informativ und beratend zur Seite zu stehen. Es verfolgt bis heute die selben Zielsetzungen, die schon in der ›Grünen Charta‹ von der Mainau formuliert worden waren. Der auserkorene Bernadotte sagte erfreut zu. Im Nachhinein betont er: »Das Amt des Präsidenten des Deutschen Rates für Landespflege ist wohl der ehrenhafteste Auftrag, den ich je gehabt habe«; und offensichtlich findet er bis heute große Anerkennung: Graf Bernadotte ist noch immer der Ehrenvorsitzende dieses Gremiums.

Leicht vorstellbar, wie viel Zeit es in Anspruch genommen haben muss, all diese Ämter - und es wurden noch längst nicht wirklich alle erwähnt - gleichzeitig zu bekleiden. In den sechziger Jahren, als sich das sogenannte ›Establishment‹ noch auf ganz andere Werte und Ziele eingeschworen zu haben schien, waren Graf Lennart Bernadotte und seine ›Gesinnungsbrüder‹ in Sachen Pazifismus und Umweltschutz ihrer Zeit weit voraus. Dennoch meldeten sich gelegentlich auch Kritiker zu Wort. Meist rekrutierten sie sich aus einem Lager noch eifrigerer Umweltschützer. Einmal verursachte eine Meldung in einer großen deutschen Tageszeitung einen aufsehenerregenden Skandal: In den sechziger Jahren stand dort zu lesen, dass das gesamte Abwasser der Insel Mainau direkt in den See geleitet würde. Als vermeintliches Beweismittel waren Luftaufnahmen abgebildet, auf denen angeblich eine »ekelhafte« graue Abwasserwolke die Insel umgab. Nach weiteren Recherchen dürfte sich der damalige Autor allerdings nicht mehr besonders wohl in seiner Haut gefühlt haben: Die mutmaßliche Abwasserwolke entpuppte sich nämlich bald

Rechts: Bundespräsident Heinrich Lübke spricht im Weißen Saal des Mainau-Schlosses (1960). Graf Bernadotte wurde damals in den oberen staatlichen Etagen bereits als potentieller Nachfolger Lübkes gehandelt.

als ein flacher Ausläufer der Kalkklippe, von der sich die Insel erhebt. Meist reagierte der Beschuldigte selbst recht gelassen auf solche Vorwürfe. Bisweilen stimmten sie ihn aber auch gereizt: »Allzu grüne Fanatiker beschuldigten mich, der Vegetation der Mainau nicht genügend Freiheit zu geben, vielleicht sogar ›schmerzhafte‹ Pflanzenversuche zu machen. Oh je. Bei so viel Blödsinn konnte man sich nur an den Kopf greifen«. Verunsichern ließ sich der Graf dadurch aber kaum. Ohnehin ist sein enormes Selbstvertrauen immer eines seiner deutlichsten Charakteristika gewesen. So ließ er sich auch von all den großen Ämtern und Aufgaben, die er im Laufe der Zeit zu erfüllen hatte, niemals aus der Ruhe bringen: »Wenn etwas Wichtiges zu tun war, habe ich für gewöhnlich einfach die Ärmel hochgekrempelt und mir keine Sorgen über die Reichweite gemacht«.

Staatsangelegenheiten

Aus einer Sache, die man an ihn herangetragen hatte, wurde jedoch nichts: Nachdem er sich gegen Ende der sechziger Jahre bereits als ein engagierter und kooperativer Präsident der Gartenbaugesellschaft sowie des Rates für Landespflege erwiesen hatte, fragte ihn der bereits erwähnte Minister Paul Lücke überraschenderweise, ob er sich denn vorstellen könne, für die Wahl des Bundespräsidenten zu kandidieren. Bei den einflussreichen deutschen Politikern - so Lücke weiter - genösse er ja bereits ein hohes Ansehen. Würde er also zustimmen, so würde man dafür sorgen, dass er als einer der drei Hauptkandidaten zur Wahl steht. Bernadotte fühlte sich sehr geehrt, verlangte jedoch Bedenkzeit. Als Bundeskanzler, der täglich dazu gezwungen ist, in der Tagespolitik um Lösungen zu ringen, hätte er - das war ihm völlig klar - niemals erfolgreich sein können. Aber das Amt des Präsidenten - ja, das erschien ihm schon eher auf den Leib geschnitten. In den folgenden Tagen beschäftigten ihn bizarre Gedanken: »Man denke nur, wenn Onkel Gusty und ich auf Staatschefsebene begegneten, und er mir, seinem abtrünnigen Enkel, die Ehrenbezeugungen erweisen muss, die auf dieser Ebene üblich sind«. Und was, wenn er schließlich tatsächlich zum Bundespräsidenten gewählt würde? Man stelle sich einmal vor: Ein ehemaliger schwedischer Prinz mit französischem Namen, einem luxemburgischen Grafentitel, einer russischen Mutter und einer griechischen Großmutter, der dazu noch texanischer Ehrenbürger war, würde in Deutschland zum Bundespräsidenten ernannt. Ein abstruser Gedanke! Aber zugegeben - er amüsierte Graf Bernadotte. Er wusste aber sehr wohl, dass dieses Amt viel zu bedeutend war, als dass man sich damit hätte einen Spaß erlauben können. Mit Hinblick auf seine bereits kränkelnde Ehe mit Gräfin Karin sagte er schließlich ab. Familiäre Differenzen hatten sich in zunehmender Intensität bereits in den fünfziger Jahren eingeschlichen.

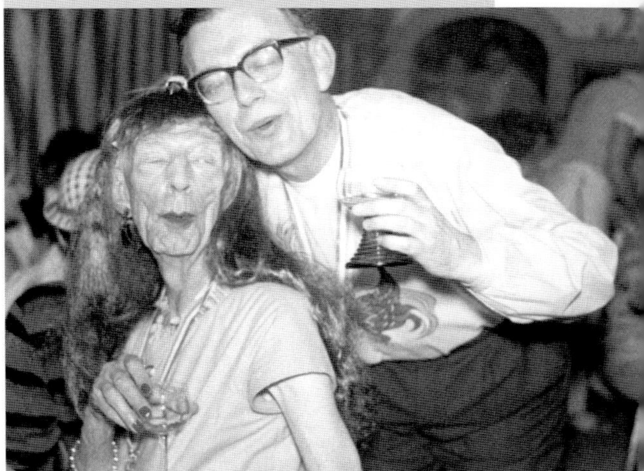

Oben: In den sechziger Jahren feierten die Kinder des Grafen immer wieder ausgelassene Partys auf der Insel ihres Vaters; nicht selten in prominenter Gesellschaft.

Mitte: Gräfin Cecilia mit ihrem damaligen Freund Prinz Louis Ferdinand von Preußen (1962).

Unten: Sein Vater (links im Bild) war dem Grafen im Laufe der Jahre zu einem wertvollen Freund geworden (hier bei der ›Konstanzer Fasnacht‹, 1964).

Es hatte sich herausgestellt, dass die Lebensvorstellungen von Graf und Gräfin inzwischen unüberbrückbar weit auseinander lagen. Während der Inselherr Bernadotte mit Begeisterung an alle repräsentativen Aufgaben mit Eifer und Begeisterung heranging, war die Öffentlichkeit für die eher schüchterne Gräfin eine lästige Menschenmasse, die sie sehr verunsicherte. Sie sah ihren Lebensmittelpunkt in der Familie. Die zunehmende Entfremdung von seinen Kindern hatte inzwischen deprimierende Ausmaße angenommen. Dass er selbst - wegen seines enthusiasitischen Arbeitseifers - daran nicht ganz unbeteiligt war, ist ihm völlig klar. Andere Faktoren hatten aber ebenfalls mitgespielt: »Ich war, drastisch ausgedrückt, der Vater vaterloser Kinder. Wenn ich zu Hause war und mich mit den Kindern beschäftigen wollte, lief ich auf einmal gegen eine Wand an. Die Kinder waren Karins Revier, und wehe, wenn ich versuchte, die Grenze zu überschreiten. Kümmert euch nicht um Vaters Dummheiten! Ich war allein zu Hause. Furchtbar allein«. Dass mit seinem Vater 1965 eine seiner wertvollsten persönlichen Bezugspersonen verstorben war, machte die Situation sicherlich nicht leichter. Prinz Wilhelm war seit den fünfziger Jahren regelmäßig zu Besuch auf der Mainau gewe-

sen. Zahllose Stunden war man in enger Freundschaft zusammen gesessen, hatte ernsthaft diskutiert, herzhaft gelacht oder gefeiert; vor allem auch in den Tagen der ›Konstanzer Fasnacht‹, die die beiden Schweden inzwischen schätzen und lieben gelernt hatten. Nicht von ungefähr bildet der Abschied von seinem Vater in Lennart Bernadottes Memoiren zugleich das Ende des Buches: »An einem grauen Novembertag, nur ein paar Jahre vor seinem Tode, stand Papa am Fenster und betrachtete aufmerksam den nebligen Bodensee. ›Du, Lennart‹, sagte er nachdenklich, ›hier ist es immer schön, auch wenn das Wetter schlecht ist. Weißt Du wirklich immer noch, wie wunderschön die Mainau ist?‹ - Ja, guter, alter, geliebter Vater, ich weiß es«.

Sommernachtsträume

Nun war der geliebte Vater allerdings tot, und Graf Lennart dürfte angesichts seiner Einsamkeit in seiner isolierten familiären Situation gegenüber der Schönheit seiner Umgebung zumindest zeitweilig blind gewesen sein. Auch seitens der Kinder wirkte sich die entstandene Kluft alles andere als positiv aus: Gräfin Karin lag immer besonders viel an ihrem Wohlergehen. Und es erging ihnen auch gut auf der Insel ihres Vaters: Völlig unbeschwert genossen sie hier - auf ihres Vaters Grund - beinahe Narrenfreiheit, feierten ausgelassene Partys mit ihren Freunden, unter denen sich auch klangvolle Namen wie Prinzessin Xenia oder Prinz Louis Ferdinand von Preußen - die Urenkel des deutschen Kaisers Wilhelm II. - befanden. ›Sommernachts-Partys‹, die in den sechziger Jahren immer wieder auf der Insel Mainau veranstaltet wurden, waren weithin als ausgelassene gesellschaftliche Events bekannt. Der Inselherr selbst erwies sich dabei meist als großzügiger Gastgeber und - zu allem Überfluss - noch als ein brillanter Entertainer für alle Altersklassen. Ob als kurzweilig-komischer Redner oder als immer wieder gern aufgeforderter Tanzpartner: Die gesellschaftlichen Anlässe, Feierlichkeiten und Events auf der Mainau scheinen Graf Bernadottes ureigenstes Metier gewesen zu sein. Um so erstaunlicher, bedenkt man, wie sehr es zu dieser Zeit unter der familiären Obefläche bereits ›brodelte‹. Möglicherweise hatten es die jungen Bernadottes auch etwas zu gut. »Ich weiß nicht, ob Karin es geflissentlich übersah oder ob sie es in

Oben: Auf Partys und gesellschaftlichen Feierlichkeiten stellte Graf Bernadotte oft sein Talent als witziger Entertainer unter Beweis (dahinter, teilweise verdeckt: Prinz Michael von Preußen (links), Gräfin Cecilia Bernadotte (rechts).

Rechts: ›Sommernachts-Party‹ auf der Insel Mainau, 1967.

Ordnung fand, dass die Kinder jede Chance ergriffen, sich Vorteile vom Inselpersonal zu verschaffen. Vielleicht schaffte sie es auch nicht oder wagte nicht einzugreifen. Wie dem auch sei, die Kinder wurden nach Strich und Faden verwöhnt. Erst von Karin, dann vom Personal«. Am deutlichsten wirkte sich das offenbar bei Graf Jan, dem damals einzigen Sohn des Grafen, aus: »So oft wir ihm unser Vertrauen entgegengebracht haben, so oft hat er es auch schamlos missbraucht«. Jan Bernadotte ist seinem Vater sichtlich ein Dorn im Auge. Mit unschönen Worten macht dieser seiner tiefen Enttäuschung Luft. Von verschwendeten Millionen ist die Rede, von Betrügereien, außerehelichen Verhältnissen und einigen gescheiterten Ehen. Das Verhätnis zu den Töchtern Birgitta, Marie-Luise und Cecilia war zwar noch um einiges besser, aber eben nicht minder distanziert.

Trauriges Ende einer Liebe

»De mortuis nihil nisi bene«: Über das traurige Ende seiner Ehe mit Gräfin Karin spricht Graf Bernadotte sichtlich ungern. Ins Detail möchte er der Öffentlichkeit gegenüber nicht gehen. Schon aus Rücksicht auf die Frau, die er doch Jahrzehntelang geradezu verert hatte. Dass ihre bereits erwähnten Anfälle von Eifersucht und Misstrauen in Kombination mit einem übersteigerten Konsum von Alkohol eine explosive Mischung ergeben haben dürften, liegt aber auf der Hand. Die von ihrem verunsicherten Mann immer wieder konsultierten Ärzte stellten mit Verfolgungswahn zwar immer wieder dieselbe Diagnose. Die Betroffene selbst verweigerte sich aber jeglicher Form von Behandlung. »Du brauchst einen Psychiater, nicht ich« - so lautete gemeinhin ihre Antwort. Angesichts dieses Zustands muss es besonders viel Kraft gekostet haben, nach außen hin stets ein Bild eines trauten Eheglücks vorzugaukeln. An seinem 60. Geburstag hätte dieses Missverhältnis von Realität und Image den Grafen beinahe übermannt: »Alles kam mir falsch vor. Ich musste auftreten, als wäre ich froh und glücklich. Aber ich hatte nur das Gefühl von Ekel und sehnte mich weit weg. Es waren wohl meine strenge Erziehung im Zeichen der Pflichterfüllung und mein Talent zur Schauspielerei, die mich an diesem Tag vor einem Nervenzusammenbruch und einem Skandal retteten«. Der Skandal sollte aber noch folgen: Gegen Ende der sechziger Jahre war nämlich eine Komponente ins Bild geraten, die die Sache noch weiter verkomplizierte - oder auch vereinfachte: Seine ausgesprochen freundliche Geschäftsassistentin Sonja Haunz. Zwischen ihm und der 35 Jahre jüngeren Tochter des Finanzchefs der Insel hatte sich bereits eine vertraute, wenngleich völlig harmlose Beziehung aufgebaut. »Die Assistentin wurde mir ein Freund, mit dem ich über alles reden konnte. In ihrer Nähe fühlte ich mich sicher und ruhig. Ich begann, mich nach ihr zu sehnen. Gar nicht gut. Aber schön für die Seele, wenn sich die Probleme auftürmen«.

Dennoch: Mit jeder Woche, jedem Monat steigerte sich die Zerrissenheit des Grafen noch weiter. Seine Gedanken kreisten auch um eine Scheidung von Karin. Angesichts der Befürchtung, dass durch eine Trennung deren ohnehin schon geschwächtes Selbstwertgefühl völlig zerstört würde, spann er diesen Gedanken aber erst gar nicht weiter. Und wenn er daran zugrunde ginge - er würde die Ehe zu Karin aufrechterhalten. Eine scheinbar ausweglose Situation! Als sich der Graf einige Monate später während eines geschäftlichen Aufenthalts in Schweden mit seinem alten Freund Göran Smith zum Essen traf, verblüffte ihn dieser alte Freund offenbar mit ganz neuen Aspekten: »›Der Schlüssel war‹, sagte er: ›Du sollst Deinen Nächsten lieben wie Dich selbst!‹ - ›Na ja‹, sagte ich etwas ungeduldig, ›das weiß ich schon. Aber das führt nicht weiter‹. - ›Lennart, nun hör' doch mal genau zu, was ich dir sage! Du darfst den Rest des Satzes nicht vergessen!‹« - Graf Bernadotte zuckte zusammen. Von dieser Seite hatte er die Sache noch gar nicht betrachtet. »Heureka!« Das war die Lösung. Man durfte die Sorge um sich selbst nicht außer Acht lassen. Es war sinnlos - das hatte Bernadotte nun erkannt -, sich noch länger in einer zerrütteten Ehe zu plagen. Das einzig Richtige war eine Scheidung! Alles sollte sauber und fair über die Bühne gehen. »Ich wollte Karin doch nichts Böses. Die wunderbare Liebe, die wir zusammen erlebt hatten, war mir immer noch heilig und ist es immer geblieben«. Die Betroffene selbst reagierte zunächst heftig, als sie vom Entschluss ihres Mannes erfuhr. Für sie war an allem nur »diese Sonja« schuld, wenn sie nicht eine Formulierung wählte, die sich nicht zum Druck eignet. Ihre Reaktion war aber völlig verständlich. 1972 wurde die Ehe schließlich »in beidseitigem Einvernehmen« geschieden.

Foto: Nach vielen glücklichen Ehejahren waren sie sie sich fremder und fremder geworden: Graf und Gräfin Bernadotte. Die logische Konsequenz konnte 1972 nur noch in einer Scheidung liegen.

..»STERNEN-DÄMMERUNG«

Spätes Glück in zweiter Ehe...

Es gab einen heftigen Skandal: Ausgerechnet im vierzigsten Jubiläumsjahr ihrer Ehe trennten sich nun - scheinbar aus heiterem Himmel - die Wege von Graf und Gräfin Bernadotte. In den Medien war in all den Jahren ja stets nur ein idyllisches Bild der beiden ›verliebten Wahl-Badener‹ gezeichnet worden. Und nun das! Obwohl die Scheidung von Karin ausgesprochen fair und wohlwollend über die Bühne gegangen war, wurde in der illustrierten Presse monatelang über die plötzliche Trennung berichtet. Sonja, zu der sich inzwischen eine vertraute Beziehung entwickelt hatte, war angesichts der Angelegenheit ausgesprochen unglücklich. Sie ging sogar so weit, dass sie die Mainau und ihre Heimat verlassen und in einem anderen Land ein neues Leben aufbauen wollte. Das machte sie Karin in einem Brief klar. Karin, die inzwischen eine stattliche Wohnung in Konstanz bezogen hatte, ging hingegen auf die Barrikaden. Für den Grafen wirklich keine leichte Situation: »Solange Karin in ihrer reaktionären und feindlichen Haltung Sonja gegenüber verharrte, hatte ich keine Wahl. Wir waren gezwungen, die Grenzen zu schließen. Unser gesamtes Personal in Vertrauensstellung bekam die Weisung, dass ohne unsere Genehmigung keine Kontakte zu Karin vorkommen durften. Unsere Stellungnahme war hart und schwer, aber notwendig«. Für Karin war die Sachlage ohnehin eindeutig: Wenn sich ihr Lennart ausreichend ausgetobt haben würde - so glaubte sie - würde er wieder reumütig zu ihr zurückkehren. Es sollte sich jedoch anders begeben. Sonja Haunz, die Bernadotte heute den »leuchtenden Stern« seiner reifen Jahre nennt, war die Tochter des ehemaligen Finanzchefs der Insel. Als 1961 eine offene Telefonistenstelle auf der Insel nur schwer zu besetzen war, war sie kurzerhand eingesprungen. Wegen ihrer Wirtschaftsausbildung hatte man sie dann bald in anderen Abteilungen gebraucht. Wegen ihres ausgesprochenen geschäftlichen Talents war sie dann irgendwann im Laufe der Zeit der Geschäftsleitung aufgefallen - unter anderem auch dem Grafen persönlich. »Wenn ich in dieser Zeit lüsterne Blicke auf sie geworfen hatte, dann war es nur wegen ihrer professionellen Qualitäten« - so der Graf über die damaligen Verhältnisse. Sonjas Fähigkeiten wurden durch praktische Arbeit, einige fremdsprachliche Fortbildungen, sowie Studien in Sachen Naturschutz und Landschaftspflege sukzessive erweitert. So reifte sie allmählich zu einer kompetenten Führungskraft heran, die dem vielbeschäftigten Grafen, der in den sechziger Jahren zahlreiche Verpflichtungen außerhalb der Mainau wahrnehmen musste und wollte, bald hilfreich oder vertretend zur Seite stand. Zu dieser Zeit hatte Sonjas strikte Grenzziehung, nur Freund und nichts weiter zu sein, noch oberste Priorität besessen. »Daran hielten wir so lange fest«, erzählt Graf Bernadotte rückblickend, »bis ich mich fragte, ob eine solche Charakterstärke wirklich nützlich sein könnte«. Irgendwann im Laufe der Monate war diese Frage dann auch hinfällig: Aus der ehemals rein geschäftlichen Beziehung heraus hatte sich ein vertrautes Liebespaar entwickelt.

Der Form halber wurden umgehend Hochzeitspläne geschmiedet, was sich jedoch bald als ein äußerst schwieriges Unterfangen erwies: Nachdem die ausgesprochen religiöse Sonja ihren Gatten in spe endlich zu einer kirchlichen Trauung bewogen hatte, weigerten sich nämlich sämtliche katholischen Pfarrer, die man gebeten hatte, die beiden vor dem Altar zu trauen. Offenbar war man in klerikalen Kreisen der Ansicht, dass das »Mädchen« vor Graf Bernadotte beschützt werden musste. »Sonja geriet zunächst natürlich in einen schweren inneren Konflikt über Glauben und Kirche. Aber ihre Enttäuschung über die Einstellung der Kirche machte ihr die Stellungnahme leichter. Sie weinte einen ganzen Abend. Das tut sie, wenn sie richtig wütend ist. Dann begehrte sie Austritt aus der katholischen Kirche. Bearbeitungsgebühr: 4,75 DM«. Als schließlich alle Formalitäten geklärt waren, bat der Graf ganz ›gentleman-like‹ bei Sonjas Eltern um die Hand ihrer Tochter; mit einem großen Strauß Rosen in der Rechten. »Papa Wolfgang antwortete kurz, aber herzlich: ›Das geht uns eigentlich nichts an. Das Mädchen ist volljährig‹«. Für Sonja und Lennart war die Sache somit perfekt: Am 29. April 1972 heirate-

ten die beiden - ganz privat in aller Einfachheit - standesamtlich im Büro des Grafen. Eine Woche später wurde die Heirat während eines Frühlingsballs auf der Mainau bekanntgegeben. Dort bat der Graf die geladenen Gäste um Aufmerksamkeit und... »Genau das! Nach einer ordentlichen Kunstpause stellte ich Gräfin Sonja Bernadotte vor. Ich machte eine Reihe von interessanten Beobachtungen, was das Mienenspiel der Versammelten betraf. Die meisten Gesichter glichen einem Nistkasten. Ausdruck großen Erstaunens. Das Schauspiel war gelungen. Die Wärme des Beifalls überwog«. Die Reaktionen der Freunde, Bekannten und Verwandten müssen damals äußerst unterschiedlich gewesen sein: Einige klatschten Beifall, andere wussten offenbar nicht recht, was sie mit dieser Tatsache anfangen sollten, und wieder andere empfanden das Geschehene als Katastrophe. Zu ihnen waren - so Graf Bernadotte rückblickend - sicherlich auch die Angehörigen von Karin zu zählen. Sie unterstellten Sonja angeblich die schlimmsten Dinge und bezichtigten ihn selbst der sogenannten »Alt-Männerkrankheit«. So zerbrachen in dieser Zeit eine ganze Menge von Verbindungen, die Graf Bernadotte sehr am Herzen gelegen waren, unter anderem auch zu dem ›Kamerakönig‹ Victor Hasselblad, dem seine Frau Erna fortan jeglichen Kontakt zu diesem ruchlosen Grafen verboten hatte. Und selbstverständlich hatte nun auch die Medienlandschaft ihren neuen Skandal: Da ›turtelt‹ der geschiedene und wieder vermählte, 63-jährige ›Mainau-Graf‹ doch tatsächlich vor aller Augen mit seiner Assistentin Sonja Haunz, - einem ›gewöhnlichen‹, einfachen Mädchen, das dazu noch ganze 35 Jahre jünger war als er. Zwar fiel ihre bürgerliche Herkunft nun längst nicht mehr so schwer ins Gewicht wie bei seiner ersten Heirat. Aber die Angelegenheit kam überraschend genug und lieferte der illustrierten Presse in ganz Europa monatelang Zündstoff.

Gemeinwohl oder Eigentum?

Hinsichtlich seiner Arbeit bei der Deutschen Gartenbaugesellschaft und im Kuratorium für die Nobelpreisträgertreffen in Lindau befürchtete der Graf beinahe das Schlimmste: nämlich dass er dort angesichts der veränderten Situation gebeten würde, abzutreten. Aber nichts von alledem trat ein: »Ich bemerkte nicht die geringste Andeutung einer negativen Reaktion, sondern auch weiterhin nur Freundschaft und Vertrauen«. Das Allerschönste war für den Grafen jedoch, dass nicht nur er, sondern nun auch seine Frau Sonja mit offenen Armen empfangen wurde. Bereits 1973 wurde sie in das Lindau-Kuratorium gewählt, 1974 folgte die Wahl in den Vorstand der DGG. Auch die Geschäfte auf der Insel florierten wie zuvor weiter. Die vielen hunderttausend Besucher, die jährlich auf der Bodensee-Insel Erholung, Genuss oder Inspiration suchten, störten sich anscheinend nicht im Geringsten an der ›neuen‹ Frau an Bernadottes Seite. Sonja arbeitete von nun an als gleichberechtigtes Mitglied in der Führung der Insel mit, unterstützt von ihrem Mann, der ihr natürlich ein ausgezeichnetes Vorbild war. Eine entscheidende Veränderung ergab sich jedoch 1974 - dem Jahr, in dem sich Bernadotte zusammen mit seiner Sonja über die Geburt der ersten gemeinsamen Tochter Bettina freuen durfte. Die Monate der Vorfreude waren für den Grafen nämlich überschattet von einer quälenden Sorge: Was würde einst mit der Mainau geschehen, wenn er nicht mehr sein wird? Was zu Beginn des 20. Jahrhunderts noch eine absolute Privatangelegenheit des Großherzogs gewesen war, war inzwischen ja zu einem öffentlich zugängli-

Links: Am 29. April 1972 heiratete Graf Bernadotte die 28-jährige Inselangestellte Sonja Haunz.

Rechts: Ein erfolgreiches Duo in allen Lebenslagen. »Sonja, dieser große, kleine Mensch war die Assistentin, die eine Arbeitskameradin wurde, die eine Lebenskameradin wurde« (Foto: 1973).

chen, prächtigen Idyll der Erholung geworden; und somit auch ein Gegenstand von bedeutendem, öffentlichem Interesse. ›Eigentum verpflichtet. Sein Gebrauch soll zugleich dem Wohle der Allgemeinheit dienen‹ - so steht's im Grundgesetz der Bundesrepublik. Dass Bernadotte selbst diesen Artikel 14 ganz tief in seinem Herzen trug, ist offensichtlich. Aber - wieder und immer wieder dieselbe Frage - was würde einst nach seinem Ableben mit seiner Insel, seinem phantastischen, Realität gewordenen Lebenswerk, geschehen? Würde es in dieser Form weiter bestehen können? Bernadotte macht im Nachhinein gar keinen Hehl daraus, dass er damals seinen Kindern aus erster Ehe und ihren Ehepartnern die Führung eines so komplexen Unternehmens nicht zugetraut hat. Dazu gesellte sich die bedrückende Gewissheit, dass alle Hinterbliebenen nach seinem Tod ihren Anteil an diesem reichen Schatz einfordern würden. Die Mainau bedeutete in ihrer Gesamtheit ja einen enormen Wert. Das Vermögen, das ohne Schaden für das Gesamtunternehmen in bares Geld umgewandelt werden konnte, war aber außerordentlich gering. Wie man es auch drehte und wendete, es war eine traurige Gewissheit: Irgendwann würde dieses prächtige Unternehmen Mainau durch Erbteilung zersplittert und somit aufhören, in dieser Form zu existieren. Mit drastischen Folgen: sowohl für die Besucher als auch für die inzwischen reichlich vergrößerte Belegschaft der Insel, aber auch für ihn selbst. Für Graf Bernadotte eine schreckliche Vorstellung. Zu oft hatte er schon gesehen, wie Familienunternehmen durch Erbteilung zerstört worden waren. Es herrschte quälende Ratlosigkeit.

In dieser Situation trat sein Freund, der Minister Paul Lücke, mit einer interessanten Idee an ihn heran: Das Zauberwort hieß ›Stiftung‹. Der Gedanke fiel bei Graf Lennart und Gräfin Sonja auf fruchtbares Terrain. Ja, die Insel sollte der Nachwelt als Ganzes erhalten bleiben! Und die Transposition des gesamten Unternehmens in eine Stiftung schien ein gangbarer Weg zu diesem Ziel zu sein. Er war jedoch mit erheblichen persönlichen und familiären Einbußen verbunden: Schließlich würde der Graf durch diesen Schritt sich und all seine Erben eines beträchtlichen Wertes entledigen. Was hätte ein Verkauf des florierenden Unternehmens - mitsamt seiner einzigartigen Lage, dem renovierten Barockschloss und dem traumhaft schönen, exotischen Park wohl eingebracht? 30, 50, 100 Millionen gar? Bernadotte ging es aber gerade *nicht* ums Geld. Ihm ging es um die Zukunft eines einzigartigen Erholungsraumes von internationalem Rang. Und so machte man schließlich Nägel mit Köpfen, nachdem man monatelang die besten Experten in Sachen Betriebs- Familien- und Steuerrecht konsultiert hatte. 1974 wurde die Insel mit all den zugehörigen Wäldern und Ländereien in eine Stiftung eingebracht: die ›Lennart-Bernadotte-

Links: In den siebziger Jahren konnten auf der Insel Mainau einige publikumswirksame Attraktionen realisiert werden. Laut Bernadotte ist die Insel »nach unserer Kenntnis der einzige botanische Garten der Welt, der so verrückt ist«. Die vielen Besucher aus ganz Europa wissen es zu schätzen.

Rechts oben: Im März 1974 wurde mit Comtesse Bettina das erste gemeinsame Kind geboren.

Rechts unten: Seit einigen Jahren gehört auch einige freilaufende ›Inselpfauen‹ zu den Attraktionen der Mainau.

Stiftung‹. Ihre Philosophie musste nicht lange konstruiert werden. Man konnte ja ganz einfach die ideellen Ziele in die Statuten schreiben, denen sich Graf Bernadotte im Laufe seines bisherigen Lebens gewidmet hatte; also insbesondere die Förderung der internationalen Wissenschaft, der Landespflege, der wissenschaftlichen Arbeit in den Gebieten der Raumordnung und des Umweltschutzes, die Förderung des Denkmalschutzes und schließlich die Förderung von Heimatpflege und Heimatkunde. In vielen Jahrzehnten hatte der Graf aus dem einstigen Zuschussbetrieb ein fruchtbares Unternehmen gemacht. Und nun - mit dem Übertrag in eine Stiftung - hatte er all dies mit einem Handstreich verschenkt. Man musste nur noch eine gesetzmäßig bestimmte Karenzzeit von zehn Jahren überleben, dann würde sein gesamtes Eigentum in seine Stiftung übergehen. Er selbst - das stand von Anfang an fest - würde dann natürlich zusammen mit seiner Familie weiterhin im Mainau-Schloss wohnen dürfen und sein monatliches Salär von der Stiftung beziehen. Aber er würde dann auf seiner Insel nurmehr Gast sein. Bernadottes Sinn für das Gemeinwohl wog aber schwerer: Mit ein paar wenigen Unterschriften setzte er seiner Zeit als ›schwerreicher Mann‹ ein für alle Mal ein Ende. Durchaus nahe liegt da, an einen sozialistischen Akt zu denken, der der Öffentlichkeit - man bedenke - ausgerechnet von einem ehemaligen Angehörigen höchsten Adelsstandes vor Augen geführt wurde. Freiwillig! - und dafür gibt es in der Geschichte sicherlich nicht allzu viele Vorbilder. Gerade mit dieser ›Schenkung‹ hatte Bernadotte aber die Zukunft der Mainau als öffentliches Kleinod gesichert; und ganz nebenbei auch sich selbst seiner quälenden Sorgen entledigt.

Nun war sein Geist wieder frei. Frei für seine geliebte Sonja, sein neugeborenes Töchterchen, Comtesse Bettina, und all die spannenden Beschäftigungen, denen er sich als Inselmanager widmen konnte. Sonja spielte dabei offenbar eine gänzlich andere Rolle, als Karin sie eingenommen hatte: »In den Jahrzehnten zuvor war ich viel unterwegs, und meine Frau hütete und bekam zu Hause die Kinder. Sonja übernahm dagegen mindestens ebenso viele geschäftliche und repräsentative Verpflichtungen wie ich. Und wir fühlten uns beide prima dabei. [...] Sonja, dieser kleine große Mensch war die Assistentin, die eine Arbeitskameradin wurde, die eine Lebenskameradin wurde. Ich staune noch immer über ihre Vielseitigkeit«. Gerade dieser letztgenannten Qualität ist es wohl zu verdanken, dass die (noch) kleine, drei Personen und Persönchen zählende Familie, keinen Schaden durch die eifrige Arbeit erleiden musste, sondern sich vielmehr in den folgenden Jahren prächtig entwickeln konnte. So wurden der kleinen Bettina mit Björn Wilhelm 1975 und mit Catherina 1977 zwei kleine Geschwisterchen geschenkt. Dass sich ein erfülltes Familienleben so hervorragend mit den vielen anstehenden geschäftlichen Engagements vereinbaren lassen würde, hätte sich Graf Bernadotte bis dato wohl kaum träumen lassen. Sonja spielte ihre - gelegentlich sicherlich sehr strapaziöse - Doppelrolle als Mutter und Managerin geradezu mit Bravour. Ihr Ehemann bewunderte sie dafür: »Ob nun im Familiären oder im Geschäftlichen: Alles, was Sonja anpackte, wirkte auf wunderbare Weise leicht und unkompliziert. Das alte Klischee ›Viel von anderen verlangen, aber noch mehr von sich selbst‹ trifft genau auf Sonja zu. Ach, ja. Dieses Mädchen, ich liebe und bewundere es so!« Dass hinter allem Charme auch Engagement und harte Arbeit stand, wissen Insider genau. Für den damals immerhin bereits 66-jährigen Bernadotte wurden Sonja und die gemeinsamen Kinder aber ganz offensichtlich zu einem echten Jungbrunnen: »Ich befand mich damals eigentlich schon in dem Alter,

Würde die Pflanzenpracht der Mainau einst durch eine vielfache Erbteilung zerstört werden? In früheren Jahren herrschte darüber noch quälende Ratlosigkeit.

in dem normalerweise der Countdown beginnt. Aber es wurde stattdessen ein ›Countup‹, ein neuer Aufstieg, ein neues Glück auf allen Gebieten des Lebens«. Beinahe schien es, als habe man auf der Mainau dem Alterungsprozess selbst ein Schnippchen gerschlagen.

...man trägt noch immer Grün.

Wenn ihm seine Sonja auch in vielen Bereichen einige Arbeit abnahm; Graf Bernadotte lebte in diesen Jahren alles andere als zurückgezogen. Vielmehr konnte er sich nun, bestens unterstützt von Gräfin Sonjas Arbeit, endlich in aller Ruhe den alten und neuen Aufgaben widmen. Einerseits waren da ja immer noch die zahllosen Ämter als Präsident bzw. Kurator bei den verschiedensten Organisationen, andererseits sollte das wahrlich blühende Unternehmen Mainau aber auch immer wieder der Öffentlichkeit präsentiert und schmackhaft gemacht werden. Die schillernde Persönlichkeit Bernadottes und sein spätes familiäres Glück scheinen dafür eine geradezu ideale Kombination gewesen zu sein. Waren die Vertreter der Medien ohnehin immer gerne auf der Mainau zugange gewesen, so wurde nun mit äußerster Raffinesse auch die Geburt jedes neugeborenen Bernadottes zur ›Promotion‹ genutzt. Die Besucher der Insel sollten das aufregende Gefühl haben, dass sie hier hautnah bei dem großartigen Familienleben der ›berühmten Bernadottes‹ dabei seien. 1975 ergab sich aber auch noch eine andere Situation, in der Graf Bernadotte einmal mehr im Rampenlicht der Medien stehen sollte; und das wieder im Zusammenhang mit seinem großen Engagement in Sachen Umweltschutz. Offenbar hatte ihn sein Amt als Präsident der Deutschen Gartenbaugesellschaft mehr und mehr zu einem ökologisch denkenden Menschen gemacht. Auch im gesellschaftlichen Bewusstsein hatte sich einiges gewandelt: Die Umweltschutz-Thematik hatte durch die Reformära der späten sechziger und frühen siebziger Jahre einen enormen Aufschwung erfahren. Regionale ›Grüne Listen‹ machten immer häufiger von sich reden. Der sogenannte ›technische Fortschritt‹ wurde plötzlich nicht mehr gedankenlos hingenommen, sondern genau auf seine Umwelt- und Sozialverträglichkeit geprüft. ›Umweltschutz‹, dem einst der konservative Muff einer vergangenen Ära angehaftet hatte, war plötzlich zu einem modernen gesellschaftlichen Thema geworden. Hitzige Diskussionen waren an der Tagesordnung, bedeuteten aber nicht zwangsläufig auch Besserung. Die ökologische Situation lieferte noch immer einigen Grund zur Sorge; so auch für Graf Bernadotte, dem das Wohlergehen seiner eigenen Umgebung - des Bodensees - natürlich besonders am Herzen lag.

Die Verschmutzung hatte in den fünfziger und sechziger Jahren bereits enorme Ausmaße angenommen. Man näherte sich mit großen Schritten einer kritischen Grenze ›of no return‹. Der Phosphatgehalt und der Zuwachs der Algen waren erschreckend hoch. Graf Bernadotte hat die Ursachen deutlich vor Augen: »Ungereinigte Kloake floss geradewegs oder über die 200 direkt in den See mündenden Wasserwege in den Bodensee. Auch Luft, Vegetation und Tierleben rund um die Ufer befanden sich in der Gefahrenzone, unter anderem durch leichtsinnige Bebauung. Die Leute meinten wohl, dass der See mit seinen riesigen Wassermassen soviel Schmutz wie ein Weltmeer schlucken könnte«. Dem war aber beileibe nicht so. Als sich dann irgendwann mehr und mehr Menschen durch das Baden im See Infektionen zugezogen hatten, begann sich die Öffentlichkeit endlich für das Problem zu interessieren. Dass sich Graf Bernadotte unmittelbar betroffen fühlte, lag in der Natur der Sache: Wie könnte er denn als Inselbewohner den ihn umspülenden Bodensee ignorieren? Man musste das Problem beheben, das war evident. Aber wie? Es mussten Taten folgen, und das schnell. Wieder erwies sich Bernadotte als ein Mann der Stunde und der Tat: Zusammen mit anderen Aktivisten der DGG lud er kurzerhand einige Fachmänner und Repräsentanten der drei Bodensee-Anrainerstaaten auf die Insel ein, um die weitere Vorgehensweise zur Rettung des Bodensees zu koordinieren. Ein wichtiger Schritt, zumal es bis dato keinerlei grenzübergreifende Wasserschutzbestimmungen gegeben hatte. Nicht zu wissen, ob diese Aktion fruchten würde, war für ihn absolut kein Grund zu zögern; eine Charakterqualität, die sich wie ein roter Faden durch die gesamte Vita des Grafen zieht. Hatte man denn etwas zu verlieren? Mitnichten: Die Eingeladenen zeigten sich durchweg interessiert und engagiert. Das Resultat konnte sich sehen lassen. Im Frühjahr 1971 wurde mit dem ›Bodensee-Manifest‹

Im Sommer 1975 demonstrierte Graf Bernadotte einmal mehr seine Professionalität im Umgang mit den Medien. Durch einige Schlücke aus dem Bodensee bewies er der verblüfften Öffentlichkeit, dass Bodenseewasser auch trinkbar ist. Diese Aufnahme erschien damals beinahe flächendeckend in der europäischen Presse.

ein wichtiges Dokument vorgelegt: das Gründungspapier einer Interessengemeinschaft, die sich das ökologische Gleichgewicht des Bodenseeraumes auf die Fahnen geschrieben hatte. In dem Manifest wurde mit Nachdruck darauf hingewiesen, was für ein unschätzbar wertvolles Natur- und Kulturgut hier auf dem Spiel stünde, und durch welche Faktoren es konkret gefährdet sei. Im Anschluss wurden geeignete Rettungs- und Schutzmaßnahmen formuliert - mit großem Widerhall in den Massenmedien Österreichs, Deutschlands und der Schweiz. Es dauerte nicht lange, bis das Siechtum des Bodensees ein stabiles Thema der Öffentlichkeit geworden war. Offenbar mit einigem Erfolg: »Die Sache klappte. Ich möchte gern glauben, dass das Manifest den Gemeindevätern den entscheidenden Anstoß gegeben hat, in den kommenden Jahren Reinigungswerke für mehrere Milliarden Deutsche Mark bauen zu lassen«. In den folgenden Monaten verbesserte sich die Wasserqualität zusehends. Die Öffentlichkeit wurde über dieses erfreuliche Ergebnis allerdings nicht in Kenntnis gesetzt. Denn während der einstige Missstand, der Skandal, dankbar von Presse und Rundfunk aufgegriffen worden war, hielt man es dort nun für weniger wichtig, die ›langweilige‹ Nachricht der Besserung zu verbreiten. Zum Missfallen des Grafen Bernadotte: »Die Menschen sahen immer noch eine Pestflagge über dem See. Nicht gut, dachte ich, da muss etwas getan werden«. In Bernadotte tauchte anscheinend der alte Schauspieler von einst wieder auf: »1975 lud ich die Honoration und die Presse zu einer Zeremonie teilweise auf und teilweise an der Mainau ein. Um meine Ausführungen über die Gesundung des Bodensees zu illustrieren, stiefelte ich, ausgerüstet mit einigen Kristallgläsern, in den See«. Dann erwies sich Bernadotte als ein ausgesprochenes Genie im Umgang mit den Vertreter der Medien: Bernadotte füllte die Gläser mit Seewasser und trank sie genussvoll und in großen Zügen vor dem versammelten Publikum aus. Ausnahmsloses Staunen. Die Fotografen knipsten, was die Motoren ihrer Kameras hergaben. Reinigendes Blitzlichtgewitter. Bernadotte hatte das PR-Problem wieder einmal mit einfachsten, aber um so phantasievolleren Mitteln gelöst.

Kreativ auf jedem Terrain

Bernadotte genoss jedoch nicht nur in Deutschland, sondern vor allem auch in seiner schwedischen Heimat eine enorme Popularität. Vier Jahrzehnte nach seinem erzwungenen ›Austritt‹ aus dem Königshaus liegt das vor allem an seinem vielfältigen Engagement in den Metiers Fotografie, Film, Theater und Literatur. Schon von jungen Jahren an hatte er sich immer wieder als gewitzter Lyriker und Schaupieler erwiesen. Bereits 1936 hatte er sich während der sogenannten St.-Martins-Spiele in der Nähe von Stockholm erfolgreich als Regisseur

und doppelter Hauptrollen-Inhaber betätigt. In den vierziger Jahren tat er sich sogar als Verfasser eines phantastischen Heimatstückes hervor, in dem er einen alten schwedischen Mythos verarbeitete: Die Sage von einem tyrannischen Großbauern, der unter anderem sogar den Dorfpfarrer vor dem Altar ermordet haben soll, weil der seinen Hof nicht ordnungsgemäß vom Schnee befreit hatte. Obwohl sich Bernadotte während der Niederschrift auf nichts anderes stützen konnte als auf seine lückenhafte humanistische Schulbildung und auf sein kreatives Talent, wurde das Stück schließlich mit großem Erfolg und dem Titel ›Kam i Nesom‹ uraufgeführt. Für einen kleinen Moment schwelgte Bernadotte damals in einem Gefühl, das man vielleicht als ›Dichterglück‹ bezeichnen könnte. Es hatte sich wieder einmal bezahlt gemacht, die nagenden Selbstzweifel so lange klein zu reden, bis sie sich rückstandslos in Nichts aufgelöst hatten. Ob er sich nun bewusst dazu entschlossen hatte oder nicht: Die Schauspielerei nahm fortan einen wichtigen Teil in Bernadottes Leben ein.

Da wäre die badische ›Fasnacht‹, diese auf uralten Riten basierende närrische Zeit am Bodensee, in der sich Bernadotte bald auch als ›Edelnärrischer Großkomtur‹ einen Namen machen sollte, obwohl in seiner evangelischen Heimat keinerlei nennenswerte Karnevalstradition existiert. Auf der Mainau hatte man schon 1949 den Verein ›Hofnarrenzunft Mainauer Paradiesvögel e. V.‹ gegründet. Ein Beweggrund dafür war unter anderem die Vorahnung, dass ›dieser Schwedenprinz‹ schon bald wieder auf die Insel zurückkehren und sich erneut gegen althergebrachte Traditionen auflehnen würde. Was bekanntermaßen ja auch so eintrat. Nachdem sich dieser ›Schwedenprinz‹ dann einige Tage lang mit den ideologischen Grundlagen dieses Treibens beschäftigt hatte, erschien es ihm völlig klar: Die Fasnacht - und insbesondere die ›Mainauer Fasnet‹ - war auch für seine eigene theatralische Leidenschaft ein geradezu idealer Tummelplatz! »Während einiger Tage ist die ganze Untertänigkeit außer Kraft gesetzt. Man konnte sagen, was man wollte. Die Spitze durfte deutlich, aber vorsichtigerweise in entwaffnendem Humor eingebettet sein. Die Macht der Satire«. In den folgenden Jahrzehnten betätigte sich Bernadotte mit kontinuierlich wachsender Begeisterung an diesem allwinterlichen Treiben. Die nach und nach zur Welt kommenden und heranwachsenden Kinder und Sonja standen in nichts nach. Der Inselherr selbst sah's mit Freude, wusste er doch sehr wohl um die reinigende Kraft der närrischen Zeit: »Wir haben die ›Paradiesvögel‹ und den Narrenrat seitens der Familie immer als Spiegel interner Ereignisse empfunden. Es lag ja in unserem eigenen Interesse, dass Irritationsmomente, an die wir vielleicht nicht gedacht hatten, uns zur Kenntnis kamen und beizeiten eliminiert werden konnten. Wenn das

Links: Der ›Edelnärrische Großkomtur‹ Bernadotte vor einem Gemälde des früheren Inselherren, seines Urgroßvaters Großherzog Friedrich von Baden.

Mitte und rechts: Die ›Mainauer Fasnacht‹ war für Bernadottes theatralische Leidenschaft ein geradezu idealer Tummelplatz, und nicht minder für seine Familie.

dann unter lustiger Feststimmung und persönlich herzlichen Formen vorgebracht wurde, konnten wir uns nichts besseres wünschen«. Und so engagierten sich Bernadotte und seine Familie stets mit großem närrischem Eifer. Fasnacht, das wurde bald zu einem unentbehrlichen Teil des Seelenlebens der Mainau wie auch des Grafen. Dass man gelegentlich auch selbst als Zielscheibe des allgemeinen Gelächters diente, tat dem Spaß keinen Abbruch, im Gegenteil. Bereits legendär sind die Auftritte des Grafen als Großherzog Friedrich I. von Baden oder als drolliger Gartenzwerg. Weil für diese Art von Parkzierden auf der Mainau stets Generalverbot herrschte war es für ihn geradezu eine Selbstverständlichkeit, einmal selbst in diese Rolle zu schlüpfen: »Ich war damit bestimmt der größte Zwerg der Welt!« Graf Bernadotte weiß sie noch alle, die Mottos, unter denen er mit seiner Familie in die humoristische Schlacht gezogen war: »Niemals nach meiner Babyzeit war ich beispielsweise so nett und zierlich gewesen wie bei meinem Auftritt als Balletttänzerin im weißen Trikot, mit einem minimalen Tüllröckchen à la Schwanensee, Ballettschuhen Größe 46 und einer kohlschwarzen Perücke, die im Nacken gebunden wurde. Und dazu ein verführerisches Make-up. Ich führte zusammen mit dem virilen Prinzen Sonja unsäglich ergreifende Pas-de-deux vor«. Nachdem sich das Gerücht über seine ergreifende Schönheit bis nach Wien herumgesprochen hatte, wurde der teilzeitfeminine Graf sogar in die dortige Hofburg, das alte Kaiserschloss, berufen, um dort den »Lieben Augustin« entgegenzunehmen, der innerhalb der Wiener Faschingsgesellschaft einer Oscar-Verleihung gleichkommt.

Weniger närrisch, doch deswegen keineswegs immer todernst, gerierte sich Graf Bernadotte als Autor seiner eigenen Memoiren, an deren Niederschrift er sich 1975 nach langem Abwägen herangewagt hatte. Diverse Verlage hatten ihn schon einige Male darum gebeten. In seinem Leben sei ja so unglaublich viel geschehen, lautete damals das Argument, und die brennend interessierte Öffentlichkeit habe doch gewissermaßen sogar ein Anrecht, die Wahrheit zu erfahren? Bernadotte hatte schließlich eingewilligt, und so entstand mit den Wochen und Monaten ein erster Teil seiner Autobiographie. Das Chaos aus zahllosen Fakten und Erinnerungen begann schreibend sich zu ordnen und floss schließlich in eine plausible Struktur. Beschönigt wurde dabei kaum etwas. Die mehr als dürftige Beziehung zu seiner Mutter Maria Pawlowna kam darin ebenso zur Sprache wie der dramatische Bruch mit dem schwedischen Königshaus oder die schleichende Krise in seiner ersten Ehe mit Karin. Allerdings endete die Chronologie noch vor dem Kapitel ›Sonja Haunz‹; hatte dies doch auch in der Realität gerade erst begonnen. 1977 erschien das fertige Buch schließlich in Schweden, und ein Jahr später unter dem Titel ›Der kleine Prinz‹ übersetzt in Deutschland. Es fand vor allem in Bernadottes schwedischer Heimat einen geradezu reißenden Absatz. Der ›Grüne Graf‹ vom Bodensee, der seiner königlichen Abstammung einst mutig den Rücken gekehrt und sich in eine bürgerliche Zukunft aufgemacht hatte, genoss in seiner Heimat offensichtlich immer noch eine enorme Popularität. Ausgerechnet er, dem sein gestrenger Onkel, König Gustav VI. Adolf von Schweden, einst eine sorgenreiche Zukunft prophezeit hatte, hatte durch sein bewundernswertes Lebenswerk und sein sympathisches Auftreten die Massen für sich gewonnen.

Königliche Eisschmelze

Das schwedische Königtum hingegen befand sich zu dieser Zeit bereits in einer schweren Krise: Seit Gustav VI. Adolf 1950 den Thron bestiegen hatte, hatte man stets mit eiserner Disziplin auf ein ernstes und seriöses Auftreten geachtet. Damit erwarb er sich durchaus die Anerkennung der schwedischen Bevölkerung. Diverse Unklarheiten hinsichtlich der Erbfolge trübten jedoch zunehmend den Himmel über seiner Regentschaft. Der designierte Thronfolger, König Gustav VI. Adolfs ältester Sohn Prinz Gustav Adolf, war bereits 1947 bei einem Unfall ums Leben gekommen. Seine jüngeren Brüder, darunter auch Graf Lennarts ›Lieblingscousin‹ Prinz Sigvard, hatten ihr Erbfolgerecht durch bürgerliche Vermählungen oder sonstige Verstöße gegen das ›Familiengesetz‹ verwirkt. Nach dem Tod des langjährigen Königs Gustav VI. Adolf folgte ihm somit sein Enkel Carl Gustav auf den Thron. Zu dieser Zeit hatte das Image des Königshauses jedoch schon arg gelitten. Staatstheoretiker hatten der schwedischen Monarchie sogar schon ein baldiges Ende vorausgesagt. Am 19. Juni 1976 aber sollte das Siechtum der Monarchie schlagartig ein Ende finden. An diesem für die Schweden bedeutungsvollen Tag heiratete König Carl XVI. Gustav nämlich ein gewisses Fräulein Silvia Sommerlath, eine Dolmetscherin aus Heidelberg, die der König während der Olympischen Spiele kennengelernt hatte. ›Der König heiratet eine Bürgerliche!‹ Der Skandal blieb jedoch aus. Während seine bürgerliche Vermählung für Graf Lennart noch mit dem Verlust sämtlicher monarchischer Privilegien und einem Verstoß aus dem Königshaus verbunden war, blieb dasselbe ›Delikt‹ nun - 40 Jahre später - für seinen Neffen gänzlich ohne Folgen. Da ja er selbst das Staatsoberhaupt war, bedurfte es auch keiner weiteren Zustimmung mehr von höherer Ebene. Heute sind sich die Hof-Beobachter einig: Die damals wenig populäre schwedische Monarchie wurde gerade durch den ›Einzug‹ von König Silvia vor dem Ableben bewahrt. Im Jahr der Silberhochzeit stellte sich in zahlreichen Umfrageergebnissen offiziell heraus, was man in ganz Europa schon lange gespürt hatte: Das schwedische Volk hegt heute dank der charmanten Königin Silvia, ihrem Mann und den drei Kindern Victoria, Carl Philip und Madeleine wieder enorme Sympathien für die Königsfamilie. Das Eis war geschmolzen. Die Monarchie strahlt heute sogar glänzender als je zuvor am schwedischen Firmament.

Silvias schönstes Hochzeitsfoto

Juni 1976. Die »Stella Nova« dümpelt in der Nähe des Schlosses von Stockholm an der Pier. Während sich die Fotografen und Reporter aus aller Welt, die zur Hochzeit von König Carl XVI. Gustav angereist waren, mit dem Ehrengästen um die Hotelzimmer rangelten, hatten Graf Lennart und Gräfin Sonja ihr schwimmendes Zuhause bezogen: die große Motoryacht ›Stella Nova‹, die bereits einige Jahre zuvor für Graf Lennart und Gräfin Sonja gebaut worden war. Vom Pier aus konnten sie die wichtigsten Bälle und gesellschaftlichen Anlässe leicht mit dem Wagen erreichen. Hier war Ruhe nach den anstrengenden Veranstaltungen und den Festen, die sich in diesen Tagen um den 19. Juni 1976 herum abspielten. Der Hochzeitstag von König Carl XVI. Gustav und seiner Silvia war der Höhepunkt des Jahres, auf den alle europäischen Zeitungen, Illustrierten und Rundfunksender seit Wochen gespannt gewartet hatten. Die Schweden zeigten anhand von Abertausenden von jubelnden Menschen, dass sie gemeinsam mit dem neuen Königspaar feiern wollten.

Mehr als 1000 Journalisten und Fotografen kämpften an diesem Tag um die besten Bilder und Storys. Das eindrucksvollste Foto der Hochzeit sollte jedoch ein anderer schießen: kein Geringerer nämlich als der ›Mainau-Graf‹ Lennart Bernadotte. Er hatte sich an diesem Abend zum familiären Empfang seine kleine Minox-Kamera in die Smokingtasche gesteckt. Nachdem er beim Defilee an den Fotografen vorbeimarschiert war, zog er plötzlich die winzige Kamera aus der Tasche, blieb vor den eifrig rangelnden »Kollegen« stehen und »schoss« zurück. Jubel bei den gestressten Medienvertretern, die sich über den Mann von der Mainau als humorigen »Berufskollegen« freuten. Anschließend tanzte das jungvermählte Paar im Kreise der engsten

Oben: Graf Bernadotte als ›Bodenseekapitän‹ (1977).

Mitte: Zum engsten Freundeskreis der Familie zählten unter anderem die Kammersängerin Anneliese Rothenberger und ihr inzwischen verstorbener Gemahl Gerd Dieberitz.

Unten: Graf Bernadotte mit dem Bordmaschinisten seiner geliebten Yacht ›Stella Nova‹.

Familie und des europäischen Hochadels den ersten Brautwalzer. Hier gibt es ein Foto, das die Eleganz und die Zuneigung des Paares eindrucksvoller darstellt als alles andere. Der mit etwa zwei Metern doch eher großgewachsene Lennart Bernadotte hatte die Kamera über die Häupter der Gäste gehoben und das stimmungsvollste Hochzeitsfoto in seinem Kästchen. Das so entstandene Bild geisterte in den folgenden Jahrzehnten geheimnisumwittert durch die Gazetten, da niemand etwas von seinem Urheber wusste. Nur Graf Bernadotte, den das Fotografenfieber an diesem Abend offenbar wieder voll ergriffen hatte, wusste um seinen wahren Urheber.

Bald darauf wurde auch das schwedische Erbfolgerecht geändert. Laut dem bis dahin gültigen Nachfolgegesetz von 1810 war es jeweils der erstgeborene Sohn des Königs gewesen, der seinem Vater auf den Thron nachfolgen sollte. Nachdem jedoch Königin Silvia als erstes Kind ein Mädchen - genauer gesagt die kleine Victoria - zur Welt gebracht hatte, begann in Schweden eine heftige Diskussion, ob es nicht an der Zeit sei, das Männerprivileg in der Erbfolge zu beseitigen. 1979 erließ der Reichstag schließlich ein neues Nachfolgegesetz, demzufolge nun das erstgeborene Kind des Königs zur Thronfolge vorgesehen ist - im aktuellen Fall also Kronprinzessin Victoria. Anscheinend wehte in der einst so rückständigen schwedischen Monarchie nun ein frischer Wind. Freiheiten, für die zu kämpfen den ehemaligen

Oben: Das schönste Foto von Königin Silvias Hochzeit schoss kein akkreditierter Fotograf, sondern ihr ›Onkel‹ Lennart vom Bodensee.

Links: 1978 erschien in Deutschland unter dem Titel ›Gute Nacht, kleiner Prinz‹ der erste Teil von Bernadottes Memoiren.

Erbfürsten Lennart einst all seine königlichen Privilegien und Sicherheiten gekostet hatte, waren nun selbstverständlich. Das vielleicht deutlichste Indiz für eine Humanisierung des schwedischen Königshauses war für den ›Mainau-Grafen‹ jedoch der Umzug der Königsfamilie nach Schloss Drottningholm. »Ich weiß ja nur zu gut, wie schrecklich es für Kinder ist, in Fyrkanten, diesem monströsen Museum, aufzuwachsen. Mit den Kindern nach Drottningholm zu ziehen, war ein sehr kluger Entschluss von Silvia und Carl Gustav«. Offenbar lenkte nun eine neue, tolerantere Generation die Geschicke des Königshauses, deren Angehörige den Grafen Lennart inzwischen als einen ihrer Wegbereiter hoch schätzen, der einst für seinen ›Ungehorsam‹ teuer bezahlen musste.

Nun hatten sich die Zeiten jedoch grundlegend geändert: Die siebziger Jahre gelten heute als das Jahzehnt der Individualisierung des Lebens. Auch die europäischen Monarchien blieben von der Entwicklung nicht ausgenommen. ›Toleranz und Freiheit‹ lautete die Devise. Mehr als vier Jahrzehnte nach dem folgenschweren Eklat um seine

Hochzeit war Graf Bernadotte am schwedischen Königshof wieder rehabilitiert. Sich aus aufrichtiger Liebe gegen althergebrachte Standesdünkel zu entscheiden, wurde nun offenbar nicht mehr als Verbrechen angesehen. Stattdessen bewunderte man den ›Onkel‹ vom Bodensee als einen überaus engagierten Naturschützer und einen humorigen, linientreuen Mann. Und außerdem war er ja - wenn schon kein offizielles Mitglied des Königshauses - so doch immer ein Angehöriger der Familie Bernadotte geblieben. Die Sommermonate verbrachte die gräfliche Familie Bernadotte auf der ›Stella Nova‹, der familieneigenen Motoryacht, mit der sich Graf Lennart einen langehegten Traum von grenzenloser Freiheit erfüllt hatte; vielleicht eine Folge der vielen erdrückenden Zwänge, denen er sich in Kindheit und Jugend ausgesetzt sah. Mit der Yacht wurden einige der unendlich vielen schwedischen Binnengewässer bereist, Graf Bernadotte konnte seiner Frau und dem gemeinsamen Nachwuchs einige unvergessliche Eindrücke seiner Heimat vermitteln. Seine Gemahlin zeigte ohnehin ein ungewöhnlich großes Interesse für seine Heimat: Innerhalb weniger Monate hatte sie ein makelloses Schwedisch gelernt, was den schwedischen Journalisten einige Male doch recht verblüffte Blicke entlockte. Im Laufe der Jahre verbrachte man traumhafte Sommermonate im Kreise der Familie oder mit engen Freunden, unter denen vor allem die Kammersängerin Anneliese Rothenberger und ihr inzwischen verstorbener Gemahl Gerd Dieberitz zu nennen wären. Auch entwickelte sich durch die zahlreichen Aufenthalte in Schweden ein guter Kontakt zur Königsfamilie um Königin Silvia und König Carl XVI. Gustav. Charakterlich ließ sich Graf Bernadotte durch diese Rückbindung an das Königshaus aber keineswegs aus der Ruhe bringen: »Menschen sind für mich zunächst einmal Menschen. Sei es nun durch Talent, Vorlieben, Fähigkeiten oder Charakterqualitäten: Viele Menschen haben im Laufe der Jahre meine Hochachtung gewonnen. Und darunter besaßen nur wenige einen wohlklingenden Titel«. Bernadotte, der inzwischen mit Ministern, Präsidenten und Königen in vielen Ländern auf Du und Du war, hatte auch weiterhin kein Problem damit, sich mit Plaudereien und Scherzen mit Angehörigen der sogenannten ›niederen Kaste‹ abzugeben.

Das verzauberte fünfte Jahr

Zuhause auf der Mainau überschlugen sich in diesen Jahren förmlich die Erfolgsmeldungen. Besucherrekorde wurden verbucht, und mit den erwirtschafteten Gewinnen konnten weitere Blütenträume auf der Insel wahr gemacht werden. Offenbar hatte sich das öffentliche Engagement des Grafen voll bezahlt gemacht. Es war, als wollte den beiden verheirateten Geschäftspartnern wirklich alles gelingen. Seit Gräfin Sonja den Chefposten der Mainau übernommen hatte, öffneten sich beispielsweise die Schlosspforten - zumindest im Nordflügel - auch für die Öffentlichkeit. Die Idee der Schlossherrin, hier in Zukunft regelmäßig Ausstellungen und kulturelle Angebote aller Art zu veranstalten, stieß auf ungemein lebhaftes Interesse; und ihr Mann betrachtete mit Genugtuung, wie sie sich durch ihren weitsichtigen Innovationsgeist allmählich den Respekt der ganzen Belegschaft verdiente. Die Belegschaft genoss umgekehrt auch großes Ansehen bei der gräflichen Familie. Schließlich waren es die von Bernadotte hochgelobten Angestellten, die die teils recht bizarren Ideen der Geschäftsführung mit ihrem immensen Know-How zu verwirklichen hatten. So ist es vor allem auch den erfahrenen Gärtnern zu verdanken, dass in dem 1974 angelegten Orchideenhaus oder an der ›Rosenstraße‹ auf der Südseite der Insel die Vielfalt der Pflanzen kontinuierlich vergrößert werden konnte. Bereichert durch Publikumsmagneten wie die phantasti-

schen Blumenfabelwesen, einige Wasserspiele oder Kinderspielanlagen wurde ein Besuch auf der Bodenseeinsel so für Millionen von Besuchern ein unvergessliches Erlebnis. Das verheiratete Geschäftsduo Bernadotte funktionierte wie ein Uhrwerk: Während die Gräfin die Entwicklungen auf der Insel lenkte, hatte der Graf nun endlich den Rücken frei, um außerhalb der Insel seinen gesellschaftlichen Verpflichtungen nachzukommen und somit auch für die Mainau Reklame zu machen. Es scheint, als habe das Rezept funktioniert. Im Laufe der Jahre wuchs die Zahl der Besucher auf teilweise fast zwei Millionen pro Jahr. Dank der verbesserten finanziellen Lage des Unternehmens hatte man nun endlich auch die Mittel, um den Steg zum Festland durch eine ordentlich ausgebaute Brücke zu ersetzen. Lange hatte man sich mit dem alten gusseisernen Provisorium begnügen müssen, auf dem sich Zulieferer und Bedienstete mit ihren Autos und die spazierenden Besucherscharen immer wieder in die Quere gekommen waren. Als das neue Bauwerk zwischen Insel und Festland im Sommer 1977 schließlich errichtet war, ging Bernadotte stolz wie ein Pfau auf ihm hin und her. »Es war, als wäre ein Pfropfen herausgezogen worden, als endlich die Fahrzeuge eine Fahrbahn und die Fußgänger eine eigene Brückenhälfte bekamen«.

Dass diese Brücke bereits einige Wochen später schließlich zu einem großartigen Symbol der Versöhnung werden würde, konnte damals aber noch niemand ahnen. Nachdem die unschönen Erlebnisse im Rahmen der Scheidung von Karin nunmehr schon ganze fünf Jahre zurück lagen, bemerkte Graf Lennart, dass sich die Einstellung seiner Exfrau allmählich gewandelt hatte: »Die Jahre vergingen, und sie konnte wohl auch nicht von den ständig positiven Bulletins des Mainauer Familienglücks unberührt geblieben sein. Gleichzeitig verschlechterte sich ihre eigene Familiensituation. Die Enkelkinder gingen ihr aus dem Weg. Sie konnten ihre ständigen Klagelieder über dasselbe Thema nicht mehr hören. Im Laufe der Zeit wurden die Kontakte zwischen Karin und mir dann etwas entspannter. Ich ahnte den Beginn eines kommenden Tauwetters«. Und als es schließlich an der Zeit war, arrangierte Graf Bernadotte mutig und unauffällig ein ›Dreieckstreffen‹. So kam es schließlich - nach einigen Jahren des ›Kalten Krieges‹ - unausweichlich zu einer Konfrontation: »Ich fühlte mich so herrlich leichtsinnig! Mein Schwiegersohn Rudi Kautz, der mit unserer Tochter Marie-Luise verheiratet war, gab zu seinem 50. Geburtstag einen Empfang. Gleichzeitig mit Sonja und mir war auch Karin da. Sonja verhielt sich freundlich abwartend und überließ Karin die Initiative. Das ging gut. So gut, dass Karin uns einlud, sie in ihrer Konstanzer Wohnung zu besuchen. Das Eis war gebrochen«. In den folgenden Monaten wiederholte man die Zusammenkünfte in immer kleineren Intervallen - auch auf der Insel Mainau. Offenbar fügten sich alle Anwesenden bestens in ihre neuen Rollen: »Karin bekam einen herzlichen Kontakt zu der neuen Kinderschar. Es hatte den Anschein, als wäre all ihre Bitterkeit verflogen. Sie war auffallend positiv und schien es deutlich zu genießen, nicht mehr die Verantwortung einer Schlossfrau tragen zu müssen. ›Ich bin in Rente gegangen‹, sagte sie mit zufriedener Miene«. Sogar einige Tage und Nächte zusammen auf den wenigen Quadratmetern der ›Stella Nova‹ waren für die wiederversöhnten Drei kein Problem. »Als 1977 dann die neue Brücke fertig war, bat Karin, zur Eröffnung zusammen mit Sonja und mir Arm in Arm über die Brücke gehen zu können. Wir waren freudig überrascht und nahen die Idee gern auf. Diese kleine Zeremonie empfanden wir wie einen Brückenschlag im Privaten«.

Graf Bernadotte war in gewisser Weise ein Stein vom Herzen gefallen. Einen ›Kalten Krieg‹ mit der

Links: Dass Königin Silvia und König Carl XVI. Gustav ihren Kindern nicht zumuten wollten, in den Stockholmer ›Fyrkanten‹ aufzuwachsen, erschien Graf Bernadotte als ein deutliches Zeichen des neuen Geistes am Königshof.

Mitte: Als Graf Lennart 1979 seinen 70. Geburtstag feierte, gab sich auch das schwedische Königspaar die Ehre.

Rechts: Als einen »Brückenschlag im Privaten« empfand Bernadotte die langersehnte Versöhnung zwischen Karin, Sonja und ihm, hier auf der neuen Mainaubrücke von 1977.

Frau, die lange Jahre der Mittelpunkt seines Lebens gewesen war, hatte er keinesfalls als einen haltbaren Zustand empfunden. Dass die Angelegenheit nun anscheinend doch noch zum Wohle aller ausgegangen war, bedeutete Balsam auch für seine Seele. Abgesehen von Jan, seinem Sohn aus erster Ehe, zu dem der Kontakt ja schon vor Jahren gänzlich abgerissen war, bestand ein einigermaßen guter - wenn auch seltener - Kontakt zu den anderen Kindern aus erster Ehe, vor allem zur ältesten Tochter Birgitta. Sie hatte sich als einzige auch in der Scheidungsphase verständnisvoll gegenüber ihrem Vater verhalten.

Späte Ehren des früh Verstoßenen

So konnte Bernadotte in aller Zuversicht seinem 70. Geburtstag am 8. Mai 1977 entgegenblicken. Dass zu diesem seinem Jubiläumsjahr allerdings solch ein ›Spektakel‹ um seine Person gemacht würde, hätte er sich wohl selbst nicht träumen lassen. So wurde er zu seinem runden Jahrestag mit einer Fülle von Glückwünschen geradezu überhäuft. Tausende von Freunden, Bewunderern und Staatsmännern gratulierten ihm herzlichst zu seinem Lebenswerk. Damals konnte ja noch niemand wissen, welch kreative Phase des Grafen erst noch bevorstehen würde. Ehrwürdige Auszeichnungen komplettierten das Bild. So wurden dem Jubilar an seinem ›großen Tag‹ feierlich einige Ehrungen zuteil, unter denen vor allem die Verdienstmedaille des Landes Baden-Württemberg, der Ehrenring der Stadt Konstanz, die Ehrenbürgerwürde der Stadt Lindau, die Deutsche Umwelt-Medaille und die Ehrendoktorwürde der Universität Hohenheim zu nennen wären. »Hätte man mir nach meinem Verweis aus dem schwedischen Königshaus prophezeit, dass ich irgendwann als hochdekorierter Mann gefeiert würde, ich hätte wohl ziemlich ungläubig dreingeschaut«.

Ausnahmesituationen wie etwa zur Zeit der schweren Ölkrise 1973 oder der Giftgaskatastrophe in Seveso hatten ihren Teil dazu beigetragen, dass die breite Öffentlichkeit allmählich für die drängendsten Umweltprobleme sensibilisiert worden waren. Um so mehr wurde nun auch Bernadottes langjähriges Engagement in Sachen Umweltschutz honoriert. Und war in diesen Jahren von einem gewissen ›Grünen Grafen vom Bodensee‹ die Rede - beinahe jeder Deutsche wusste, wer damit gemeint war. In den Monaten nach seinem siebzigsten Geburtstag begann dieser aber allmählich, sich von seinen zahlreichen repräsentativen Aktivitäten zu verabschieden; für die jeweiligen Organisationen Grund genug, ihn zum Ehrenpräsidenten zu küren. Eine adäquate Nachfolgerin hatte man in den meisten Fällen schnell gefunden: Als Bernadotte 1982 beispielsweise zum Ehrenpräsidenten der Deutschen Gartenbaugesellschaft ernannt wurde, betraute man postwendend seine Frau Sonja mit der Nachfolge; und ebenso wurde es einige Jahre später auch vom Kuratorium für die Tagungen der Nobelpreisträger in Lindau gehandhabt (eine detaillierte chronologische Übersicht befindet sich im Anhang dieses Bandes).

Wird Bernadotte heute gefragt, ob denn all seine externen Engagements - DGG, die Mainausymposien, der Deutsche Rat für Landespflege und die Nobelpreisträgertreffen - dem Erfolg des Unternehmens Mainau nicht auch geschadet hätten, hält er

Links: Mutter, Unternehmerin, und dennoch in vielen repräsentativen Bereichen eine würdige Nachfolgerin ihres erfolgreichen Mannes: Gräfin Sonja Bernadotte (1982).

Rechts: Auch wenn er sich selbst immer mehr als ein Mann der Tat denn der Analyse bewiesen hat: Auf seine Ernennung zum Ehrendoktor der Universität Hohenheim im Mai 1979 war Graf Bernadotte besonders stolz.

absolut überzeugt dagegen: »Ich glaube nicht, dass die Mainau gelitten hat. Meine außerordentlich guten Mitarbeiter haben mir geholfen, alles unter Kontrolle zu behalten. Und mein Engagement war offenbar gut für das Ansehen der Mainau. Ganz abgesehen von den wertvollen Kontakten«. Nun war die Zeit der Zweigleisigkeit jedoch ein für alle Mal zu Ende. Und auch in der unternehmerischen ›Schaltzentrale‹ der Insel stand inzwischen jemand anderes am Steuerrad: Gräfin Sonja. Sie hatte ihren Mann schnell mit ihren Führungsqualitäten überzeugen können. 1981 hatte er ihr die Alleinverantwortung für die Geschäfte der Mainau übertragen. »Ich war überzeugt, dass genau darin die Lösung bestand. Ich wusste, sie würde in einer positiven Spirale landen. Sie war stark genug, bei Widerstand, der gegen ihre Überzeugung war, nicht zu kapitulieren. Und sie war klug genug, auf andere zu hören und ihr Urteil noch einmal zu überprüfen«. Noch heute ist Bernadotte sichtlich begeistert, wenn er von der Kraft seiner Frau Sonja spricht - dem »strahlendsten Stern seines reifen Alters«.

Späte Vaterfreuden

Im Geschäftlichen hatte sich Gräfin Sonja schnell als eine absolut verlässliche Führungskraft bewiesen. Hinsichtlich der Familienplanung lagen die Absichten von Graf und Gräfin zunächst jedoch sehr weit auseinander. Als Bernadotte 1972 seine Sonja geheiratet hatte, war seine Familienplanung eigentlich gegen Null eingestellt. »Die Erlebnisse mit Karin und den Kindern aus erster Ehe hatten mich vorsichtig werden lassen. Meine große Sehnsucht galt nur Sonja und einem Leben mit ihr«. Seine junge Gemahlin sah das aber offenbar anders: »Sie sprach lang und breit darüber, dass sie sechs Kinder mit mir haben wolle. Ohne Kinder wäre ich recht uninteressant für sie, behauptete sie«. Offenbar hatte Graf Bernadotte aber bereits nach der Geburt des ersten gemeinsamen Kindes seine Haltung geändert: Bereits mit der kleinen Bettina, die sich heute selbst bescheiden als »Probeabzug« bezeichnet, waren Bernadottes Vaterfreuden neu erwacht. Aus Gräfin Sonjas ursprünglichem Wunsch, den sechs Kindern, wurde zwar nichts mehr. Sie gewann aber schließlich mit 5:1 und verzichtete nur auf das letzte Kind: 1979 und 1982 waren nämlich mit Christian und Diana die beiden Jüngsten dazugekommen. In der Erziehung sollten die Kinder zwar durchaus von einer festen Hand geführt werden. Mit größter Sorgfalt achtete der einst in seiner Kindheit so unglückliche Bernadotte jedoch darüber, dass jedes Kind - außerhalb gewisser schulischer und familiärer Pflichten - seine persönlichen Interessen und Begabungen ausleben durfte. Sie sollten gleichzeitig zu mehr Freiheit, aber auch zu mehr Verantwortung erzogen werden. Der stolze Vater - bei der Geburt seiner jüngsten Tochter Diana immerhin vitale 73 Jahre alt - hatte seine Rolle deutlich vor Augen: »Mit mir sollten die Kinder ernste Dinge bereden können. Spaß mit mir haben. Vielleicht auch aus den Erfahrungen meines langen Lebens lernen und Genaueres über Verbindungen zu den Bernadott'schen und Romanowschen Familienwurzeln erfahren«. Einem schwedischen Feuilletonisten zufolge ist mit den fünf Kindern das Ende der Fahnenstange noch nicht erreicht. Seiner Prophezeiung gemäß wird noch im Jahr 2006 als Schlagzeile in den europäischen Zeitungen zu lesen sein: »Lennart Bernadotte wieder Vater geworden«. Bernadottes postwendender Kommentar: »Ich möchte ihn nur ungern entäuschen. Aber Genaues kann ich nicht versprechen«.

Nun, da er sich selbst als ›Rentner‹ und die Belegschaft ihn als ›Seniorchef‹ bezeichnete, konnte er endlich nach Lust und Laune seinen privaten Pläsierchen nachkommen, vor allem seinen ausführlichen Zeitungslektüren am offenen Kamin oder der Jagd; wenn auch hier mit eher geringem Erfolg. Wenn Bernadotte auf seine langen Spaziergänge in seinen Wäldern auf dem nahegelegenen Festland zu sprechen kommt, wird deutlich, wie sehr er sich mit der Natur verbunden und ihr verpflichtet fühlt: »Meine Gedanken gehen dann auf Wanderschaft. Ich kenne wirklich jeden einzelnen Baum in meiner Umgebung. Oft sitze ich dort und führe stille Gespräche mit ihnen. Kleine Morgenschauer lassen die Zweige wehen. Ich bilde mir gern ein, dass sie mir etwas sagen wollen: ›Willkommen! Nur die Ruhe bewahren! Wir verstehen uns schon. Wir wissen, dass du dich um uns kümmerst. Bei uns findest du Geheimnisse, Leben, Tod, Erneuerung. Du solltest sehen, wie der Frühling freudetrunken auf unseren verwelkten Blättern tanzt, die zu Humus werden, der neue Generationen von Jahrhundert zu Jahrhundert tragen wird.

Graf Bernadottes Familienplanung war zunächst eigentlich gegen Null eingestellt; die seiner Frau Sonja aber gegen Sechs. »Sonja gewann schließlich zur Freude aller mit 5:1«.

Du wirst vergehen, wir bleiben bestehen«. Wenn Bernadotte dann doch einmal einen Bock schießen musste, dann - so beteuert er glaubhaft - nur wenn die Vernunft keine andere Alternative mehr offen ließ: »Der Bock erhebt sich gemächlich, schüttelt sich und kratzt sich mit den Hörnern den Rücken. Das Verweilen mit ihm ist so schön, dass ich überhaupt keinen Gedanken habe, ihn zu schießen. Aber dann wird er auf einmal zum Schädling. Er beginnt, seinen Kopfschmuck wollüstig an den schönsten, vielversprechenden Kiefern zu fegen. Die Baumrinde fällt in großen Streifen ab, die Bäume sind zum Sterben verurteilt«. Dann wird bedächtig gezielt, einmal tief durchgeatmet und geschossen. Der Bock fällt. »Ich bleibe dann noch ein Weilchen sitzen und meditiere über Leben und Tod; über das Zusammenspiel des Wildes mit meinen Bäumen und über meine Pflichten, einzugreifen«.

Optische Träume

Sicher, die freie Zeit als verdienter Pensionär wusste sich Bernadotte in den ersten Monaten bestens zu vertreiben. Bald fühlte er sich dann aber doch noch ein wenig zu vital, als dass er sich gänzlich aufs Altenteil hätte zurückziehen können. Womit sollte er sich aber beschäftigen? »Ich war 72 Jahre alt. Arbeitslos. Sollte ich mich etwa auf eine Parkbank setzen, Touristen zählen? Auf den Tod warten?«. Nein, das war nichts für ihn. Bald begann er sich dann auf das eine Hobby zu besinnen, dem auch schon seine Großmutter, die Königin von Schweden, verfallen war; das eine Hobby, das ihn Zeit seines Lebens begleitet hatte: die Fotografie. Ganz hatte er mit ihr ja nie aufgehört. In früheren Zeiten - insbesondere zur Zeit als Chefredakteur der Zeitschrift ›Foto‹ - hatte er sich stets auf der Suche nach dem »perfekten Augenblick« befunden, den er - lauernd im Zeitkontinuum - versuchte auf Film zu bannen. Der Fotograf als Jäger des besonderen Moments. Nun jedoch hatte sich Bernadottes Situation stark verändert. Seine unmittelbare Umgebung, die farben- und formenreiche botanische Fülle auf seiner Insel hatte ihn offenbar so sehr in ihren Bann gezogen, dass sie zum Mittelpunkt seines fotografischen Interesses wurde. Sie nach Art der üblichen Touristenmotive abzulichten, verschaffte ihm kaum Befriedigung. Es war an der Zeit, neue Wege zu erforschen. Seit seinen ersten fotografischen Experimenten zu Beginn des Jahrhunderts hatte sich technisch einiges getan: Mit technisch perfektionierten Kameras, immer lichtstärker werdenden Objektiven und lichtempfindlichen Filmen hatten sich inzwischen ungeahnte Möglichkeiten eröffnet. Und Graf Bernadotte witterte seine Chance, jetzt einen fotografisch ungewohnten, ›anderen Blick‹ auf die ihn umgebende Pracht werfen zu können. »Ich suchte nach einer anderen Dimension. Ich begann, das Klitzekleine zu beobachten, das dem Auge normalerweise entgeht. Ich ahnte eine Welt. Eine Mikrowelt«.

Links: Das Unsichtbare sichtbar zu machen, in einen ungeahnten Mikrokosmos vorzudringen und ihn in all seiner Pracht auf Film zu bannen, das war Bernadottes späte fotografische Ambition (hier: ein Blick ins ›Herz‹ der Kronen-Anemone).

Die verblüffenden Gebilde, die sich dem Mainau-Grafen in diesem Mikrokosmos darboten, überwältigten ihn offenbar so sehr, dass er kurzzeitig sogar zum gläubigen Theisten zu werden schien: »Was mir auf der Mainau an Modellen zur Verfügung stand, gehörte mit Sicherheit zum Wunderschönsten, was Gott geschaffen hat«. Die Gebilde dieser verborgenen Welt, so hatte sich Bernadotte vorgenommen, sollten in all ihrer gewaltigen Herrlichkeit festgehalten und einem größeren Publikum zugänglich gemacht werden. Durch die entsprechende Vergrößerung via Makrofotografie würden sich sicherlich beeindruckende Ergebnisse erzielen lassen. Die Kameratechnik, insbesondere die Findung der notwendigen Tiefenschärfe, stellte dank seiner langjährigen fotografischen Erfahrung kein Problem dar, sehr wohl aber die Frage der Beleuchtung. Hier bedurfte es zunächst einiger Experimente: »Blitzlicht war gut und schön, aber extrem schwierig zu dosieren. Mit Ventilatoren versehene TV-Lampen gaben gutes Licht, aber auch Wärme, wodurch die Modelle lange vor Fotobeginn dahinwelkten. Kaltes Licht. Es gab keine andere Lösung«.

Nach einiger Zeit des Suchens hatte der Mikrokosmonaut dann endlich eine adäquate Beleuchttungsvariante gefunden. Mit kleinen, starken Kaltlichtlampen ließen sich endlich die erwünschten Ergebnisse in neutralen Farbtönen realisieren. Jetzt war es möglich, in aller Ruhe das Wesentliche eines Motivs zu fokussieren, ohne dass es einem sofort unter der Linse dahinwelkte. Was dann entstand, gehört zweifelsohne zum Beeindruckendsten, was via Makrofotografie jemals kreiert wurde. Vor zumeist völlig neutralem, schwarzem Hintergrund entblößt Bernadotte scheinbar spielerisch die Geheimnisse einer Miniaturwelt. Sie tritt uns um ein Vielfaches vergrößert in monumentaler Schönheit entgegen; und das in einer fotografischen Perfektion, wie man sie allenfalls von makrofotografischen Koryphäen wie Karl Blossfeldt kannte. Verletzlich, nackt und unendlich kostbar präsentiert sich die exotische Pflanzenwelt, beinahe frivol entblößt sie ihre Geschlechtsorgane. Und dies teilweise so lasziv, dass einige Fotos unmöglich der Öffentlichkeit gezeigt werden konnten, weil sie beinahe pornografische Züge vorwiesen. Auch wenn er sich selbst gewiss nicht als prüde ansieht: Als ›Porno-Graf vom Bodensee‹ wollte er in Zukunft dann doch nicht durch die Gazetten geistern. Stattdessen wurde es zu Bernadottes ureigenstem Markenzeichen, in den komplexen, für das ungeübte Auge beinahe chaotisch wirkenden Blütenstrukturen einen harmonischen Aufbau zu erkennen und diesen mittels großer technischer Kompetenz in einem harmonischen Bildaufbau wirkungsvoll ins Bild zu setzen. Bald begannen den leidenschaftlichen Fotografen auch andere Oberflächenstrukturen zu interessieren - beispielsweise die Glasur von Keramiken, die Struktur von Glasobjekten oder die Ziselierung von Briefmarken-Druckstöcken. Der Bernadott'sche Forschergeist entdeckte auch in den banalsten Dingen - extrem vergrößert - beeindruckende

Strukturen. Eher sachdienliche Funktion spielte seine Technik hingegen bei einer Veröffentlichung des Lebenswerkes des berühmten Stahlstechers Czeslaw Slania. Seine Werke - hauptsächlich Briefmarkenmotive, aber auch Geldscheine - wären ohne perfekte Fototechnik niemals visuell ins Bild zu setzen gewesen. Die fotografischen Ergebnisse des Grafen wurden in mehreren Bildbänden veröffentlicht.

Durch einen zufälligen Kontakt mit einem Unternehmen, das perfekte, großformatige Kopien herstellen konnte, eröffnete sich dann die Möglichkeit, die Fotos auch in Ausstellungen publik zu machen. Bernadotte begann in den achtziger Jahren in vorgerücktem Alter mit einer neuen Karriere. Ausstellungen in New York, Schweden, Finnland, Deutschland, Österreich, Japan und vielen anderen Staaten wurden unmittelbar zu einem großen Erfolg und verschafften der ewig kreativen Natur, aber auch der Insel Mainau eine immense Publizität. An einige der Ausstellungen erinnert sich der Graf besonders gerne zurück: »Meine Ausstellung 1982 auf dem schwedischen Waldemarsudde wurde mit einer gelungenen Auswahl von meisterlichen Aquarellen meiner Großmutter Victoria kombiniert. Ein Gefühl der Liebe, der Feierlichkeit und der Logik durchströmte mich. Die Eröffnung, die in Anwesenheit von König Carl XVI. Gustav und Königin Silvia stattfand, wurde fast zu einem Familienfest«. Der familiäre Kreis hatte sich nach den Jahrzehnten der Isolation wieder geschlossen. Im Medium der Fotografie auf den Pfaden seiner Mutter und seiner Großmutter zu wandeln, verschaffte Bernadotte ein so glückliches Gefühl, dass er sich 1986 - immerhin bereits stolze 77 Jahre alt - dazu entschloss, eine Reise nach Ägypten zu wagen. Beinahe 100 Jahre zuvor hatte schon seine ›Amama‹ Victoria - damals noch eine Kronprinzessin - eine Erholungsreise in das Reich der Pyramiden unternommen. Ihr Gepäck enthielt damals allerdings einige für eine Kronprinzessin recht eigentümliche Utensilien: Mit an Bord waren nämlich mehrere klein- und großformatige Kameras, Entwicklungs- und Kopiergeräte und ein Dunkelkammerzelt. Dazu Glasplatten als Negativmaterial in der Größenordnung 13x18 cm bis 24x30 cm und der neuartige, von George Eastman erfundene Film, der später unter dem Markennamen ›Kodak‹ die fotografische Welt erobern sollte. Als die Kronprinzessin dann 1891 in ihre heimischen Gefilde zurückkehrte, brachte sie eine ganze Reihe fotografischer ›Souvenirs‹ mit nach Hause, die aufgrund der ästhetischen Flächenkomposition und der gelungenen Ausschnittwahl durchweg als künstlerisch wertvoll klassifiziert wurden. Außerdem vermochten ihre Bilder damals in Europa, geistige Horizonte zu erweitern. Denn während heute ja beinahe der gesamte Erdball fotografisch erschlossen ist, hatte der europäische Durchschnittsbürger damals nicht die geringste Ahnung, wie man sich ein fremdes Land wie Ägypten vorzustellen hatte. Nicht zuletzt auch deswegen hatten Victorias Fotografien einst in ganz Skandinavien enorm für Furore gesorgt.

Links oben: Der ›Mikrokosmonaut‹ Bernadotte fokussiert eine Kronen-Anemone (1982).

Links, Mitte: Weihnachtsstern (›Euphorbia pulcherrima‹).

Links unten: Graf Bernadotte inspiziert während einer seiner erfolgreichen Ausstellungen einen Abzug seiner Makrofotografien (1987).

Rechts oben: Ein Höhepunkt von Graf Bernadottes Ägyptenreise waren mit Sicherheit die weltberühmten Felsenheiligtümer in Abu Simbel (1986).
Hier hatte seine Großmutter schon beinahe 100 Jahre zuvor ihre beeindruckenden Fotografien erstellt.

Rechts unten: Ein Motiv von Kronprinzessin Victoria aus dem Jahr 1891.

Links: In Pau und Biarritz mit der Familie auf den Spuren des gemeinsamen Bernadotte-Ahnen Jean Baptiste zu wandeln, machte Graf Lennart sichtlich Spaß.

Rechts oben: Dieses kyrillisch betextete Ausstellungsplakat (Motiv: Alpenveilchen (Cyclamen persicum) lockte 1990 in Leningrad stolze 1,4 Millionen Besucher in Bernadottes Ausstellung.

Rechts, Mitte: Die heillos überlaufene Vernissage.

Rechts unten: Gedenkminute für die ermordete Verwandtschaft. Die Särge der Zarenfamilie im Winterpalais zu Leningrad.

Spuren der Vergangenheit

Ihr Enkel Lennart hatte zwar schon vor Jahrzehnten von dieser Reise gewusst. Die Leistung seiner Großmutter wirklich zu honorieren lernte er aber erst, als er sich 1986 selbst nach Ägypten aufgemacht hatte, um - ebenfalls gewappnet mit seiner Hasselblad - auf ihren einstigen Pfaden zu wandeln. »Je mehr ich darüber nachdenke, desto mehr muss ich meine Großmutter bewundern und ihre Leistungen bestaunen«. Anders als ihr Enkel konnte sie ja noch nicht mit Fähre, Auto und Bus reisen, sondern hatte ihre Etappen auf Pferden, Kamelen und Eseln zu bewältigen; und das mit ihrer gesamten, unhandlichen Ausrüstung, anständig in hochgeschlossener Bluse und langem Kleid. In ihrem forografischen Erlebnisbericht ›Vom Nil‹ steht zu lesen: »Nachdem wir uns einer eingehenden Besichtigung der Heiligtümer gewidmet hatten, ging es an's Fotografieren, was bei einer Temperatur von 38° Celsius im Schatten ein gutes Stück Arbeit war. Die Sonne sandte sengende Strahlen auf uns herab und der Sand brannte uns unter den Füßen«. Die Zeitreise in die Vergangenheit beeindruckte Graf Lennart tief. Nun konnte er die Königsgräber, Tempelanlagen oder das unheimlich stille ›Tal des Todes‹, das er zuvor anhand der großmütterlichen Fotografien eingehend studiert hatte, endlich auch einmal selbst durchschreiten. Höhepunkt seiner Reise war jedoch zweifelsohne der Besuch der weltberühmten Felsenheiligtümer von Abu Simbel. Als er an diesem gespenstischen Ort stand - die in Stein gemeißelten Pharaonen vor Augen und die entsprechende, 100 Jahre alte Fotografie seiner Großmutter in seinen Händen - wurde ihm schlagartig bewusst, was der deutsch-amerikanische Publizist Siegfried Kracauer mit seinem Begriff des ›Gespenstischen‹ der Fotografie gemeint haben muss.

Von der Reise nach Ägypten bleibend beeindruckt, erwachte in Bernadotte offenbar das drängende Verlangen, noch mehr über seine berühmten Vorfahren zu erfahren. Und mit seinem Enthusiasmus vermochte er auch Gräfin Sonja und - zumindest zeitweise - die gemeinsamen Kinder anzustecken. Schließlich handelte es sich ja auch um ihre eigenen Vorfahren. Sein Heimatland Schweden, das hatte Bernadotte seiner Familie ja schon während einiger gemeinsamer Reisen nahe gebracht. Aber wie stand es mit Frankreich, der Heimat des Dynastie-Begründers Jean Baptiste Bernadotte, oder Russland? Dieses letztgenannte Land irgendwann einmal wieder bereisen zu können, erschien äußerst unwahrscheinlich. Denn seit der Revolution von 1917 hatten dort ja die kommunsitischen Sowjets das Sagen. Kaum vorstellbar, dass sie die Familie Bernadotte als direkte Nachfahren der einstigen Zaren unbehelligt in ihr Land reisen ließen. Da man in Frankreich ja dergleichen nichts zu befürchten hatte, machte sich die Grafenfamilie also im August 1987 wissbegierig zu einer ›Nabelschau‹ im französischen Pau auf, der ursprünglichen Heimat von Jean Baptiste

Bernadotte. Zunächst unter Napoleon Bonaparte zum Marschall von Frankreich und zum Herzog von Ponte Corvo aufgestiegen, war dieser gemeinsame Urahne bereits einige Jahre später als König Karl XIV. Johann nach Schweden übergesiedelt und wurde somit zum Stammvater der königlichen Dynastie Bernadotte, die bis heute währt. Kein Wunder also, das sich im Laufe der Zeit beinahe alle Mitglieder der Familie - unter anderem auch König Carl XVI. Gustav und Königin Silvia - zu seiner Geburtsstätte in Pau aufgemacht haben. Die vielen erhaltenen Exponate im Bernadotte-Museum erwiesen sich für die gräfliche Familie um Lennart Bernadotte ebenso aufregend wie in der ›Rue Bernadotte‹ vor dem Geburtshaus des gemeinsamen Ahnen zu stehen. Ganz im Gegensatz zum Stockholmer Stadtschloss ›Fyrkanten‹, gegen das Graf Lennart aus bekannten Gründen immer noch eine tiefe Abneigung verspürte, beflügelte ihn der Besuch in Pau ungemein. »Es ist ein beeindruckendes Ereignis, an diese Urzelle unserer Familie zurückzukommen«, so Bernadotte einst sichtlich bewegt, »und es ist eine riesige Freude für mich, meinen Kindern die Ursprünge unserer Familie näher bringen zu können.

Eine Steigerung dieses genealogischen Rausches schien allenfalls noch im russischen Leningrad möglich, das einst und heute wieder als St. Petersburg bezeichnet wird. Doch schien es aus genannten Gründen zunächst völlig unmöglich, dorthin zu reisen. Im Sommer 1990, ein Jahr vor dem endgültigen Zusammenbruch der Sowjetunion, fand sich unerwarteterweise dann aber doch noch eine Möglichkeit: Eine 30-köpfige Künstlergruppe aus Russland, die im Herbst 1989 zu Besuch am Bodensee weilte, war von den besichtigten Makrofotografien des Grafen derart angetan, dass sie ihn baten, seine Werke auch in ihrer Heimat auszustellen. Seine Abstammung vom Zarenhaus hatte sie verblüffenderweise nicht im Geringsten gestört, im Gegenteil. Bernadotte zeigte sich zwar sehr erfreut, glaubte aber nicht wirklich daran, dass sich das Vorhaben realisieren ließe. Doch weit gefehlt. Bereits einige Wochen später bekam er vom Leiter der Künstlergruppe Nachricht aus Leningrad: »Jetzt geht alles klar. Die Ausstellung wird am 17. Juni eröffnet. Ort der Ausstellung ist die Halle des ethnographischen Museums direkt neben dem Mussorgskhi-Theater«. Graf Bernadotte schwankte nun jedoch zwischen Euphorie und Skepsis: Ließe sich eine Ausstellung in einem so entlegenen Land überhaupt realisieren? Und wenn ja, würden die Kosten nicht jeglichen Vernunftrahmen sprengen? Die vorgesehene Halle war riesig, Wandschirme und Beleuchtung fehlten gänzlich. Große Beratung auf der Mainau. Schließlich konnte Bernadotte der Versuchung aber nicht wiederstehen und entschloss sich zusammen mit seinen Mitarbeitern für die Ausstellung. Jetzt galt es, schnell zu handeln. Für den Transport von Exponaten und Beleuchtung wurden ganze zwei Sattelschlepper benötigt, die schon bald in Richtung Leningrad losrollten. Der immer noch skeptische

Graf reiste bereits wenig später mit seiner Familie nach. Der euphorische Empfang der Mainauer Zarenverwandtschaft - wohlgemerkt, immer noch zu Sowjetzeiten! - am Flughafen von Leningrad glich dem eines Staatspräsidenten. Nachdem sie mit Mühe und Not gerade noch rechtzeitig fertig geworden war, wurde die Ausstellung schließlich ein umwerfender Erfolg. Nach den ursprünglichen Plänen sollte sie vier Wochen dauern. Wegen des großen Besucheransturms - insgesamt besuchten mehr als 1,4 Millionen [!] Menschen die Ausstellung - wurde die Zeit allerdings verdoppelt. Danach ließ Bernadotte außerdem 60 Abzüge seiner Makrofotografien zurück, die bis heute in einer Wanderausstellung in Russland gezeigt werden.

Als er sich - volle 80 Jahre nach seinem letzten Besuch in Sankt Petersburg - zusammen mit seiner Familie wieder im Winterpalais aufhielt, fand Bernadotte nurmehr die feierlich aufgebahrten Sarkophage der Zarenfamilie wieder. Seine Kinder und auch seine Frau Sonja wussten über die schrecklichen Ereignisse von 1917 nur aus den Geschichtsbüchern und aus seinen Erzählungen. Er selbst jedoch hatte die Gesichter der Ermordeten noch deutlich vor Augen, erinnerte sich - wenn auch recht vage - durchaus noch an seine Spielstunden mit dem kleinen, todgeweihten Zarewitsch und seinen Schwestern. Die Geschichte der russischen Revolution war für ihn keine realitätsferne Schullektion. Nein, sie gehörte zu seiner eigenen Vergangenheit wie der erste Schultag oder der Besuch seiner stets umher reisenden Mutter, der Großfürstin Maria Pawlowna. Für den Grafen kein leichter Moment: »Ich beiße mir auf die Unterlippe. Es ist schwerer, als ich gedacht hatte. Und die Kinder sind schon müde und wollen nicht weiter zu historischen Plätzen mitgeschleppt werden, die mit der Familie zu tun haben. Im Hotel gab es keinen Wodka. Ich hätte einen nötig gehabt!«

Willkommen, Lebensabend!

Nach den Jahren des Erfolgs mit seinen Makrofotografien kehrte im Leben des Grafen allmählich etwas Ruhe ein. Stolze 80 Jahre war er inzwischen alt, und zwar immer noch ausgesprochen agil, aber längere, aufregende Reisen wie die besagte nach Leningrad wurden allmählich doch ein wenig zur Belastung. Seine Frau Sonja, inzwischen unterstützt von Geschäftsführer Theo Leutenegger, führte die Geschäfte der Blumeninsel bereits seit Jahren mit beachtlichem Erfolg und einem Quäntchen Innovationsgeist, der ihrem Mann sehr gefiel. So hatte sie etwa schon 1989 die Idee realisiert, einen ›Garten für alle‹ einzurichten, in dem bis heute auch behinderten oder blinden Menschen ein intensives Erleben der tropischen Pflanzenwelt ermöglicht wird. Lernbehinderten wird hier außerdem regelmäßig die Möglichkeit gegeben, sich unter fachkundiger Anleitung Berufskenntnisse, eigene Versorgungsmöglichkeiten und vor allem Selbstwertgefühl zu erwerben. Auch einige der präsidialen Ämter ihres Mannes hatte Gräfin Sonja inzwischen übernommen und führte sie mit großem Geschick. Hin und wieder unterbrochen durch den Erhalt einer ehrenvollen Auszeichung - wie etwa die Ehrenprofessur des Landes Baden-Württemberg, die Ehrenbürgerschaft von Konstanz, die goldene Staatsmedaille von Bayern oder die Auszeichnung ›Schweden des Jahres 1991‹, die er zusammen mit Gräfin Sonja erhalten hatte - hatte sich Graf Bernadotte allmählich in ein erfülltes ›Rentnerdasein‹ ergeben. Wurde er als Pionier und »Seniorchef« der Blumeninsel um

Hinsichtlich ihrer Kinder träumen Graf und Gräfin Bernadotte schon seit vielen Jahren einen gemeinsamen Traum: »Wir bilden uns ein, dass die Mainau und ihre Besucher daran interessiert sind, dass die Bernadottes auch in Zukunft auf der Insel blühen. Wir hoffen, dass wenigstens eines von ihnen die Verantwortung für die Mainau oder zumindest innerhalb übernehmen wird« (die Fotos entstanden 1993).

Ein wasserumspülter Garten Eden: Die Insel Mainau im Jahr 2002 - das großartige Lebenswerk des Grafen Lennart Bernadotte.

Großes Foto: Sonnenbeschienen - die Ost- und Südfassaden des palmenumwachsenen Mainau-Schlosses.

Links oben: Fotografische Impressionen aus dem ›Italienischen Rosengarten‹, wo Natur und Kunst sich nicht - wie Goethe meinte - zu fliehen scheinen, sondern eine harmonische Symbiose bilden.

Links, 2. v. unten: Ein Blütenmeer aus 600 000 Blumenzwiebeln: die weltberühmte ›Frühlingsstraße‹.

Links unten: In dem 1998 errichteten Palmenhaus verschmelzen die exotischen Gewächse und die spielerische Achitektur zu einem fantastischen Gesamtkunstwerk.

seine Meinung zu drängenden geschäftlichen Angelegenheiten gefragt, so genossen seine wohlwollenden Äußerungen bei den Angestellten und seiner Frau zwar immer noch höchste Autorität. Die größte Freude des Grafen bestand inzwischen aber darin, zuzusehen, wie die Dinge ihren weiteren Lauf nahmen. Wie seine Kinder allmählich zu jungen Erwachsenen heranreiften und wie sich die paradiesische Pflanzenwelt um ihn her in stetem Werden, Vergehen und neuem Werden in wohlgeordneten Kreisen bewegte. Die langen Spaziergänge in den Mainau-Wäldern auf dem benachbarten Festland wurden bald zu einer heißgeliebten Freizeitbeschäftigung des Grafen. Ganz hemmunglos konnte er hier seiner Liebe zur Natur freien Lauf lassen. Beinahe schöpfungsmystisch muten seine darüber geschilderten Gedanken an. Auch auf zahlreichen gemeinsamen Reisen mit seiner Frau Sonja - darunter auch eine ausgiebige Weltreise im Februar 1989 - konnte der ›Pensionär‹ Bernadotte seiner Leidenschaft für Natur und Kulturen frönen. Als mindestens ebenso beglückend empfand er es aber jedesmal, nach den ausgiebigen Naturmeditationen auf seine geliebte Mainau zurückzukehren, wo allerorts ein so überwältigend intensives Leben herrscht. »Und jetzt geschieht, was so viele, viele Male immer wieder das gleiche große Erlebnis gewesen ist. Ich gehe auf den Schlosshof und komme zu meinem Heim«. Heimat - das ist für den Grafen inzwischen nicht mehr das Vaterland Schweden, sondern Deutschland und speziell der Bodensee. »Die Gegend ist sehr gefährlich«, warnt Bernadotte allzu leichtsinnige Bodenseereisende, »wer einmal ein paar Tage hier gewesen ist, wird

Links: Die zukünftigen Verantwortungsträger auf der Insel? Die gräflichen Geschwister Björn, Bettina, Christian, Catherina und Diana (v. l., 2001).

Rechts oben: Gräfin Sonja mit Prinzessin Caroline von Monaco.

Rechts, Mitte oben: Graf Lennart Bernadotte mit elf seiner Urenkel (1997).

Rechts, Mitte unten: Anlässlich einer Dokumentation über Jean Baptiste Bernadottes Leben konnte Graf Lennart 1997 auch die Königin Silvia den Bundespräsidenten Roman Herzog auf seiner Insel begrüßen.

Rechts unten:Bernadotte mit seiner Frau Sonja und seiner ältesten Tochter Birgitta (1999).

süchtig nach ihr. Mit Dankbarkeit und fast weihevoll fühle ich, dass ich hierher gehöre«.

Den enormen Altersunterschied zu Sonja und den Kindern nimmt der 1909 geborene Graf Bernadotte mit Humor. Als er beispielsweise einmal mit seiner jüngsten Tochter Diana durch den Park der Mainau spaziert ist, kam angeblich ein Tourist auf ihn zu und sprach ihn an: »Das Enkelkind des Grafen, nehme ich an?«. Darauf Bernadotte schlagfertig: »Ja, sicher. Ich mache meine Enkelkinder selbst«. Dabei weiß der insgesamt 9-fache Vater durchaus zu schätzen, welches Glück ihm in seinem Leben widerfahren ist. In einem Alter von 63 Jahren noch einmal ganz neu anfangen zu dürfen, noch einmal ganze fünf Mal Vater zu werden und das Heranwachsen der Kinder bis ins Erwachsenenalter hinein mit verfolgen zu dürfen - das hat der Graf nie als eine Selbstverständlichkeit angesehen. Marie-Luise, seine zweite Tochter aus erster Ehe, sowie seine ehemalige Gattin Karin waren bereits 1988 und 1991 verstorben. Nach den hässlichen Auseinandersetzungen vor und zur Zeit der Scheidung hatte man glücklicherweise wieder einen freundlichen, wenn auch eher seltenen Umgang gepflegt. Als »schrecklich belastend« hätte Bernadotte es empfunden, wenn die ›Eiszeit‹ nach der Trennung bis zuletzt angedauert hätte. »Immerhin habe ich mit dieser Frau und unseren Kindern über viele Jahre hinweg eine wirklich glückliche Zeit erlebt. Karin war die richtige Frau zur rechten Zeit. Damals war sie die Frau, die mir mit ihrer warmherzigen Art das Gefühl von Geborgenheit gegeben hat, wonach ich mich in meiner ganzen Kindheit so sehr gesehnt hatte. Mit den Jahren entwickelt man sich aber bisweilen weiter«. Bis auf eine, oben schon erwähnte Ausnahme, führte die gesamte Familie Bernadotte heute ein ausgesprochen harmonisches Leben. Während Cecilia inzwischen in Schweden lebt, ist vor allem zu Birgitta, der ältesten Tochter aus erster Ehe, ein ausgesprochen gutes Verhältnis entstanden. Weil sie seit ein paar Jahren täglich ihren Vater pflegt, ergibt sich automatisch auch ein regelmäßiger Kontakt zu dessen zweiter Familie. Für die Bernadottes absolut kein Problem: Als etwa während eines Interviews auf Bernadottes schwedischem Landsitz am Mälarensee bei Schloss Gripsholm der Vater, die damals 68-jährige Tochter Birgitta und die immerhin 49 Jahre jüngere Tochter Diana zusammen bei Tische saßen, gingen alle Anwesenden mit einer bemerkenswert selbstverständlichen Herzlichkeit miteinander um. Nicht minder freundlich ist auch der seit Jahren gepflegte Kontakt zu Graf Bernadottes Neffen, dem schwedischen König Carl XVI. Gustav und seiner Frau, Königin Silivia. Wenn auf der Bodenseeinsel eine bedeutende Ausstellung eröffnet oder ein runder Geburtstag gefeiert wird, ist zumeist wenigstens einer der beiden anwesend. Ähnlich guten Kontakt pflegt man auf der Mainau seit vielen Jahren zu verschiedenen Monarchen und Monarchinnen in anderen europäischen Staaten. Was dem Grafen aber mehr als alles andere am Herzen liegt, ist das Wohlbefinden seiner eigenen Familie.

Generationenwechsel

Die fünf Kinder aus der Ehe mit Gräfin Sonja sind den Kinderschuhen längst entwachsen und bereiten sich bereits seit Jahren intensiv darauf vor, eines Tages vielleicht das Unternehmen Mainau im Sinne der Eltern weiterzuführen. Die älteste Tochter Comtesse Bettina beispielsweise - eine diplomierte Tourismusbetriebswirtin - ist seit einiger Zeit als selbständige Beraterin mit Sitz in Lindau am Bodensee tätig und entwickelt so unter anderem auch für das elterliche Unternehmen manches Konzept. Auch Graf Björn und Comtesse Catherina sind im Bereich Forstwirtschaft und Landschaftsarchitektur tätig. Die beiden jüngsten, Graf Christian und Comtesse Diana, zeigen bereits ein ausgesprochen kreatives Talent. Und alle fünf schließen es nicht aus, in den nächsten Jahren vielleicht auf der elterlichen Insel eine Aufgabe zu übernehmen. Graf Bernadotte ist von seinem Nachwuchs ausgesprochen begeistert: »Sie haben die unterschiedlichsten Temperamente, Charaktere, Interessengebiete. Woher kommen wohl welche Gene? Ja, wer das wüsste!« Auch wenn

Bernadotte von jeglichem Größenwahn stets weit entfernt war: Stolz auf das, was er im Laufe der Jahrzehnte geschaffen hat, kann er allemal sein. Darauf, dass er sich nie gegen den eigenen Willen in irgendwelche traditionell vorherbestimmte Bahnen zwingen ließ. Und darauf, es auch auf dem selbstgewählten Pfad zu etwas gebracht zu haben. Auch wenn er es sich als junger Mann gründlichst vermasselte, als Erbfürst von Schweden ein geruhsames Leben führen zu können: Heute, am Ende seines langen, bisweilen steinigen Weges angelangt, stößt sein Lebenswerk bei Millionen von Menschen in aller Welt auf Anerkennung und Bewunderung. »Eine Standarte flattert nur im Gegenwind« - dieser Satz geriet über die Jahre hinweg zu einem geflügelten Wort des Grafen. Es ist bezeichnend für seine lebenslang durchgehaltene Einstellung in Entscheidungssituationen. Seit einiger Zeit nun hat dieser große Zeitzeuge des vergangenen Jahrhunderts einen Gegenwind nicht mehr zu fürchten. Die Familienfahne auf seinem Schloss kündet heute von einer friedlichen Aufgabe, nämlich die Schönheit der Insel Tag für Tag zu pflegen und zu erhalten. ›Gärtnern um des Menschen willen‹, so lautet nicht grundlos die Losung. Schließlich weiß Bernadotte nur zu gut, dass er sein Lebensglück zu einem großen Teil auch den vielen Besu-

chern der Mainau zu verdanken hat. Ihnen mit der paradiesischen Welt der Mainau etwas Wertvolles zurückgeben zu wollen; dieser Gedanke spielte und spielt in den Planungen auf der Insel stets eine große Rolle. Wer jemals mit Bernadotte etwas gestalten wollte - ob nun im ›Unternehmen Mainau‹, in der DGG oder in Sachen Makrofotografie -, wird zweifelsohne auf die enorme, aber stets umsichtige Zielstrebigkeit des im Sternzeichen des Stiers geborenen Bernadotte zu sprechen kommen. Auf seine Fähigkeit, sein Umfeld mit seinem enormen Enthusiasmus zu infizieren, und seinen Mitarbeitern dennoch genügend Raum zur Selbstverwirklichung zu lassen. Heute hat er von alledem offenbar einen ausreichend großen Abstand gewonnen. Beinahe scheint es, als schwebe er in einer weichen Wolke der Gelassenheit. Dazu gesellt sich ein absolut treffsicherer Humor: Kaum eine Erzählung kommt über seine Lippen, in der sich nicht eine kleine Pointe oder eine versteckte Ironie befände.

In absoluter Harmonie mit seinem engsten Umfeld, vor allem aber seiner Familie, seinem kraftspendenden Pol, lebt er zurückgezogen in seinem malerischen Schloss im Bodensee. Die Sommermonate verbringt er in seinem schwedischen Landsitz am Mälarensee. Wenn Bernadotte heute - umgeben von einem ganzen Stapel schwedischer, englischer und deutscher Tageszeitungen - auf Schloss Mainau in seinem Lieblingssessel sitzt und in den menschenbelagerten Schlosshof hinabblickt, ist er erfüllt von einer tiefen Dankbarkeit. Dankbarkeit dafür, dass es das Schicksal nach anfänglichen Meinungsverschiedenheiten schließlich doch noch so gut mit ihm gemeint hat - oder wie man es auch immer nennen möchte. In seinen Erinnerungen bringt Bernadotte diese Dankbarkeit deutlich zum Ausdruck: »Welch unwahrscheinliches Leben war mir vergönnt! Ich habe mich nicht immer beneidenswert gefühlt, bin nicht immer der glücklichste Prinz der Welt gewesen. Aber das Ganze kam doch auf interessante Weise wieder ins Lot, und ich wurde ein sehr glücklicher ehemaliger Prinz und Ehemann«.

»Gärtnern um des Menschen willen«: Lennart Bernadotte weiß sehr wohl, dass er sein Lebensglück zu einem großen Teil auch den Besuchern der Mainau zu verdanken hat. Ihnen mit seinem Lebenswerk, der Mainau, etwas zurückzugeben, war immer ein wichtiger Aspekt seiner Überlegungen.

Einer seiner größten Wünsche ist, dass die Insel auch noch Generationen von Nachgeborenen ein Quell der Inspiration und der Erholung sein wird.

FLOWER-POWER

Die Ganze Welt ein Mainau-Reich (von Frank Siegfried)

Das Mainau-Hauptquartier hatte stets einen besonderen Reiz. Holzscheite knisterten im Kamin. Das Feuer warf Schatten an die Wand, und die Runde der Gäste ließ nachdenklich den sanften Rotwein in den Gläsern kreisen. Wir sitzen im Kaminzimmer des Mainauschlosses und der Hausherr unterbricht mit einem knappen: »Das machen wir! Also los!« Neue Wege, neue Strategien, freche Ideen nahmen von hier aus ihren Lauf. Manche davon hielten jahrelang wie die Entwicklung der Bernadott'schen Makrofotografien als Botschafter der Mainau und des Bodensees. Einige bewährten sich sogar jahrzehntelang wie die Gründung der internationalen Reisezeitschrift »Bodensee Magazin«, die sich bis heute erfolgreich am Markt behauptet. Manche dieser Ideen brachten Begegnungen mit Menschen auf der ganzen Welt mit sich wie der rasante Entschluss, auch in den japanischen Reisemarkt vorzudringen. Wer erfahren will, was kurze Wege von der Ideenentwicklung bis zu ihrer Umsetzung bedeuten, die mit Mut zum Risiko und mit Selbstvertrauen gemeistert werden mussten, konnte vom Mainau-Grafen mehr lernen, als er manchmal tragen konnte.

Die Visionen, den Globus als einen einzigen großen Mainaupark zu begreifen, zu dem es von der Insel aus immer irgendeinen Kontakt, eine Aktion oder eine Verbindung gab, waren bei dem Schwedenprinz unerschöpflich. Visionen gehörten dazu; mutiges, tägliches Handwerk waren dabei seine dauerhafte Waffe, und das Motto: »Eine Standarte flattert nur im Gegenwind« zeigte seine innere Einstellung. »Das machen wir so!«, das war kein Befehl, sondern Fazit von Ideen und Gedankenaustausch vor dem lodernden Kamin, und die notwendigen Mitstreiter nahmen ihre Position ein und machten sich auf den Weg. Sei es bei gärtnerischen Neuerungen auf der Insel oder auf dem PR-Parkett, das wohl kaum jemand so beherrscht wie der alte Schwede mit Humor in allen Lebenslagen. Also werfen wir einen intensiven Blick auf den dynamischen Unternehmer, der manchmal zu kurz in der Beschreibung von Graf Lennart Bernadotte kommt.

Es zeigt sich der Tambour-Major der Mainau, der sich auch selbst als Zirkuspferd charakterisierte. »Beim Tusch geht's los, Manege und Zuschauer warten!« Dass er sein eigener Dirigent dabei war und unabhängig von Kommunen und Institutionen agierte, dass er zudem skeptisch gegenüber zu tiefen Verbeugungen und Bücklingen war, machten seine besondere Stärke aus. Mit seiner kreativen Begabung und seinem untrüglichen Instinkt für Wirkung in der Öffentlichkeit, die nicht aus Berechnung, sondern aus einer besonderen Fähigkeit für den Umgang mit Menschen kam, schlug er Schlachten, die anderen das Fürchten lernen würden. Ob es ihn auch manchmal gegraust hat? Wer in Niederlagen oder salopp gesagt »Flops« ein ungebeugter Verlierer bleiben kann, genießt den Respekt seiner Umgebung. Und verlieren konnte er auch - wenn es sein musste! Aufrecht und offen konnte er mit Niederlagen umgehen, wenn er wusste, dass alles getan war, was menschlich möglich schien. Hart und schmerzend war sein Urteil, wenn er spürte, dass Schluderei oder Querelen den Erfolg gefährdet hatten. Niemals aber war er lange nachtragend - solche Fehden konnte man am Kaminfeuer des Schlosses mannhaft begraben, entweder mit einem guten Schluck oder einem zweiten und mit einem deftigen oder sehr deftigen Wort.

»Das machen wir so!«, stand dann sofort wieder im Raum. »Verzagt können andere sein, wir erobern den Globus mit Flower-Power von der Insel Mainau aus«. Und so kam es auch zum großen Sprung über den großen Teich nach New York. Die Weltstadt der Fotografie war das Ziel des Mainau-Grafen. Hier fand die erste große Makro-Ausstellung des Inselherrn statt. Ein Unterfangen, das in den internationalen Medien sofort positive Wirkung zeigte und überschäumende Kritiken erbrachte. Die amerikanische Gartenbaugesellschaft hatte eingeladen, und ein stolzer Schwedenprinz posierte mitten auf der 5th Avenue mit großformatigen Blumenfotos im Verkehr für die amerikanischen Magazine. Aufgeregt war er schon - übrigens eine Eigenschaft, aus der er nie einen Hehl machte. Lampenfieber gehörte wie bei allen Profis als Salz in der Lebenssuppe dazu, und nur die Schwachen zeigen unermüdlich starke Gesten. War nun New York oder Tokio die Welthauptstadt der Fotografie? Darüber musste man nicht streiten. Graf Lennart hatte beide auf seinem Terminplan. Tokio war die nächste Etappe der »Mainau-Flower-Power«. Der Kaiser öffnete sogar seinen Palast für eine Mainau-Delegation. Dass der japanische Shinto-Gott, Kaiser Akihito, einfach die Audienzzeit um gut eine halbe Stunde überzog, weil er mit Graf Lennart ins Fachsimpeln über den japanischen Garten kam, brachte zwar den Protokollchef an den Rand der Verzweiflung, den Makro-Fotografen aber nicht. »Wir hatten uns eben viel zu sagen«, war die lakonische Antwort nach dem Besuch im Kaiserpalast. TV-Shows, Interviews, Sonderdrucke in den größten Wochenzeitschriften Japans – die Mainau hatte ihren friedlichen Feldzug fest in der Hand. Touristiker vom Bodensee und aus Baden-Württemberg machten sich später im Gefolge auf, um den Reisemarkt Nippon weiter zu erschließen. Das Land Baden-Württemberg schickte Delegationen nach Japan, um für das ›Ländle‹ zu werben – immer an die Spitze: die Mainauer als Türoffner für die neuen Gäste, die so dringend in Deutschland gebraucht wurden.

Graf Lennart ging es dabei nicht um die Selbstdarstellung, ihm dienten seine erstklassigen, von allen Profis als sensationell bewerteten Blumenportraits aus dem Inneren der Pflanzen als Mittel zum Zweck. »Die Menschen bewundern zunächst einmal in den Metropolen die Fotos der Pflanzen, und dann erst fragen sie, wo diese Bilder herkommen. Egal, ob in Finnland, U.S.A. oder in Japan, wenn sie dann auf das Thema Bodensee und Mainau stoßen, ist unser Ziel erreicht.« Der große Erfolg rund um den Globus gab ihm recht. Dia-Vorträge, Bücher, Broschüren folgten in allen Sprachen und in vielen Ländern Europas. Harte Arbeit und höchster Qualitätsanspruch standen hinter den so leicht und luftig wirkenden Foto-Gemälden, die Graf Lennart mit

»Verzagt können andere sein, wir erobern den Globus mit Flower-Power von der Insel Mainau!« - mit seinen makrofotografischen Werken erregte Bernadotte sogar in New York und Tokio Aufsehen.

seiner Hasselblad im Arbeitszimmer des Mainauschlosses schuf. In weißen Handschuhen wurden die Blüten ins rechte Licht gesetzt, um die kostbaren Orchideen nicht zu verletzen und stargerecht portraitieren zu können. Mit Lichtquellen wurde experimentiert. Bilder bis zu zwei mal zwei Meter in Profi-Abzugsqualität hingen in Stockholm, in Lugano, in Helsinki und in vielen großen deutschen Galerien. Es war nur ein kurzer Augenblick, in dem sich der Mainau-Graf entschloss, aus seinem Hobby, das er bisher kaum an die Öffentlichkeit gebracht hatte, die größte und erfolgreichste Werbeaktion für seine Blumeninsel im Bodensee zu machen. Sie wirkt bis heute nach, der Mut zum Risiko hat sich ausgezahlt. Doch der Mainau-Graf ließ es nicht allein beim Ablichten der Naturschönheiten bewenden. Er machte sich auch auf den Weg zu den Heimatländern seiner Pflanzen, die auf der Insel Millionen Besucher anziehen. St. Lucia, die tropische Karibikinsel mit den unverwechselbaren Vulkankegeln, war unter anderem sein Ziel. Hier lag, umsäumt von kristallklarem Wasser einer Lagune, ein versteckter Naturpark, den nur wenige der Touristen aufsuchten. Schnell waren die Kontakte zum Direktor des Parks geknüpft und Erfahrungen, aber auch Sorgen ausgetauscht. Ein geländegängiger Jeep fehlte dem Parkpersonal, um die Wege und Hügel besser erschließen zu können. Graf Lennart hatte genau zugehört, und wenige Wochen später war ein Fahrzeug gut vertäut im Container eines Frachtschiffes in die Karibik unterwegs. Direkte Hilfe von Park zu Park, unbürokratisch erledigt. Aus der Blumeninsel im Bodensee und der Karibikinsel wurden später zwei verschwisterte Partner. Neben den Blumenportraits reizte den Inselherrn eine weitere fotografische Aufgabe, an die sich vor ihm noch niemand herangetraut hatte. Ihn faszinierten die Stahlstiche des berühmten Stahlstechers aus der Welt der Briefmarken, Czeslaw Slania. Geldnoten, Briefmarken und Sonderimprimate hatte Slania herausgegeben. Schwedische Marken ebenso wie Geldscheine von Monaco sind der künstlerischen Arbeit des Polen entsprungen. Seitenverkehrt, im Verhältnis 1 : 1, werden die Vorlagen in feinster Handarbeit gestochen. So reizte den Grafen, die Herstellung dieser Platten in der Makrofotografie deutlicher und sichtbarer zu machen, als es bisher möglich war. Ein großformatiges Buch, das in der Fachwelt als herausragend gefeiert wurde, war das Ergebnis dieser Arbeit. »Lennart Bernadotte präsentiert das Lebenswerk von Czeslaw Slania« ist die vielleicht schönste und aufwendigste Publikation aus dem reichhaltigen künstlerischen Lebenswerk des Mainau-Grafen.

Schallplatten hat er besungen, Dramen geschrieben, ein Meister der Fasnacht auf der Blumeninsel war er und ein Publizist. Und dabei nie abgehoben oder überheblich. Er hatte ein Händchen für Menschen, die sich von ihm begeistern ließen und in enger Teamarbeit die Projekte ausführten. Was sagt er selbst als Resumee dieser weltweiten Anstrengungen? »Mir ist es wichtig, dass ich etwas unternommen habe und meine Talente intensiv nutzen konnte. Und dabei habe ich den Humor und die Lebenslust nie verloren«. *Frank Siegfried*

Graf Lennart Bernadotte: Lebensdaten

1909 8. Mai in Stockholm/Schweden geboren

1932 Heirat mit Karin Nissvandt, (verstorben 1991)
Verlust aller Orden und Titel, fortan Herr Lennart Bernadotte. Kinder:
*1933 Birgitta
*1935 Marie-Luise, verstorben 1988
*1941 Jan
*1944 Cecilia

1939 Übernahme der Insel Mainau
durch Kriegsbeginn vorläufig das letzte Mal auf der Insel Mainau;
Aufenthalt in Schweden; dort Chef-Redakteur der Zeitschrift »Foto«;
Lennart Bernadotte widmet sich dem Film, der Jugendarbeit, Pfadfinder-Organisation u.a.;
Angestellte verwalten die Insel

1946 erster kurzer Besuch nach Kriegswirren auf der Insel Mainau
Eröffnung des »Freizeitwerks«/ Lager CVJM zur Jugendhilfe in den Nachkriegsjahren

1948 Gründung des »Internationalen Instituts Schloß Mainau« unter Obhut des Weltkomitees des YMCA;
Lennart Bernadotte wird Präsident sowohl des Instituts als auch des internationalen Vorstandes (1967 wird das Institut aufgelöst).

1949 erster Sommer wieder mit der Familie auf der Insel Mainau

1951 erste Tagung der Nobelpreisträger in Lindau/Bodensee; Präsident des Kuratoriums dieser Tagung; Adelstitel Graf af Wisborg

1954 Präsident der Blumenfreunde Konstanz e.V.

1955 Präsident der Deutschen Gartenbau-Gesellschaft 1822 e.V.

1957 erstes Mainauer Gespräch

1958 Großes Bundesverdienstkreuz mit Stern und Schulterband der BRD

1959 Ehrenbürger von Texas/USA

1960 Goldener Bürgerring der Stadt Lindau/Bodensee

1961 »Grüne Charta von der Mainau«

1962 Konstituierung des Deutschen Rates für Landespflege; Graf Lennart Bernadotte wird Sprecher

1964 Goldenes Ehrenzeichen der Österreichischen Gartenbau-Gesellschaft
Ehrensenator der TH Hannover;
Goldene Medaille des Garden Club von New Jersey/USA; Ehrenmitglied im National Council of State Garden Clubs of America

1965 Goldene Medaille des Zentralverbandes des Deutschen Gartenbaus

1967 Präsident des Kuratoriums »Goldene Blume von Rheydt«

1968 Bayrischer Verdienstorden;
Freiherr-vom-Stein-Medaille in Gold

1969 Stiftung des »Europapreises für Landpflege« zu Ehren von Graf Lennart Bernadotte.
Vorsitz dieses Preis-Kuratoriums.

1970 Großkreuz der Weißen Rose von Finnland;
Albert-Schweizer-Medaille in Gold

1971 Ehrenmitglied der Royal Horticultural Society/London

1972 Heirat mit Sonja Haunz. Kinder:
*1974 Bettina
*1975 Björn Wilhelm
*1977 Catherina
*1979 Christian Wolfgang
*1982 Diana

1973 Graf und Gräfin Bernadotte bringen die Insel Mainau und alle zugehörigen Ländereien in die »Lennart-Bernadotte-Stiftung« ein.

1978 Commandeur und Repräsentant der »Grands Bouteilleurs de France« für die Bundesrepublik Deutschland

1979 Verdienstmedaille des Landes Baden-Württemberg; Ehrenring der Stadt Konstanz; Ehrendoktor der Agrarwissenschaften (Dr. sc. Agr. h.c.) der Universität Hohenheim; Ehrenbürger der Stadt Lindau;
Deutsche Umwelt-Medaille

1980 Ehrenpräsident der Gesellschaft der Blumenfreunde Konstanz e.V.

1982 Ehrenpräsident der Deutschen Gartenbau-Gesellschaft 1822 e.V.

1983 »Unitus viribus«-Medaille des ZV des Finnischen Gartenbaus

1986 Ehrenpräsident des Kuratoriums »Goldene Blume von Rheydt«

1987 Ehrenpräsident des Kuratoriums der Tagungen der Nobelpreisträger

1988 Gründungsmitglied der Aktion zur Rettung des Kulturerbes e.V.

1989 Ehrenprofessor des Landes Baden-Württemberg; Ehrendoktor der landwirtschaftswissenschaftlichen Fakultät der Universität Uppsala/Schweden;
Linné-Medaille der königlich-schwedischen Akademie der Wissenschaften

1990 »Gold Award« des Cardinal Spellman Museums für Philatelie in Massachusetts/USA

1991 Gräfin Sonja und Graf Lennart Bernadotte erhalten den Ehrenpreis »Schweden des Jahres 1991« der Vereinigung »Schweden der Welt«

1992 Staatsmedaille in Gold des Freistaats Bayern; Dr. Wilhelm Siekmann Medaille in Silber des Deutschen Familienverbandes Baden-Württemberg

1996 Ehrenring der Eduard-Rhein-Stiftung

1999 Verleihung des Ehrenbürgerrechts der Stadt Konstanz (9.Mai)

Auszug aus dem Stammbaum der Dynastie Bernadotte

Carl XIV Johan
1763-1844
König von Rußland
1818-1844

1798 ⚭

Désirée Clary
1777-1860

Oskar I.
1799-1859
König von Ruß-
land1844-1859

1823 ⚭

Josephine von Leuchtenberg
1807-1876

Carl XV
1826-1872
König von Rußland
1859-1872

1850 ⚭

Louise von d. Niederlanden
1828-1871

Louise
1821-1926

1869 ⚭

Frederik VIII. von Dänemark
1843-1912

Gustaf
1827-1852
Herzog von Uppland

Carl Oscar
1852-1854
Herzog von Söderman-
land

Oscar II.
1829-1907
König von Rußland
1872-1907

1857 ⚭

Sofia von Nassau
1836-1913

Oskar
1859-1953
Graf af Wisborg u. bis
1888 Graf von Gotland

⚭ 1888

Ebba Munck af Fulkila
1858-1946

Carl
1861-1951
Herzog von Västergöt-
land

⚭ 1897

Ingeborg von Dänemark
1878-1958

Eugen
1865-1947
Herzog von Närke

Gustaf V.
1858-1950
König von Schweden
1907-1950

⚭ 1881

Viktoria von Baden
1862-1930

---

2. Louise Mountbatten
1889-1965

1923 ⚭

Gustav VI Adolf
1882-1973
König von Rußland
1950-1973

1905 ⚭

1. Margareta von Großbritannien
1882-1920

Wilhelm
1884-1965
Herzog von Söderman-
land

1908-1914 ⚭

Maria Pawlowna von Rußland
1890-1958

Erik
1889-1918
Herzog von Västtman-
land

Eugénie
1830-1889

August
1831-1873
Herzog von Dalarna

1864 ⚭

Thérèse von Sachsen-Altenburg
1836-1914

Linie: Gustav VI. Adolf

Carl Johan *1916, Graf af Wisborg, bis 1946 Herzog von Dalarna — ⚭ 1946 — **Kerstin Wijkmark** *1910

Bertil 1912-1997 Herzog von Halland — ⚭ 1976 — **Lilian Davies-Craig** *1915

Ingried *1910 — ⚭ 1935 — **Frederik IX. von Dänemark** 1899-1972

Sigvard 1907-2002 Herzog von Uppland — ⚭ 1934-1942 — **1.Erica Patzek** — ⚭ 1943-1959 — **2.Sonja Robbert** — ⚭ 1961 — **3.Marianne Lindberg** *1951

Gustaf Adolf 1906-1947 — ⚭ 1932 — **Sibylla von Sachsen-Coburg-Gotha** 1908-1972

Magaretha *1934 — ⚭ 1964 — **John Ambler** *1924

Birgitta *1937 — ⚭ 1961 — **Johann Georg von Hohenzollern** *1932

Désirée *1938 — ⚭ 1964 — **Niclas Silfverschoiöld** *1934

Christina *1943 — ⚭ 1974 — **Tord Magnuson** *1941

CARL XVI GUSTAF *1946, König von Schweden 1973 — ⚭ 1976 — **Silvia Sommerlath** *1943

Victoria *1977, Kronprinzessin, Herzogin von Västergötland

Carl Philip *1979, Herzog von Värmland

Madeleine *1982 Herzogin von Hälsingland u. Gästrikland

Linie: Wilhelm

Lennart *1909, Bis 1932 Prinz von Schweden u. Herzog von Småland, seit 1951 Graf af Wisborg — ⚭ 1932-1971 — **1. Karin Nissvandt** 1911-1991

Birgitta *1933

Marie-Luise 1935-1988

Jan *1941

Cecilia *1944

Lennart — ⚭ 1972 — **Sonja Haunz** *1944

Bettina *1974

Björn Wilhelm *1974

Catherina *1977

Christian Wolfgang *1979

Diana *1982

Auszug aus dem Stammbaum der Dynastie Romanow

Peter III.
1728-1762(ermordet)
Herzog von Holstein-Gottorp
Zar von Rußland Januar-Juli 1762

1745 ⚭

Katharina II. (die Große)
1729-1796
Sophia Augusta Prinzessin von Anhalt-Zerbst, Zarin von Rußland 1762-1796

PAUL I.
1754-1801(ermordet)
Zar von Rußland 1796-1801

⚭ **1. Wilhelmine**
1755-1776
Prinzessin von Hessen Darmstadt

1776 ⚭

2. Sophia Dorothea
1759-1828
Herzogin von Württemberg

Maria Pawlowna
1786-1859
Großfürstin von Rußland

1804 ⚭

Carl Friedrich
1783-1853
Großherzog von Sachsen-Weimar-Eisenach

Augusta
1811-1890
Prinzessin von Sachsen-Weimar-Eisenach

1829 ⚭

Wilhelm I.
1797-1888
Deutscher Kaiser und König von Preußen 1861-1888

Louise
1838-1923
Prinzessin von Preußen

1856 ⚭

Friedrich I.
1826-1907
Großherzog von Baden

Victoria
1862-1930
Prinzessin von Baden

1881 ⚭

Gustaf V
1858-1950
König von Schweden 1907-1950

Wilhelm
1884-1965
Prinz von Schweden und Herzog von Södermanland

⚭ 1908-1914

Maria Pawlowna
1890-1958
Großfürstin von Rußland

Lennart
*1909. Prinz von Schweden,
Herzog von Småland (bis 1932),
Graf af Wisorg (seit 1951)

Alexander I.
1777-1825
Zar von Rußland 1801-1825

1793 ⚭

Luise
1779-1826
Prinzessin von Baden

Nikolaus I.
1796-1855
Zar von Rußland 1896-1855

⚭ **Charlotte**
1798-1860
Prinzessin von Preußen

Konstantin Nikolajewitsch
1827-1892
Großfürst von Rußland

1848 ⚭

Alexandra
1830-1911
Prinzessin von Sachsen-Altenburg

Olga Konstantinowna
1851-1926
Großfürstin von Rußland

1867 ⚭

Georg I.
1845-1913 (ermordet)
König von Griechenland u. Prinz von Dänemark

Alexandra Georgiewna
1870-1891
Prinzessin von Griechenland u. Dänemark

1889 ⚭

Paul Alexandrowitsch
1860-1919 (ermordet)
Großfürst von Rußland

Alexander II.
1818-1881 (ermordet)
Zar von Rußland 1855-1881

1841 ⚭

Marie
1824-1880
Prinzesssin von Hessen-Rhein

Alexander III.
1845-1894
Zar von Rußland 1881-1894

1866 ⚭

Dagmar
Prinzessin von Dänemark

Nikolaus II.
1868-1918
Zar von Rußland 1894-1917

1894 ⚭

Alix
1872-1918
Prinzessin von Hessen-Rhein